ADOÇÃO INTERNACIONAL:
PROCEDIMENTOS LEGAIS UTILIZADOS PELOS PAÍSES DO MERCOSUL

1ª edição (ano 2003)
6ª tiragem (ano 2008)

EDITORA AFILIADA

Visite nosso *site* na Internet
www.jurua.com.br
e-mail:
editora@jurua.com.br

ISBN: 85-362-0346-3

Av. Munhoz da Rocha, 143 – Juvevê – Fone: (41) 3352-3900
Fax: (41) 3252-1311 – CEP: 80.035-000 – Curitiba – Paraná – Brasil

G258
Gatelli, João Delciomar.
Adoção internacional: procedimentos legais utilizados pelos países do Mercosul./ João Delciomar Gatelli./ 1ª ed. (ano 2003), 6ª tir./ Curitiba: Juruá, 2008.
198p.

1. Adoção internacional. I. Título.

CDD 341.1
CDU 341.2

João Delciomar Gatelli

ADOÇÃO INTERNACIONAL:
PROCEDIMENTOS LEGAIS UTILIZADOS PELOS PAÍSES DO MERCOSUL

1ª edição (ano 2003)
6ª tiragem (ano 2008)

2008
Juruá Editora
Curitiba

À minha esposa Rosane
e aos meus queridos filhos, Leonardo e Amanda,
pelo incentivo e compreensão.

AGRADECIMENTOS

Aos professores do Curso de Mestrado pela qualidade das aulas ministradas.

À orientadora, Profª. Dra. Josiane Rose Petry Veronese, pela atenção dispensada e contribuição oferecida em cada etapa da pesquisa.

Pelo apoio e informações recebidas sobre a adoção internacional da Argentina, Uruguai e Paraguai, agradecimentos:

À Dra. Roxana Battelli, instrutora de cursos sobre Regime Jurídico do Menor, professora de Direito de Família e Direito das Sucessões da Universidade de Buenos Aires;

À Universidade Católica Nuestra Señora de la Asunción – Encarnación – Paraguai;

Aos Uruguaios, Dr. Aurio Madruga Ferreira, advogado e presidente do Colégio de Advogados de Rivera; Dra. Yanina Beux Bouchacourt, advogada e escrivã em Montevidéu e Rivera e Estela Gold, funcionária do Instituto Nacional do Menor (I.NA.ME) em Rivera.

Agradecimentos também, ao Dr. João Batista da Costa Saraiva, Juiz da Infância e da Juventude de Santo Ângelo – RS; ao Dr. Emílio Garcia Mendez, jurista ligado à UNICEF-Brasília, e a Carlos Berlini, representante da Ai.Bi. – Associazione Amici dei Bambini, no Brasil, pela disponibilidade e material fornecido.

SUMÁRIO

INTRODUÇÃO 15

1 - ASPECTOS GERAIS DA ADOÇÃO INTERNACIONAL 19

  1.1 CONSIDERAÇÕES INICIAIS 19

  1.2 CONCEITO DE ADOÇÃO 25

  1.3 O ADOTANTE 27

  1.4 O ADOTADO 29

  1.5 TRATADOS E CONVENÇÕES INTERNACIONAIS NO ÂMBITO DA ADOÇÃO 33

      1.5.1 Declaração dos Direitos da Criança 36

      1.5.2 O Código de Bustamante e o Tratado de Montevidéu 37

      1.5.3 Convenção Relativa à Competência das Autoridades e à Lei Aplicável em Matéria de Proteção de Menores 41

      1.5.4 A Convenção de Estrasburgo, de 24.04.1967 42

      1.5.5 Convenção Interamericana sobre Normas Gerais de Direito Internacional Privado 46

      1.5.6 Convenção sobre os Aspectos Civis do Rapto Internacional de Crianças 47

      1.5.7 Convenção Interamericana sobre Conflitos de Leis em Matéria de Adoção de Menores 49

1.5.8 Convenção Interamericana sobre Restituição Internacional de Menores 50

1.5.9 Convenção Internacional dos Direitos da Criança 51

1.5.10 Convenção Relativa à Proteção e à Cooperação em Matéria de Adoção Internacional. 54

1.6 ORGANIZAÇÕES ESPECIALIZADAS EM ADOÇÃO 60

2 - OS PROCEDIMENTOS LEGAIS DA ADOÇÃO INTERNACIONAL NOS PAÍSES DO MERCOSUL 67

2.1 NO BRASIL 67

    2.1.1 Norma constitucional 68

    2.1.2 Lei 8.069, de 13.07.1990 72

2.2 NO PARAGUAI 95

    2.2.1 Norma Constitucional 96

    2.2.2 A Lei de adoção 1.136, de 18.09.1997 99

2.3 NA ARGENTINA 106

    2.3.1 A Constituição Argentina 107

    2.3.2 A Lei 24.779, de 26.03.1997 108

2.4 NO URUGUAI 110

    2.4.1 A Constituição da República Oriental do Uruguai 111

    2.4.2 A Lei 10.674, de 14.06.1945 113

3 - PERSPECTIVAS PARA UMA HARMONIZAÇÃO DOS PROCEDIMENTOS LEGAIS DA ADOÇÃO INTERNACIONAL 115

3.1 AS POLÍTICAS DA INFÂNCIA E DA ADOLESCÊNCIA RE LATIVAS À ADOÇÃO INTERNACIONAL E O MERCOSUL 115

3.2 O MERCOSUL E A IMPORTÂNCIA DA HARMONIZAÇÃO DA LEGISLAÇÃO SOBRE A ADOÇÃO INTERNACIONAL.. 125

3.3 MERCOSUL E O PROCESSO DE HARMONIZAÇÃO DA LEGISLAÇÃO SOBRE A ADOÇÃO INTERNACIONAL 136

CONCLUSÃO 143

LISTA DOS ANEXOS 147

REFERÊNCIAS 189

ÍNDICE ALFABÉTICO 193

INTRODUÇÃO

Num período em que as fronteiras se tornam mais flexíveis em decorrência dos processos de globalização e regionalização, são comuns, além do crescente comércio entre países e blocos econômicos, cuja economia é cada vez mais descentralizada, os intercâmbios de informações, cultura e costumes levados além das fronteiras pelos meios de comunicação e freqüentes deslocamentos de pessoas entre os países.

A aproximação entre os povos de Estados diferentes propicia uma harmonização gradativa nas legislações internas dos países envolvidos, e um dos motivos que leva a isso é o fato de que as relações entre essas pessoas passam a ser mais freqüentes.

Essas relações, embora em grande parte econômicas, não são as únicas; há outras de cunho mais afetivo. A adoção internacional é um exemplo disso, e é sobre ela que trata este trabalho, uma vez que a adoção por estrangeiros não residentes representa uma esperança para grande número de crianças vitimadas pela guerra ou pelo abandono ocasionado por outros fatores, quando não há, em seu país de origem, pessoas interessadas em adotá-las. No entanto, para assegurar os direitos do adotado, no país do adotante, é necessária uma legislação semelhante e mecanismos de controle comuns entre os dois Estados envolvidos, evitando-se, assim, conflitos.

Diante dessa realidade e do crescente número de Estados que estão adequando suas legislações internas à teoria da Proteção Integral, a qual, concretizada em documentos internacionais, visa à inclusão da criança e do adolescente como sujeitos de direito, busca-se de forma mais efetiva, através da pesquisa, verificar se os procedimentos legais da adoção internacional, usados pelos países-partes do Mercado Comum do Sul (Mercosul), podem possibilitar uma harmonização na legislação sobre o tema, no âmbito do mencionado bloco econômico regional, formado pelo Brasil, Argentina, Paraguai e Uruguai.

Na busca de uma resposta sobre a possibilidade de concretização de tal fato, a dissertação delimitou como tema, os procedimentos legais da adoção internacional utilizados pelos países do Mercosul.

O problema formulado no projeto de pesquisa tem por escopo saber se os procedimentos legais de adoção internacional, utilizados pelos países-membros do Mercosul, podem contribuir para uma efetiva harmonização dos referidos ordenamentos jurídicos.

Em atenção à indagação acima, é apresentada como possível resposta uma hipótese inicial, na qual afirma-se que os procedimentos legais de adoção internacional, utilizados pelos países-membros do Mercosul, são ao mesmo tempo diferentes e semelhantes em alguns aspectos, o que poderá levar a uma possível e efetiva harmonização.

Partindo de um questionamento e de uma probabilidade, o objetivo geral da pesquisa propõe verificar se os procedimentos legais da adoção internacional, acolhidos pelos países-membros do Mercosul, podem possibilitar uma harmonização no âmbito do bloco econômico. Dessa forma, o estudo leva a uma análise detalhada dos documentos sobre criança e adolescente na esfera internacional e, principalmente, dos procedimentos sobre adoção internacional utilizados pelos países signatários do Tratado de Assunção (Paraguai, Uruguai, Brasil e Argentina).

O desenvolvimento da dissertação, seguindo os seus objetivos específicos, direciona-se para uma análise dos aspectos gerais da adoção internacional, rumando, em seguida, para uma verificação mais detalhada dos procedimentos legais dessa perfilhação nos países do Mercosul. Após traçar alguns pontos essenciais à compreensão do processo de integração do referido bloco, a pesquisa aponta uma perspectiva para uma harmonização dos procedimentos legais de adoção internacional.

A diversidade de legislações, documentos internacionais, doutrinas e conceitos que se relaciona com o tema, envolve vários ramos das Ciências Jurídicas e Sociais. Assim, utiliza-se como método de abordagem; o indutivo, de procedimento e o monográfico, e como método de pesquisa; o bibliográfico e o documental.

A teoria da Harmonização das Legislações Internas dos Estados-Partes do Mercado Comum foi adotada como teoria de base na pesquisa realizada e, com o objetivo de garantir-lhe uma considerável margem de precisão, foram utilizados textos legais dos países que compõem o Mercosul, tratados que instituíram e conferiram-lhe personalidade jurídica, convenções internacionais direta ou indiretamente relacionadas ao tema, e uma bibliografia considerável sobre criança e adolescente, adoção internacional, globalização e outros documentos como: relatórios, normativas dos órgãos decisórios do Mercosul e provimentos de Tribunal.

O trabalho, em síntese, está estruturado em três capítulos distintos, seguidos de uma conclusão e visa a atingir o objetivo inicialmente delineado, apresentando uma projeção lógica sobre o tema da adoção internacional no âmbito do Mercosul para, ao final, ainda contribuir de alguma forma para o processo de integração do bloco e aproximação das legislações sobre adoção internacional nos países que o compõem.

O primeiro capítulo, "Aspectos gerais da adoção internacional", faz uma abordagem histórica do instituto relatando os primeiros debates sobre a adoção internacional e sua utilização nos países do Mercosul. Apresenta os conceitos e as modalidades do instituto adotados no Brasil, Argentina, Paraguai e Uruguai, ressaltando a questão do abandono da criança e do adolescente e, também, a definição dada à adoção internacional, ao adotante e ao adotado.

Ainda para complementar o mesmo capítulo, que objetiva oferecer elementos básicos suficientes para uma melhor compreensão do tema, são feitos alguns comentários sobre documentos internacionais e organizações especializadas em adoção, as quais, além do preparo técnico, segundo determina a nova ordem supranacional, deverão ser oficializadas pelos Estados para atuarem nas adoções internacionais.

O segundo capítulo, "Os procedimentos legais da adoção internacional nos países do Mercosul", trata da legislação sobre adoção internacional existente no âmbito dos países integrantes do bloco.

A investigação do referido tema consiste em um exame na Constituição desses países e na sua legislação interna referente ao instituto da adoção. São evidenciados os procedimentos e os requisitos necessários à adoção internacional, proporcionando, no conjunto, uma visão ampla sobre a adoção por estrangeiros não residentes em cada país que compõe o bloco, sobre as Convenções pertinentes à adoção internacional, ratificadas pelos Estados-Partes, sobre as semelhanças existentes entre as legislações, sobre os países integrantes do bloco que regulamentaram a adoção por estrangeiros não residentes e sobre as possibilidades de avanços a respeito do tema.

O terceiro e último capítulo, intitulado "Perspectivas para uma harmonização dos procedimentos legais da adoção internacional", analisa as políticas da infância e da adolescência, o Mercosul e a importância da harmonização da legislação sobre a adoção internacional e o processo de harmonização da legislação sobre a adoção por estrangeiros não residentes no âmbito do Mercosul.

Esse capítulo, num primeiro momento, de forma gradativa, considerando a evolução histórica e a cidadania, enfoca a questão da política da infância e da adolescência em três frentes de atuação: as políticas públicas, o direito e os movimentos sociais. Na seqüência, são apresentadas noções sobre o processo de integração do Mercosul, o seu objetivo, seus órgãos de decisão e a evolução do bloco no campo social, destacando, neste contexto, a importância da aproximação da legislação interna dos Estados-Partes no que se refere à adoção internacional. Por fim, traz uma perspectiva de, no âmbito do Mercosul, haver uma legislação semelhante, impulsionada por documentos internacionais e legislação interna de países que já regulamentaram a adoção por estrangeiros não residentes.

1

ASPECTOS GERAIS DA ADOÇÃO INTERNACIONAL

1.1 CONSIDERAÇÕES INICIAIS

A adoção é vista, de modo geral, ao longo da história, como um instituto cujo motivo de existência foi a família, e teve início como forma de salvaguardar da extinção as famílias sem descendentes, o que para as civilizações antigas era uma necessidade. Em razão disso, foram criadas situações jurídicas, como a adoção, para que a continuidade da família fosse garantida, pois o testamento ainda não existia ou era proibido em Atenas até a época de Sólon, e, em Esparta, até a guerra do Peloponeso.

As adoções, como se pode verificar na Antigüidade, eram contempladas tanto pelas Leis de Manu como pelo Código de Hamurabi (1792-1750 a.C.), e destinavam-se a atender às necessidades e anseios dos adotantes, ficando em segundo plano os interesses do adotado[1].

No Direito Romano, o instituto, sem perder a inspiração religiosa, desempenhou papel importante no âmbito da família para corrigir divergências de parentesco civil: a agnação (*agnatio* - parentesco através do culto) e a cognação (*cognatio* – parentesco por consangüinidade). A adoção tinha uma finalidade política e, também, um cunho econômico, uma vez que servia como forma de obtenção de cidadania e, ainda, como forma de deslocar mão-de-obra de uma família para outra[2].

---

[1] Cf. BOUZON, Emanuel. **O Código de Hammurabi**. Introdução, tradução do texto cuneiforme e comentários. 8. ed. Petrópolis: Vozes, 2000, p. 176-179.

[2] Cf. SILVA FILHO, Artur Marques da. **O regime jurídico da adoção estatutária**. São Paulo: Revista dos Tribunais, 1997, p. 20.

O instituto da adoção, numa fase da história romana (Direito Romano-Helênico), perdeu o cunho religioso e político passando a ter como finalidade marcante a forma de contemplar casais estéreis.

Na Idade Média, a adoção caiu em desuso e somente com o Código de Napoleão, de 1804, ressurgiu ingressando, a partir de então, nas legislações modernas. A intenção, aqui, não é fazer um resgate histórico, mas apenas demarcar a inversão que ocorreu no direito moderno, em que os interesses do adotado passaram a ser mais considerados que os do adotante. O Código de Napoleão admitia apenas a adoção de maiores (art. 346), porém, a Lei francesa, de 19.07.1923, modificou o instituto e passou a aceitar a adoção de menores, colocando, em primeiro lugar, os interesses do adotado, permitindo-a somente se houvesse justo motivo para ele, ficando, a partir de então, em segundo plano, as necessidades e interesses dos adotantes.

Em 1939, na França, foi criado o instituto da legitimação adotiva, que estabeleceu alterações naquela legislação acarretando profundas mudanças como a nova redação do art. 343 do Código Civil francês que assim estabeleceu: *"Art. 343. A adoção não pode ter lugar a não ser que haja justos motivos e que apresente vantagens para o adotado".*

Com isso, verifica-se que houve uma mudança em favor do adotado, que podemos chamar de protetiva, uma vez que as vantagens e os interesses do adotando passaram a ser os primeiros aspectos a serem considerados no processo de adoção.

A adoção internacional passou a ter maior expressão com o desenvolvimento das nações, o que se deu de forma mais acentuada após a Segunda Guerra Mundial, momento em que a comunidade internacional passou a preocupar-se com a exclusão e o abandono sociais que, de certa forma, surgiram paralelamente ao desenvolvimento industrial. Na década de 60, a comunidade internacional e a Organização das Nações Unidas – ONU (criada em 1945) – já demonstravam uma preocupação sobre a matéria de adoção internacional. Tanto que, em 1960, por iniciativa da ONU, a adoção por estrangeiros passava a ser debatida com maior ênfase e tornava-se objeto de discussão e estudo num seminário na cidade de Leysin, na Suíça, onde se idealizaram os *Fundamental Principles for intercountry adoption – Leysin*. As principais conclusões daquele seminário, embora fossem princípios de observância não obrigatórios para os países signatários, consideram a adoção internacional como medida excepcional, dando-se prioridade à adoção nacional e, ainda, destacaram que a adoção internacional só deveria ser autorizada se fosse para o bem-estar da criança[3].

Os princípios de observância não obrigatórios, em matéria de

---

[3] Cf. LIBERATI, Wilson Donizeti. **Adoção internacional**. São Paulo: Malheiros, 1995, p. 32.

adoção internacional, oriundos do Seminário de Leysin, consideravam a adoção por estrangeiros uma medida excepcional, porém, uma possibilidade.

No que se refere, especificamente, à adoção de crianças e adolescentes, a proteção aos seus interesses e o bem-estar fizeram que, no cenário internacional, fosse adotada como paradigma, ainda que teoricamente, por determinados Estados, a "doutrina da proteção integral dos direitos da infância".

A doutrina da proteção integral, segundo Emílio Garcia Mendez, *"é a referência que se faz a um conjunto de instrumentos jurídicos de caráter internacional, que expressam um salto qualitativo fundamental na consideração social da infância"*[4].

Cabe lembrar, no entanto, que a doutrina da proteção integral refere-se aos direitos da infância num sentido amplo. Essa observação se faz necessária tendo em vista que os termos criança e adolescente nem sempre são definidos de forma unânime e pelos mesmos critérios objetivos. Os Estados que compõem os diversos continentes não adotam o mesmo entendimento e alguns divergem dos demais no que se refere à faixa etária em que uma criança passa à adolescência. Assim, ao tratar-se da adoção de menores, passar-se-á a considerá-la em sentido amplo.

A adoção, no cenário internacional, vem ganhando maiores dimensões. Exemplo disso está acontecendo com os blocos econômicos regionais (união de países geograficamente próximos para somar esforços para consolidar objetivos comuns), os quais, cedo ou tarde, convergem para uma harmonização legislativa entre os seus integrantes que, em razão das afinidades e interesses, passam a adotar medidas semelhantes para contornar seus problemas, quer no campo econômico, quer no campo social.

Nos países integrantes do Mercosul: Brasil, Argentina, Uruguai e Paraguai, a adoção por estrangeiros ainda não se apresenta harmonizada em suas legislações internas. No entanto, embora embrionária, a tendência de aproximação entre os seus membros é esperada tanto no campo econômico como no social sendo que, no momento, torna-se mais evidente a adoção de medidas comuns no campo econômico, o que não quer dizer que, embora mais lenta, a aproximação também não deva ocorrer no âmbito social. E com base nesta convergência, acredita-se que os Estados integrantes do bloco buscarão e adotarão alternativas semelhantes para contornar problemas sociais comuns, sendo uma delas a harmonização de legislações internas pertinente à matéria de adoção internacional.

O processo de adoção por estrangeiros não residentes é uma rea-

---

[4] MENDEZ, Emílio Garcia; COSTA, Antônio Carlos Gomes da. **Das necessidades aos direitos**. São Paulo: Malheiros, 1994, p. 71.

lidade e, portanto, deve ser encarada pelos Estados como forma de dar a quem dela necessita uma família, independentemente de focalizá-la como cooperação internacional, ou simplesmente agressão aos países em desenvolvimento.

No Brasil, a primeira proposta de um plano de adoção internacional de crianças carentes foi realizada pela Ministra da Saúde e da Família da França, em 1976, ao encontrar-se com o então Ministro brasileiro da Previdência Social, Nascimento e Silva. Ela não foi bem-vista por algumas autoridades brasileiras, mas o episódio serviu para *"despertar o governo para o problema. Um novo Código de Menores foi promulgado em outubro do ano seguinte, facilitando, inclusive a adoção de crianças por estrangeiros"*[5].

Na Argentina e no Uruguai, a adoção internacional, inicialmente, revestiu-se de importância quando pessoas nascidas nesses países, em busca de trabalho e novos horizontes, passam a viver no país vizinho e, conduzidos por circunstâncias diversas, lá entregavam seus filhos à adoção. Em face da proximidade desses países, o número de viagens de um para o outro Estado é inevitável, tornando-se necessário, diante de numerosos casos, assegurar a eficácia extraterritorial dessas adoções. Assim, em 1940, a República Argentina vinculou-se ao Uruguai em matéria de adoção pelo Tratado de Direito Civil de Montevidéu, especificamente, nos seus artigos 23[6] e 24[7].

No Paraguai, a adoção internacional possui como referência primária a Lei 903, Código do Menor, vigente desde 18.12.1981 e que, em seu art. 48, assim dispõe:

"Art. 48. La adopción hecha en otros estados se regirá por las convenciones y los acuerdos que celebre la República, los que deberán ajustarse siempre a las normas de este Código"[8].

A adoção por estrangeiros não residentes é uma questão, de certa forma, complexa, pois, nos países em que ela é permitida, como Brasil e Paraguai, além das exigências que, muitas vezes, a inviabilizam, questiona-se a conveniência ou não dessa adoção por estrangeiros.

No Brasil, por exemplo, há duas correntes nesse sentido. Uma

---

[5] CHAVES, Antônio. **Adoção internacional**. Belo Horizonte: Del Rey, 1994, p. 25.

[6] *Art. 23. A adoção rege-se no que se refere à capacidade das pessoas e no que diz respeito a condições, limitações e efeitos, pelas leis do domicílio das partes enquanto são concordantes, de forma tal que o ato conste em instrumento público.*

[7] *Art. 24. As demais relações jurídicas concernentes às partes regem-se pelas leis a que cada uma destas se encontre submetida.*

[8] *Art. 48. A adoção realizada em outros Estados regular-se-á pelas convenções e acordos que, celebrados pela República, deverão adequar-se sempre às normas deste Código. (Tradução do autor).*

que reprova, e outra que aprova. Ambas possuem como ponto comum a proteção do adotando, mas divergem no que se refere à conveniência. A primeira, reprovadora, a qual já menciona Antônio Chaves, no Brasil, "*ser expoente o juiz e psicólogo Liborni Siqueira*"[9] defendendo, em síntese, que as campanhas para adoção não deveriam ser fomentadas por agências especializadas para incentivar estrangeiros não residentes a adotar, mas dever-se-ia procurar investigar e afastar as causas determinantes da carência e do abandono que resultam na "exportação" de crianças como simples objetos.

A segunda, aprovadora, apresenta uma visão mais realista e defende a adoção por estrangeiros, não como forma de solução única do problema, mas como um remédio que, mesmo sendo amargo, possa amenizar a situação de milhares de criaturas em completo abandono, lutando para sobreviver em meio à miséria que não pode ser, de imediato, solucionada pelo Estado de origem do adotando[10].

A miséria e outras mazelas com que a maioria das nações em desenvolvimento convive é uma realidade ainda enfrentada no mundo, onde observam-se a disputa por territórios e a exploração do mais fraco pelo mais forte. Nas relações internacionais, o Estado[11] ainda é o ator principal, enquanto a sociedade civil busca, timidamente, um espaço público para poder manifestar-se.

Hoje, a adoção por estrangeiros não residentes é, para alguns, uma hipótese comprometedora da própria soberania do Estado de origem do adotando que, ao concordar com tal possibilidade, demonstra a fragilidade para solucionar seu problema social interno; outros[12], de forma mais consciente e humanitária, reconhecem que o ser humano deve estar acima dos demais interesses, e para combater o estado de abandono e de miséria em que certas pessoas se encontram, algo de urgente deve ser feito, mes-

---

[9] CHAVES, Antônio. **Comentários ao Estatuto da Criança e do Adolescente**. 2. ed. São Paulo: LTr, 1997, p. 215.

[10] CHAVES, Antônio. **Comentários ao Estatuto da Criança e do Adolescente**. 2. ed. São Paulo: LTr, 1997, p. 215–216.

[11] Estado no sentido do direito público, o qual segundo o conceito dado pelos juristas e expresso no vocabulário jurídico De Plácido e Silva é: "*o agrupamento de indivíduos, estabelecidos ou fixados em um território determinado e submetidos à autoridade de um poder público soberano, que lhe dá autoridade orgânica*. (SILVA, De Plácido e. **Vocabulário jurídico**. 2. ed. Rio de Janeiro: Forense, 1990. 2 v., p. 205).

[12] Ver NAZO, Georgette Nacarato. **Adoção internacional**: valor e importância das convenções internacionais vigentes no Brasil. São Paulo: Oliveira Mendes, 1997, p. 35; CHAVES, Antônio. Op. cit., p. 215; LIBERATI, Wilson Donizeti. Adoção internacional: verdades e mitos. **Revista do Direito da Criança e do Adolescente** n. 1, da Associação Brasileira de Magistrados e Promotores de Justiça da Infância e da Juventude. Disponível em: <http://www.geocities.com/Athens/5908/children/juradoc.htm> . Acesso em: 26 mai. 2001.

mo sendo necessária a contribuição de outros Estados.

Os estrangeiros não residentes no país de origem do adotando encontram dificuldades no processo de adoção, as quais vão desde a barreira da língua até a excepcionalidade da adoção. Mas, mesmo com tantos obstáculos, ainda há casos de adoção internacional que se realizam; por outro lado, em face dos entraves da lei nacional e da falta de cooperação entre os países do adotante e do adotado, a adoção nem sempre segue os trâmites legais, o que, certamente, não é favorável às partes, principalmente ao adotado que, de forma precária e sem a proteção devida, é levado para outro país em companhia de pessoas que sequer passaram pelo crivo das autoridades competentes.

As adoções irregulares por estrangeiros, por diversos motivos, são uma constante[13]. Uma dificuldade é a falta ou a precária regulamentação sobre a matéria de adoção internacional que, somada à ausência de fiscalização conjunta dos Estados, nos termos propostos pela Convenção de Haia relativa à Proteção das Crianças e à Cooperação em Matéria de Adoção Internacional[14] e pela Convenção Interamericana sobre Restituição Internacional de Menores[15], faz que crianças e adolescentes sejam levados para outros países de forma clandestina ou sem a devida proteção

---

[13] Ver NASCIMENTO, Gilberto; LEAL, Luciana Nunes. A máfia da adoção. **Revista Isto É**. 1.325. ed. 22.02.1995, p. 79–81; VILLALOBOS, Juan Manuel. Detenido de Paraguay. **Periódico El Mundo**, 25.09.1999. Disponível em: <...\SOCIEDAD Paraguay_Detenido el jefe de la red de tráfico de niños descubierta por...>. Acesso em: 17. jun. 2001.

[14] *Art. 1º. A presente Convenção tem por objetivo:*

b) instaurar um sistema de cooperação entre os Estados Contratantes que assegure o respeito às mencionadas garantias e, em conseqüência, previna o seqüestro, a venda ou o tráfico de crianças;

Art. 6º. 1 - Cada Estado Contratante designará uma autoridade central encarregada de dar cumprimento às obrigações impostas pela presente Convenção.

[15] *Art. 1º. A presente Convenção tem por objetivo assegurar a pronta restituição de menores que tenham residência habitual em um dos Estados-Parte e hajam sido transladados ilegalmente de qualquer Estado para um Estado-Parte ou que tenham sido transladados legalmente foram retidos ilegalmente. É também objetivo desta Convenção fazer respeitar o exercício do direito de visita e custódia ou guarda por parte de seus titulares.*

Art. 7º. Para os efeitos desta Convenção cada Estado-Parte designará uma autoridade central encarregada do cumprimento das obrigações que estabelece esta Convenção, e comunicará a referida designação à Secretaria Geral da Organização dos Estados Americanos. Em especial, a autoridade central colaborará com os autores do procedimento e com as autoridades competentes dos respectivos Estados para obter a localização e a restituição do menor; assim mesmo, levará a cabo os acordos que facilitem o rápido regresso e o recebimento do menor, auxiliando os interessados na obtenção dos documentos necessários para o procedimento previsto nesta Convenção.

As autoridades centrais dos Estados-Partes cooperarão entre si e trocarão informações sobre o funcionamento da Convenção com o fim de garantir a restituição imediata dos menores e os outros objetivos desta Convenção.

jurídica, o que não lhes dá a certeza de um futuro digno[16]. Outro motivo, que também contribui para ocorrerem adoções irregulares, é o excesso de exigências estabelecidas pela lei ordinária para que o estrangeiro possa adotar. Um desses excessos pode ocorrer na exigência de estágio de convivência prolongado. No Brasil, por exemplo, o art. 46, § 2º da Lei 8.069/90 prevê a obrigatoriedade de um estágio de convivência de, no mínimo, quinze dias ao adotante estrangeiro não residente. Sobre a questão, menciona José Luiz Mônaco da Silva que "*o candidato à adoção, geralmente, não apresenta disponibilidade temporal para permanecer no Brasil por período superior a 30 dias*". Assim, acrescenta o mesmo autor que "*[...] qualquer juiz sensato, ao invés de interpretar a norma legal de maneira fria, impessoal e desumana, levará em consideração essas questões e fixará o estágio de convivência no prazo mínimo legal, sob pena de fechar definitivamente as portas para os candidatos estrangeiros*"[17].

Nos jornais, freqüentemente, há reportagens que abordam o tráfico de crianças e os maus-tratos que elas sofrem quando adotadas por estrangeiros de forma ilegal ou por um processo legal, mas não eficaz[18].

Essa realidade faz que a adoção internacional, sem fiscalização adequada e da forma que vem ocorrendo, não seja bem-vista pelos países onde esta ocorre.

A adoção por estrangeiros não residentes é uma realidade e, portanto, deve ser encarado e melhor avaliado pelos países de origem do adotando para que o processo seja mais ágil e seguro para ele que, por necessidade, vê-se obrigado a sujeitar-se ao instituto como forma de esperança de uma vida melhor.

Assim, no novo século, considerando que a informação ultrapassou as fronteiras, não há mais espaço para preconceitos à adoção internacional, considerando-a uma medida descabida e desprovida de maiores interesses jurídicos.

1.2 CONCEITO DE ADOÇÃO

O conceito é uma opinião que se forma sobre determinado objeto ou acontecimento após ser observado por alguém.

---

[16] Ver JUNIOR, Osmar Freitas. Os órfãos de pátria. **Revista Isto É**. 1598. 17.05.2000, p. 136–137.

[17] SILVA, José Luiz Mônaco da. **A família substituta no Estatuto da Criança e do Adolescente**. São Paulo: Saraiva, 1995, p. 137 e 138.

[18] Ver CHAVES, Antônio. **Adoção internacional**. Belo Horizonte: Del Rey, 1994, p. 35–43.

*conceito é derivado de **conceptus**, de **concipere** (conceber, idéia, considerar), serve na terminologia jurídica para indicar o sentido, a significação, a interpretação, que se tem a respeito das coisas, dos fatos e das palavras. O conceito da palavra indica, precisamente, o sentido etimológico e técnico em que é ela aplicada. É o certo entendimento que se possui a seu respeito, na posição em que se põe na linguagem*[19].

A adoção, para a terminologia jurídica (sentido técnico), indica um ato jurídico através do qual, de conformidade com a lei, uma pessoa toma ou aceita como filho uma outra. Já a origem da palavra adoção, segundo Wilson Donizeti Liberati, *"deriva do latim **adoptio**, que significa dar seu próprio nome a, pôr um nome em; tendo, em linguagem mais popular, o sentido de acolher alguém"*[20].

Na doutrina, são vários os autores que conceituam adoção, entre eles destacamos: Arnoldo Wald que a considera *"uma ficção jurídica que cria o parentesco civil. É um ato jurídico bilateral que gera laços de paternidade e filiação entre pessoas para as quais tal relação inexiste naturalmente"*[21]; Sônia Maria Monteiro que se refere à adoção como *"um ato jurídico que cria parentesco civil, gera laços de paternidade e filiação, independentemente de fato natural de procriação"*[22]; José Luiz Mônaco da Silva que entende ser *"o instituto pelo qual alguém estabelece com outrem laços recíprocos de parentesco em linha reta, por força de uma ficção advinda da lei"*[23]; Maria Helena Diniz, para quem a adoção *"é um instituto de caráter humanitário, que tem por um lado, por escopo dar filhos àqueles a quem a natureza negou e por outro lado uma finalidade assistencial, constituindo um meio de melhorar a condição moral e material do adotado"*[24]. A adoção, além de estabelecer relações de cunho sentimental, é um instituto jurídico que possibilita, de forma diversa da natural, mas de conformidade com a lei, uma relação de parentesco em primeiro grau na linha reta entre duas pessoas, no mínimo, pois há o casal adotante, que aliás é a maioria dos casos. Enfim, muitos são os conceitos, pois cada autor tem um modo próprio de expressar-se a respeito do obje-

---

[19] SILVA, De Plácido e. **Vocabulário jurídico**. 2. ed. Rio de Janeiro: Forense, 1990. 1 v., p. 484.

[20] LIBERATI, Wilson Donizeti. *Op. cit.*, p. 13.

[21] WALD, Arnoldo. **O novo direito de família**. 13. ed. rev. atual. e ampl. São Paulo: Saraiva, 2000, p. 197.

[22] MONTEIRO, Sônia Maria. **Aspectos novos da adoção**. Rio de Janeiro: Forense, 1997, p. 3.

[23] SILVA, José Luiz Mônaco da. **A família substituta no Estatuto da Criança e do Adolescente**. São Paulo: Saraiva, 1995, p. 86.

[24] DINIZ, Maria Helena. **Curso de direito civil**. 14. ed. rev. São Paulo: Saraiva, 1999. 5 v., p. 346.

to, palavra ou fato que pesquisa.

Tratando-se de adoção realizada por estrangeiros, que denominamos internacional ou transnacional, os conceitos são tantos quantos forem os autores que trabalham com o tema.

Para Didier Opertti Badan *"la diversidad de domicilios es el factor internacionalizante"*[25].

Observa Wilson Donizeti Liberati que *"[...] em 07.03.1983, O Instituto del Niño, órgão da Organização dos Estados Americanos – OEA, reunido na cidade de Quito, para a III Conferência Interamericana de Direito Privado, elaborou as **Bases para un Proyecto de Convención Interamericana sobre Adopción de Menores"*[26], nas quais o art. 1º da Convenção define *"a adoção internacional de menores como aquela em que os adotantes e o adotado tenham residência habitual em países diferentes"*.

Destaca-se, entre os autores, José Luiz Mônaco da Silva, o qual, referindo-se ao conceito de adoção internacional menciona que *"a adoção, seja nacional ou internacional será sempre conceituada como o instituto jurídico por meio do qual alguém (adotante) estabelece com outrem (adotado) laços recíprocos de parentesco em linha reta, por força de uma ficção jurídica advinda da lei"*[27].

1.3 O ADOTANTE

O adotante é o agente provocador do ato. É ele que, através da manifestação da vontade, dá início ao procedimento de adoção.

A adoção ocorre após o cumprimento de diversos requisitos legais, porém, o interesse do adotante é fundamental para que o instituto sobreviva e cumpra sua principal função, ou seja, a busca de afetividade, de um lar, e de uma família para aqueles que se encontrem em completo abandono, sujeitos a conviverem nas ruas ou no interior de uma instituição.

Diante da importância do adotante para que o ato da adoção se realize, um candidato à adoção deveria receber do Estado do adotando toda proteção, incentivo e informações necessárias para realizá-la e assim

---

[25] FERREIRA, Eduardo Vaz; BADAN, Didier Opertti; BERGMAN, Eduardo Tellechea. **Adopción internacional**. Montevidéo: Fundación de Cultura Universitária, 1984, p. 30. Para Didier Opertti BADAN – *"a diversidade de domicílios é o fator internacionalizante"*. (Tradução do autor).

[26] LIBERATI, Wilson Donizeti. *Op. cit.*, p. 34.

[27] SILVA, José Luiz Mônaco da. *Op. cit.*, p. 134.

fazer que crianças à espera de um coração humanitário possam realizar seu sonho de integrar uma família. No entanto, justamente o contrário ocorre; as pessoas interessadas na adoção, principalmente as residentes noutro país, são vistas com certa desconfiança pelas autoridades locais e colocadas, muitas vezes, diante de exigências administrativas e legais que, quando aplicadas de forma abstrata e sem consideração ao caso concreto, inviabilizam a adoção. Um exemplo disso se dá quando o juiz fixa o estágio de convivência superior ao prazo mínimo exigido no § 1º do art. 46 do Estatuto da Criança e do Adolescente.

O número de adotantes interessados na adoção é insignificante diante da quantidade de crianças abandonadas[28], mas esta situação poderia ser amenizada se houvesse por parte da sociedade e, principalmente, do Estado de origem do adotado um tratamento mais digno àqueles que demonstram interesse em adotar.

Os interessados, quando estrangeiros, ao contrário do adotando, são provenientes de países ricos da Europa e América do Norte (França, Alemanha, Itália, Holanda, Suíça, Estados Unidos etc.), que buscam encontrar, além das fronteiras de seu Estado, o que a natureza lhes negou, porém, não são os únicos. Estudos revelam que os candidatos são *"casais que posteriormente ao processo de adoção se engravidam e/ou já possuem filhos biologicamente naturais anteriores ao processo adotivo e casais inférteis"*[29].

Há uma inquestionável diferença socioeconômica que divide os países do adotante e do adotando, e isso leva, muitas vezes, a inverter-se a finalidade da adoção. O que inicialmente seria um ato de amor transforma-se em mero comércio diante das vantagens econômicas possíveis de serem obtidas por certas pessoas que intermedeiam uma adoção para estrangeiros.

As pessoas que visam a lucros com a adoção, seja ela legal ou não, contribuem para o surgimento, com maior freqüência, do pseudoadotante que, diante das vantagens apresentadas pelos "agentes" (no sentido de localizar crianças para adoção mediante pagamento), encontra mais facilidades em adotar ou traficar crianças para o exterior com objetivos diversos do protegido pelo instituto da adoção.

O pseudo-adotante vale-se do valor econômico de sua moeda e da cobiça dos agentes para obter lucros com o ato de adotar, desenvolvendo, paralelamente às adoções propriamente ditas e bem-intencionadas, um

---

[28] Ver CHAVES, Antônio. **Comentários ao Estatuto da Criança e do Adolescente**. 2. ed. São Paulo: LTr, 1997, p. 338–339.

[29] VERONESE, Josiane Rose Petry; OLIVEIRA, Luciene Cássia Policarpo. Adoção e relações familiares. **Revista da Faculdade de Direito da UFSC**, v. 1. Porto Alegre: Síntese, 1998, p. 115.

cenário negro e assustador da adoção internacional. Valdir Sznick aborda dois fatos que ocorrem e causam preocupações comuns sobre adoção internacional: o primeiro, segundo o autor, "*o mais singelo, é o caso de migrações e o fluxo migratório que daí surge*"[30], ensejando, pela falta de controle, não só o tráfico de entorpecentes, mas também o de crianças; o segundo ponto abordado pelo autor, sem embargo o mais grave, refere-se ao que vem sendo apontado na imprensa americana e internacional, ou seja, "*a adoção de crianças, em regra de cor, e algumas minoradas fisicamente, que são adotadas para serem usadas como 'cobaias' (esse é o nome, apesar da crueza) em transplantes, funcionando como "doadores" de órgãos ou sendo utilizadas como experiências (in anima nobile, o que é proibido pelo nosso Direito), em flagrante violação dos objetivos da adoção*"[31].

Na verdade, há uma diferença entre o adotante e o pseudo-adotante que deve ser esclarecida. Ela encontra-se, especificamente, na manifestação viciada do pseudo-adotante e na manifestação íntegra e refletida do adotante.

O adotante, seja nacional ou estrangeiro, para efetivar o ato de adoção, deverá passar por requisitos diversos que confirmam ou não a sua aptidão, porém tais exigências, mesmo sendo eficientes, são falíveis. Dessa forma, necessária se faz uma cooperação maior em matéria de adoção internacional entre os países envolvidos, sob pena de não ser possível identificar e diferenciar com diligência necessária o adotante dos pseudo-adotantes, os quais devem ser punidos e banidos como parasitas do instituto pelo próprio processo cooperativo.

1.4 O ADOTADO

O adotando é aquele que, em decorrência de uma situação fática, encontra-se em condições de adoção, tornando-se adotado após a efetivação do ato. Os critérios da idade e a situação de abandono, de certa forma, determinam, para certas modalidades de adoção, a capacidade para ser adotado.

O critério da idade do adotando é considerado para a realização das adoções plenas (Brasil, Argentina e Paraguai) ou legitimação adotiva (Uruguai). Essas modalidades de adoção, nos países do Mercosul, dão-se, via de regra, até a idade limite de 18 anos do adotando.

No Brasil, a legislação especifica a idade para a adoção de crianças e adolescentes no art. 40, do Estatuto da Criança e do Adolescente,

---

[30] SZNICK, Valdir. **Adoção**: direito de família, guarda de menores, tutela, pátrio poder, adoção internacional. 3. ed. rev. e atual. São Paulo: Universitária de Direito, 1999, p. 462.
[31] SZNICK, Valdir. *Op. cit.*, p. 462.

Lei 8.069/90[32].

Na Argentina, a legislação menciona a idade para adoção plena, inicialmente, no art. 1º, da Lei 19.134/71, referindo-se à adoção de menores não emancipados, exceção feita ao filho maior de idade do outro cônjuge. A Lei 13.252/48 estabelece como limite de idade para o adotando, 18 anos. Já a Lei 24.779/97, em seu art. 1º, incorpora ao Código Civil o regime legal adotivo, como Título IV, da Secção Segunda, Livro Primeiro, onde o art. 311 do Código Civil[33] derroga o art. 1º, da Lei 19.134/71, dando nova redação, porém, mantém-se o termo menor não emancipado que, pela já mencionada Lei 13.252/48, trata do menor de 18 anos.

O Uruguai, quanto à legitimação adotiva, aborda no art. 1º, da Lei 10.674/45 que esta pode se dar até os 18 anos de idade[34]. A Lei 12.486/57, que fez modificações à Lei da legitimação adotiva, ao alterar a idade do adotante para poder realizar a adoção, em seu segundo artigo, apresenta três anos, a contar da vigência da mesma, para aplicar-se a situações anteriores à lei, período este em que a exigência de idade prevista no inciso final do art. 1º da Lei 10.674/45, ou seja 18 anos, não serão considerados[35].

---

[32] *Art. 40. O adotando deve contar com, no máximo, dezoito anos a data do pedido, salvo se já estiver sob a guarda ou tutela dos adotantes.*

[33] *Art. 311. La adopción de menores no emancipados se otorgará por sentencia judicial a instancia del adoptante. La adopción de un mayor de edad o de un menor emancipado puede otorgarse, previo consentimiento de éstos cuando:*
1. Se trate del hijo del cónyuge del adoptante.
2. Exista estado de hijo del adoptado, debidamente comprobado por la autoridad judicial.

[34] *Art. 1º. Queda permitida la legitimación adoptiva en favor de menores abandonados, o huérfanos de padre y madre, o hijos de padres desconocidos.*
También podrán ser legitimados los pupilos del Estado, cuya situación de total abandono por parte de los padres alcance a más de tres años.
Podrán solicitarla dos cónyuges con cinco años de matrimonio, mayores de treinta años y con veinte más que el menor, que lo hubieran tenido bajo su guarda o tenencia por un término no inferior a tres años.
También podrán efectuarla el viudo o viuda, y los esposos divorciados, siempre que medie la conformidad de ambos, cuando la guarda o tenencia del menor hubiera comenzado durante el matrimonio y se completará después de la disolución del vínculo legal.
No podrá efectuarse esta legitimación después que el menor cumpla dieciocho años de edad.

[35] *Art. 2º. Por un término de tres años a partir de su vigencia, se aplicará también esta ley a todas las situaciones anteriores, aun a aquellas en que se hubiera denegado judicialmente la legitimación por falta de la diferencia de edad exigible por la disposición que se sustituye. No será impedimento para otorgarla, el hecho de que el menor haya dejado de serlo.*

No Paraguai, a adoção plena é possível somente para os menores conforme estabelece o art. 55 do Código de Menores[36]. Assim, para que tal adoção seja concretizada o adotando deverá contar com 21 anos incompletos. Em comentários ao artigo 255 do Código Civil Paraguaio, Miguel Angel Pangrazio[37] refere-se ao requisito da idade do adotando na adoção plena, limitando esta por força do Código de Menores, a 21 anos incompletos. A Lei 1.136/97, em seu artigo 9º, acrescenta que *"Podrán ser adoptados los niños hasta la mayoría de edad, salvo aquellos casos donde se haya iniciado el proceso de declaración de estado de adopción antes de la misma"*[38].

A idade de 18 anos incompletos é um fator determinante para as adoções plenas que se realizam na Argentina e no Brasil. No Uruguai, a idade de 18 anos incompletos também é necessária para que ocorra a legitimação adotiva. Porém, no Paraguai, a adoção plena poderá ocorrer quando o adotando não tiver completado 21 anos. Assim, confirma-se que nos países do Mercosul, a adoção plena ou legitimação adotiva se dá, em regra, quando o adotando não tiver completado 18 anos de idade à data do pedido, ressalvando-se as seguintes exceções: já estar à data do pedido o adotando sob a guarda ou tutela dos adotantes e, ainda, conforme a legislação paraguaia, não ter o adotando completado 21 anos de idade.

A situação de abandono é outro critério que, embora difícil de ser comprovado pelo seu grau de subjetividade que o integra, deve ser considerado nas adoções realizadas nesses países que integram o Mercosul.

O abandono de uma criança reveste-se de diversas formas; podendo ser de cunho material, intelectual e até jurídico, mas a afetiva é aquela que mais determina a situação de abandono. A falta de afetividade representa uma falha irreparável que faz que o ser em desenvolvimento cresça e desenvolva uma personalidade marcada pela falta de esperança e sentimentos fraternos.

A família é o primeiro grupo com quem o ser humano mantém contato ao nascer. É com ela que se inicia a formação da personalidade. A ausência dessa instituição é sinônimo de solidão.

Durante el mismo término, no regirá la exigencia de edad prevista en el inciso final del artículo 1º de la ley número 10.674.

[36] ***Art. 55.*** *Sólo podrá otorgarse la adopción plena respecto de los menores huérfanos de padre y madre, abandonados, o de padres desconocidos o que hayan sido privados de la patria potestad.*

[37] PANGRAZIO, Miguel Angel. **Código Civil paraguayo comentado**. Asunción: Intercontinental, 1994, p. 477.

[38] ***Art. 9º.*** *Poderão ser adotadas as crianças até a maioridade, salvo aqueles casos em que já tenha iniciado o processo de declaração de estado de adoção antes da mesma.*

A criança, por instinto, busca a companhia dos pais, ávida do desejo de estar em família. A busca de companhia e amor é inerente ao homem. Isso ocorre de forma natural; no entanto, nem todas as famílias transmitem aos filhos o carinho e o amor que eles procuram, mas, mesmo assim, o desejo de estar nesse meio continua. Exemplo disso é possível verificar-se, em superficial análise, naqueles casos em que pais descontrolados, bêbados, drogados, desempregados, por simples desabafo ou qualquer outro motivo, espancam filhos indefesos, os quais, na grande maioria das vezes, voltam alegres para com eles conviverem na esperança de serem amados.

Com o objetivo único de demonstrar o real abandono em que se encontram determinadas crianças e adolescentes, um exemplo regional, especificamente do Rio Grande do Sul[39], Estado-membro da República Federativa do Brasil, serve para comprovar o fato através de um texto[40]

---

[39] Estado localizado no extremo sul do País, com área de 282.062 Km^2, pouco mais de três por cento do território brasileiro. População: 9.634.688, apurada no censo de 1996. Dados obtidos na **Nova Enciclopédia Barsa**. São Paulo: Encyclopaedia Britannica do Brasil Publicações, 2000, p. 379, 12. v. e p. 45, Datapéia.

[40] Em julho de 2000, só em Porto Alegre, viviam nos Abrigos da Secretaria do Trabalho, Cidadania e Ação Social 837 crianças e adolescentes. A grande maioria afastadas das famílias por situações decorrentes da miséria. Destas crianças e adolescentes, 228 tinham destituição de pátrio poder, ou seja, as famílias haviam perdido o direito sobre os filhos. 114 esperavam por decisões da justiça sobre ajuizamento de ações de perda do pátrio poder. E 333 não tinham situação jurídica definida, não podiam viver com a família onde foram geradas nem podiam ser encaminhadas para famílias substitutas.
Sabe-se que abrigo não é família e que instituição não é casa. Mas das 837 crianças e adolescentes 38,11% estavam institucionalizadas há mais de 5 anos. 13,14% viviam de 3 a 5 anos nos abrigos. 11,95% tinham entre dois e três anos de abrigamento. 13,05% viviam na instituição entre um e dois anos. E apenas 13,03% estavam abrigadas há menos de 6 meses – o tempo considerado máximo de abrigagem já que esta é uma medida extrema de afastamento da família.....
Mas onde estão, então, as famílias dessas 837 crianças e adolescentes? Onde fica o direito fundamental delas crescerem em família? Por que gerações inteiras continuam sendo "Filhos de Estado"?
Do outro lado dos muros das instituições estão famílias candidatas à adoção. Mas uma cultura recheada de preconceitos limita a colocação das crianças em famílias adotivas. Quando se fala em adoção ainda se procura uma criança que corresponda aos desejos de uma família para receber uma criança que já existe.
Mais uma vez vamos analisar alguns números. Em julho de 2000, a equipe de adoção do Juizado da Infância e Juventude de Porto Alegre tinha 120 candidatos habilitados à adoção. 87 destes candidatos queriam bebês recém-nascidos até um ano de idade. De 70 adoções feitas pela equipe, entre julho de 1999 e julho de 2000, 53 eram de crianças com menos de 2 anos de idade. Só 17 crianças adotadas tinham mais de dois anos.
Como mudar esta cultura de adoção? Como romper a distância entre as crianças que desejam ter pais e os pais que desejam chamar crianças de filhos?

publicado no Relatório Azul - 1999/2000[41], elaborado pela organização não-governamental (ONG) Amigos de Lucas, que trabalha com a prevenção do abandono na infância. Pelo relatório, constata-se o grande número de crianças e adolescentes que crescem abrigados em instituições naquela região, considerada, em relação a outras da federação, desenvolvida.

Não nasceu o homem para viver isolado. A solidão e o abandono o corroem, e ele se transforma, quando sobrevive, em uma pessoa embrutecida, desprovida de amor e sentimentos que lhe foram negados.

Para Wilson Donizeti Liberati, *"[...] onde há uma situação de abandono, surge a possibilidade de adoção. Na verdade, no mundo inteiro, o estado de abandono é o denominador comum a todas as crianças adotáveis"*[42].

É, portanto, sujeito da adoção, na modalidade plena ou legitimação adotiva, aquele que, na condição de adotando, encontra-se em desenvolvimento, abandonado e preenche o requisito da idade previsto em lei.

1.5 TRATADOS E CONVENÇÕES INTERNACIONAIS NO ÂMBITO DA ADOÇÃO

A preocupação da comunidade internacional com o crescente

.... não se pode falar em adoção sem falar em abandono. E é justamente prevenir o abandono a missão do instituto. Para isso o foco de ação do IAL são os adolescentes e as famílias em situação de risco social.

Um grupo de voluntários trabalha oficinas de sexualidade consciente com adolescentes, para que eles desenvolvam conceitos de maternidade e paternidade responsável evitando a gravidez precoce. Temas como Aids e Doenças Sexualmente Transmissíveis fazem parte das oficinas. Todo o conteúdo é transformado em programas de rádio comunitária, e assim os próprios adolescentes passam a ser multiplicadores das informações nas escolas e na comunidade.

Voluntários também trabalham com famílias de risco para detectar situações de negligência e maus-tratos que levam ao abandono. Estudos comprovam que os que abandonam foram, em algum momento, abandonados. A intervenção, nestes casos, é para fortalecer os vínculos familiares e prevenir o abandono.

O Instituto Amigos de Lucas defende ainda um pré-natal onde haja investimento no aspecto emocional da gestação. Diagnosticando situações de risco ainda durante a gravidez, é possível intervir e assim garantir, de fato, o direito que toda a criança tem de viver em família" - RIO GRANDE DO SUL. Assembléia Legislativa. Comissão de Cidadania e Direitos Humanos. **Relatório Azul** – garantias e violações dos direitos humanos; 1999/2000. Porto Alegre: Assembléia Legislativa, 2000, p. 31.

[41] **Relatório Azul** – é uma publicação anual elaborada pela Comissão de Cidadania e Direitos Humanos (CCDH) da Assembléia Legislativa do Estado do Rio Grande do Sul, onde se procura oferecer um panorama das violações e garantias dos Direitos Humanos no Estado.

[42] LIBERATI, Wilson Donizeti. *Op. cit.*, p. 115.

número de adoções por estrangeiros fez que, nessa esfera, fosse viabilizada, através das Declarações, Tratados e Convenções, uma forma de controlá-las proporcionando às partes envolvidas, em especial ao adotado, uma maior proteção.

No mundo jurídico, procura-se diferenciar Tratado, Convenção e Declaração. O primeiro seria aquele acordo que, de cunho essencialmente político, versa sobre interesses comuns e recíprocos dos Estados na esfera política, social e econômica. A segunda, diferencia-se por ser um acordo desprovido de interesse político. A terceira, Declaração, um acordo que vem afirmar um princípio.

Esclarece Saulo José Casali Bahia que *"é bastante comum o emprego de diversas expressões correspondentes ao vocábulo 'tratado'"* e que *"embora não exista, nesse campo, uma estrita precisão vocabular, e a prática internacional contribua continuamente para alimentar essa imprecisão, a doutrina vem se esforçando para criar distinções terminológicas"*[43]. Porém, é sabido que, na prática, o vocábulo "tratado" é considerado como o termo genérico para designar um acordo de vontades entre pessoas de direito internacional, o qual é regido pelo direito das gentes[44].

Ainda, segundo o mesmo autor, o vocábulo "convenção" deve ser utilizado para designar os tratados do tipo normativo, que estabeleçam normas gerais em determinado campo. Já o termo "declaração", embora existam exceções, é reservado ao tratado que signifique manifestação de acordo sobre certas questões, enumerando, por vezes, princípios. Poderá também servir para o fim de interpretar algum tratado já celebrado ou, ainda, notificar acontecimento, certas circunstâncias ou servir de anexo a um tratado[45].

Para De Plácido e Silva, o termo "tratado" significa juridicamente *"o convênio, o acordo, a declaração, ou o ajuste firmado entre duas, ou mais nações, em virtude do que as signatárias se obrigam a cumprir e respeitar as cláusulas e condições que nele se inscrevem, como se fossem verdadeiros preceitos de Direito Positivo"*[46].

A guerra, entre outros episódios que contribuem para a regressão social e econômica de um povo, foi um dos fatores que levaram a comunidade internacional a estabelecer acordos com fins humanitários. A proteção especial à infância foi abordada em 1924, em Genebra, na Liga das Nações, depois da 1ª Grande Guerra. Após essa Declaração de Genebra e passada a 2ª Guerra Mundial, surge a Declaração dos Direitos do Ho-

---

[43] BAHIA, Saulo José Casali. **Tratados internacionais no Direito Brasileiro**. Rio de janeiro: Forense, 2000, p. 8.

[44] BAHIA, Saulo José Casali. *Op. cit.*, p. 8.

[45] BAHIA, Saulo José Casali. *Op. cit.*, p. 8 e 9.

[46] SILVA, De Plácido e. **Vocabulário jurídico**. 2. ed. Rio de Janeiro: Forense, 1990. 4 v., p. 414.

mem, em 1948, seguida de um texto mais específico direcionado à criança; ou seja, a Declaração dos Direitos da Criança de 1959[47].

Na seqüência, foram firmados Pactos Internacionais relativos aos Direitos Civis e Políticos e aos Direitos Econômicos, Sociais e Culturais que entraram em vigor, internacionalmente, em 1976, praticamente dez anos após serem votados pela Assembléia-Geral da ONU, em 16.12.1966. Nesses dois pactos, observa Georgette Nacarato Nazo que há disposições relativas à família e ao menor, previstas nos arts. 23 e 24 do Pacto de Direitos Civis e Políticos e no art. 10 do Pacto de Direitos Econômicos, Sociais e Culturais[48].

Art. 23. 1. A família é o elemento natural e fundamental da sociedade e terá o direito de ser protegida pela sociedade e pelo Estado.

2. Será reconhecido o direito do homem e da mulher de, em idade núbil, contrair casamento e constituir família.

3. Casamento algum será celebrado sem o consentimento livre e pleno dos futuros esposos.

4. Os Estados-Partes do presente Pacto deverão adotar as medidas apropriadas para assegurar a igualdade de direitos e responsabilidades dos esposos quanto ao casamento, durante o mesmo ou por ocasião de sua dissolução. Em caso de dissolução, deverão adotar-se disposições que assegurem a proteção necessária aos filhos.

Art. 24. 1. Toda criança terá direito, sem discriminação alguma por motivo de cor, sexo, língua, religião, origem nacional ou social, situação econômica ou nascimento, às medidas de proteção que a sua condição de menor requer por parte de sua família, da sociedade e do Estado.

2. Toda criança deverá ser registrada imediatamente após seu nascimento e deverá receber um nome.

3. Toda criança terá direito a adquirir uma nacionalidade.

Art. 10. Os Estados-Partes do presente pacto reconhecem que:

1. Deve-se conceder à família, que é o elemento natural e fundamental da sociedade, as mais amplas proteção e assistência possíveis, especialmente para sua constituição e enquanto ela for responsável pela criação e educação dos filhos. O matrimônio deve ser contraído com o livre consentimento dos futuros cônjuges.

---

[47] NAZO, Georgette Nacarato. *Op. cit.*, p. 8.
[48] NAZO, Georgette Nacarato. *Op. cit.*, p. 9.

2. Deve-se conceder proteção especial às mães por um período de tempo razoável antes e depois do parto. Durante esse período, deve-se conceder às mães que trabalham licença remunerada ou licença acompanhada de benefício previdenciários adequados.

3. Devem-se adotar medidas especiais de proteção e de assistência em prol de todas as crianças e adolescentes, sem distinção alguma por motivo de filiação ou qualquer outra condição. Devem-se proteger as crianças e adolescentes contra a exploração econômica e social. O emprego de crianças e adolescentes em trabalhos que lhe sejam nocivos à moral e à saúde ou que os façam correr perigo de vida, ou ainda que lhes venham a prejudicar o desenvolvimento normal, será punido por lei.

Os Estados devem também estabelecer limites de idade sob os quais fique proibido e punido por lei o emprego assalariado da mão-de-obra infantil.

Apresentadas essas considerações que, de modo geral, visam, apenas, a dar uma introdução ao conjunto de convenções que envolvem direta ou indiretamente a adoção internacional, passar-se-á a enfocar os objetivos gerais de cada uma delas.

1.5.1 Declaração dos Direitos da Criança

A Declaração dos Direitos da Criança, proclamada pela Assembleia-Geral das Nações Unidas, em 20.11.1959, traz, em seu bojo, dez princípios fundamentais a serem observados por todos os povos das Nações Unidas e progressivamente instituídos através de medidas legislativas. A finalidade desses princípios é de que toda a criança tenha uma infância feliz e possa gozar dos direitos e das liberdades a ela conferidos pela Declaração.

A base dos princípios da Declaração dos Direitos da Criança é calcada nos direitos fundamentais do homem e na dignidade do valor da pessoa humana. Os princípios enunciam direitos e liberdades que devem ser desfrutados por todas as crianças, sem qualquer distinção.

A necessidade de uma proteção especial à criança, já enunciada na Declaração de Genebra de 1924 e, posteriormente, reconhecida na Declaração dos Direitos do Homem, assim como nos estatutos de instituições especializadas e das organizações internacionais envolvidas com o bem-estar da infância, volta a ser defendida no preâmbulo da Declaração, a qual, mesmo sem força obrigatória para os Estados-Partes, foi de suma importância na caminhada contínua, que busca dar proteção à infância de forma ampla e não apenas restrita à condição física do beneficiário.

A Declaração Universal dos Direitos da Criança, de 1959, foi, sem dúvida, um dos documentos fundamentais para que nossa civilização passasse a observar a criança como um ser especial que necessita de proteção e cuidados, não só dos pais mas também de toda a sociedade. A Declaração, através de seus princípios protetivos e humanitários, contribuiu para desencadear medidas de proteção à criança e ao adolescente, como, por exemplo, a adoção, presente, hoje, nos ordenamentos jurídicos dos Estados, voltada para os interesses do adotando e sendo realizada, não apenas no âmbito nacional, mas também no internacional.

1.5.2 O Código de Bustamante e o Tratado de Montevidéu

O Código de Bustamante, de 1928, também chamado de Código de Direito Internacional privado, firmado na Sexta Conferência Internacional reunida em Havana e ratificado[49] por todos os Estados americanos, exceto pela Argentina, Estados Unidos da América, México, Paraguai e Uruguai (arts. 73 a 77) e o Tratado de Montevidéu de 1940 (arts. 23 e 24) são antecedentes latinoamericanos em matéria de adoção internacional.

A uniformização de regras de Direito Internacional Privado foi propiciada em alguns países, como o Brasil, pelo Código de Bustamante, o qual adotou o princípio de que a validade, a capacidade das partes e os efeitos de uma adoção dependerão da lei pessoal, não só do adotante como também do adotado. Princípio este que se depreende dos arts. 73 e 74 do referido Código:

> *Art. 73. A capacidade para adotar e ser adotado e as condições e limitações para adotar ficam sujeitas à lei pessoal de cada um dos interessados.*

> *Art. 74. Pela lei pessoal do adotante, regulam-se seus efeitos, no que se refere à sucessão deste; e pela lei pessoal do adotado, tudo quanto se refere ao nome, direitos e deveres que conserve em relação a suas famílias natural, assim como a sua sucessão com respeito ao adotante.*

O referido princípio foi, em síntese, o mesmo adotado pelo Tratado de Montevidéu, de 1940, firmado entre a República Oriental do Uruguai e a República Argentina.

Ressalta-se, com referência ao Tratado de Montevidéu, que, se os domicílios são diferentes (se os adotantes estavam domiciliados na Ar-

---

[49] COSTA, Lígia Maura. Convenção sobre competência na esfera internacional para eficácia extraterritorial das sentenças estrangeiras. *In* CASELA, Paulo B; ARAUJO, Nadia de (Coord.). **Integração jurídica interamericana**: as convenções interamericanas de direito internacional privado (CDIPs) e o direito brasileiro. São Paulo: LTr, 1998, p. 314.

gentina e os adotados no Uruguai), a adoção tem caráter internacional e se estabelece o conflito de lei ao qual se tem intentado dar solução no Tratado de Direito Civil de Montevidéu. Esse tratado, por sua vez, estabelece, em seus arts. 23 e 24, a lei a ser aplicada nas adoções internacionais realizadas entre a Argentina e o Uruguai[50].

Art. 23. La adopción se rige en lo que atañe a la capacidad de las personas y en lo que respecta a condiciones, limitaciones y efectos, por las leyes de los domicilios de las partes en cuanto sean concordantes, con tal de que el acto conste en instrumento público.

Art. 24. Las demás relaciones jurídicas concernientes a las partes se rigen por las leyes a que cada una de éstas se halle sometida[51].

No entanto, observa Georgette Nacarato Nazo que "*os três países, Argentina, Paraguai e Uruguai, que são partícipes do Brasil no Mercosul, não aceitaram o Código de Bustamante, residindo aí, a primeira dificuldade de harmonização de normas jurídicas entre eles*"[52].

O Código de Bustamante de Direito Internacional Privado por não mais atender à realidade intercontinental americana, em face da crescente celebração de contratos bilaterais e multilaterais, que é próprio das civilizações modernas e não apenas privilégio de algumas nações[53], levou os países latinoamericanos a, progressivamente, firmarem suas relações através das Conferências Interamericanas de Direito Internacional Privado (CIDIP), surgindo, assim, as celebradas no Panamá (1975), Montevidéu (1979), La Paz (1984), Montevidéu (1989) e México (1994) que continuam sendo ratificadas paulatinamente pelos Estados Americanos[54].

Na segunda Conferência Interamericana realizada em Montevidéu, no Uruguai, em 1979, foi celebrada a Convenção Interamericana sobre Eficácia Extraterritorial das Sentenças e Laudos Arbitrais Estrangeiros. Isabel Lustosa, referindo-se ao documento citado, menciona que

---

[50] FERREIRA, Eduardo Vaz; BADAN, Didier Opertti; BERGMAN, Eduardo Tellechea. *Op. cit.*, p. 15.

[51] *Art. 23. A adoção se rege no que se refere à capacidade das pessoas e no que diz respeito a condições, limitações e efeitos, pelas leis do domicílio das partes enquanto são concordantes, de forma tal que o ato conste em instrumento público. (Tradução do autor).*
Art. 24. As demais relações jurídicas concernentes às partes se regem pelas leis a que cada uma destas se encontre submetida.

[52] NAZO, Georgette Nacarato. *Op. cit.*, p. 17.

[53] BELANDRO, Ruben B. Santos. **Continuan vigentes el Código Bustamante i los tratados de Montevideo de 1889 y 1940 ante la labor de las CIDIP?** *In* CASELA, Paulo B; ARAUJO, Nadia de (Coord.). *Op. cit.*, p. 121.

[54] WILDE, Zulema D. **La adopción**: nacional e internacional. Buenos Aires: Abeledo-Perrot S.A. 1996, p. 11.

"*a Convenção visa uniformizar os requisitos que a sentença ou laudo arbitral devem apresentar para terem eficácia extraterritorial nos Estados-Partes*"[55].

O âmbito de aplicação da Convenção é bastante amplo, uma vez que este se emprega às sentenças judiciais proferidas em processos civis, comerciais ou trabalhistas de qualquer dos Estados-Partes e, como todos os países do Mercosul ratificaram tal convenção[56], ela poderá ser aplicada no que se refere à eficácia da sentença de adoção, quando esta se realizou em um dos Estados-Partes da Organização dos Estados Americanos (OEA).

Isabel Lustosa, sobre o âmbito de aplicação da Convenção, complementa expondo que:

a possibilidade expressa de ampliação ou redução do âmbito de aplicação da Convenção da CIDIP-II é uma característica que lhe é exclusiva, diferentemente de outras convenções significativas sobre a mesma matéria, que têm objeto inflexível, como a Convenção de Haia sobre o Reconhecimento e Execução de Sentenças Estrangeiras em Matéria Civil e Comercial, de 1971, e o Protocolo de Cooperação e Assistência Jurisdicional em Matéria Civil, Comercial, Trabalhista e Administrativa, concluído entre os países integrantes do Mercosul em Las Leñas em 27.06.1992[57].

O Brasil, através do Decreto 2.411, de 02.12.1997, promulga a Convenção Interamericana sobre Eficácia Extraterritorial das Sentenças e Laudos Arbitrais Estrangeiros, concluída em Montevidéu em 08.05.1979.

A Convenção Interamericana sobre Normas Gerais de Direito Internacional Privado, também foi celebrada durante a 2ª Conferência Interamericana de Direito Internacional (CIDIP – II). No Brasil, o Decreto 1.979, de 09.08.1996, promulga a referida Convenção, concluída em 08.05.1979, em Montevidéu, no Uruguai, que, no item 1.5.5 do presente trabalho, será amplamente abordada.

Os demais países do Mercosul, segundo informa Jacob Dolinger, em um quadro de aprovação das Convenções – CIDIP – 1995, também já ratificaram a Convenção Interamericana sobre Normas Gerais de Direito Internacional Privado[58].

---

[55] LUSTOSA, Isabel. **Convenção interamericana sobre eficácia extraterritorial das sentenças e laudos arbitrais estrangeiros.** *In*: CASELA, Paulo B; ARAUJO, Nadia de (Coord.). *Op. cit.*, p. 332.

[56] DOLINGER, Jacob; TIBURCIO, Carmem. **Vade-mécum de direito internacional privado.** Rio de Janeiro: Renovar, 1996, p. 374.

[57] LUSTOSA, Isabel. **Convenção interamericana sobre eficácia extraterritorial das sentenças e laudos arbitrais estrangeiros.** *In* CASELA, Paulo B; ARAUJO, Nadia de (Coord.). *Op. cit.*, p. 332.

[58] DOLINGER, Jacob; TIBURCIO, Carmem. *Op. cit.*, p. 374.

Na terceira Conferência Interamericana realizada em La Paz, na Bolívia, em 1984, foi celebrada a Convenção Interamericana sobre Conflito de Leis em Matéria de Adoção.

O artigo 3º dessa Convenção determina que: "*a lei da residência habitual do menor regerá a capacidade, consentimento e demais requisitos para ser adotado, assim como quais são os procedimentos e formalidades extrínsecas necessárias para a constituição do vínculo*".

Carlos E. Boucault esclarece que "*a Convenção de La Paz abre-se para todos os Estados-Membros interessados em ratificá-la, bem como admite a adesão de outros Estados não pertencentes à Organização dos Estados Americanos*"[59]. Assim, uma vez estabelecidas as normas que deverão ser aplicadas nas adoções internacionais, realizadas no âmbito da Organização do Estados Americanos (OEA), resta apenas a ratificação por parte de alguns Estados-Membros.

O Brasil, com o Decreto 2.429, de 17.12.1997, promulga a Convenção Interamericana sobre Conflito de Leis em Matéria de Adoção de Menores, concluída em La Paz, em 24.05.1984.

Na quarta Conferência Interamericana, realizada em Montevidéu, no Uruguai, em 1989, foi celebrada a Convenção sobre Restituição Internacional de Menores que será abordada no item 1.5.8 deste trabalho.

A quinta Conferência Interamericana realizada no México, em 1994, por recomendação da anterior, teve como uma de suas temáticas o tráfico internacional de menores, que resultou na Convenção sobre o Tráfico Internacional de Menores.

Carlos Alberto de Salles, ao fazer referência às características gerais da Convenção, enfatiza que: "*a Convenção aprovada no México está organizada de forma bastante usual para esta espécie de documento. Dividida em quatro partes, apresenta um capítulo para cada um dos temas centrais (cível e criminal), antecedidos por um capítulo de disposições gerais e seguidos de outro de disposições finais, como seria previsível*"[60].

Países como o Brasil e o Paraguai já ratificaram a Convenção. O Brasil, através do Decreto 2.740, de 20.08.1998, promulga a Convenção Interamericana sobre Tráfico Internacional de Menores, assinada na cidade do México, em 18.03.1994. O Paraguai, com a Lei 928, de 20.08.1996.

---

[59] BOUCAULT, Carlos E. **A convenção interamericana sobre conflito de leis em matéria de adoção – CIDIP – III – e seu reflexo no direito brasileiro.** *In* CASELA, Paulo B; ARAUJO, Nadia de (Coord.). *Op. cit.*, p. 502.

[60] SALLES, Carlos Alberto de. **Tráfico internacional de menores**: problemas e soluções da convenção interamericana. *In* CASELA, Paulo B; ARAUJO, Nadia de (Coord.). *Op. cit.*, p. 571.

1.5.3 Convenção Relativa à Competência das Autoridades e à Lei Aplicável em Matéria de Proteção de Menores

Realizada em Haia, em 05.10.1961, a Convenção teve como objetivo estabelecer, entre os Estados signatários, disposições comuns relativas à competência das autoridades e à lei aplicável em matéria de proteção de menores.

Segundo o art. 1º da presente Convenção é, via de regra, competente para decretar medidas para a proteção do menor e de seus bens, a autoridade do Estado da residência habitual do menor.

A lei interna de que o menor é nacional será aplicável e reconhecida em todos os Estados contratantes e, se a residência habitual do menor mudar de um Estado contratante para outro, permanecerão em vigor as medidas tomadas pelas autoridades do Estado da antiga residência habitual, enquanto estas não forem levantadas ou substituídas pela autoridade da nova residência do menor, o que se dará somente depois de um aviso prévio à autoridade que aplicou a medida. Essas são, em linhas gerais, as determinações previstas nos arts. 3º, 4º e 5º da Convenção.

O artigo 12, na seqüência, define que, *"para fins da presente Convenção, entende-se por 'menor' toda pessoa que tem esta qualidade, quer segundo a lei interna do Estado de que a mesma é nacional, quer segundo a lei interna do Estado onde tem a sua residência habitual"*. No Brasil, a qualidade de menor é definida por De Plácido e Silva como a *"pessoa que não tenha ainda atingido a maioridade"*[61] sendo, portanto, necessário não ser maior de 21 anos, ou emancipado, para se ter a qualidade de 'menor', nos termos da Convenção. No entanto, para fins de aplicação do Estatuto da Criança e do Adolescente (Lei 8.069/90), menciona Munir Cury que *"adotou o legislador o critério cronológico absoluto, ou seja, a proteção integral da criança ou adolescente é devida em função de sua faixa etária, pouco importando se, por qualquer motivo, adquiriu a capacidade civil"*[62].

A Convenção de 1961 teve como Estados-Partes: Áustria, Espanha, França, Luxemburgo, Holanda, Portugal, República Federal da Alemanha, Suíça, Turquia (Estado aderente)[63], e seus artigos 19 e 21 possibilitam a adesão de outros países, porém, ela apenas produzirá efeitos nas relações entre o Estado aderente e os Estados contratantes que tenham

---

[61] SILVA, De Plácido e. **Vocabulário jurídico**. 2. ed. Rio de Janeiro: Forense, 1990. 1 v., p. 178.
[62] CURY, Munir; MARÇURA, Jurandir & PAULA, Paulo Afonso Garrido de. **Estatuto da Criança e do Adolescente anotado**. 2. ed. rev. atual. São Paulo: Revista dos Tribunais, 2000, p. 20.
[63] LIBERATI, Wilson Donizeti. *Op. cit.*, p. 271.

declarado aceitá-la, ou seja, ainda que ocorra a adesão por parte de algum Estado, não representado na 9ª (nona) Sessão da Conferência de Haia de Direito Internacional Privado, a Convenção somente terá vigor, entre o Estado aderente e o que declarou aceitar a adesão e, mesmo assim, no sexagésimo dia após a notificação deste último ao Ministério dos Negócios Estrangeiros dos Países Baixos, onde também é depositado o instrumento de adesão.

1.5.4 A Convenção de Estrasburgo, de 24.04.1967

A Convenção de Estrasburgo teve como objetivo realizar, entre os Estados-Membros do Conselho da Europa, uma união mais estreita com a finalidade de favorecer o progresso social, promovendo o bem-estar dos menores que são adotados.

O preâmbulo da Convenção estabelece que, *"embora o instituto da adoção de menores exista na legislação de todos os Estados-Membros do Conselho da Europa, há nesses países pontos de vista diferentes acerca dos princípios que o deveriam reger, assim como diferenças quanto ao processo de adoção e os efeitos jurídicos da adoção".*

A Convenção Européia, em Matéria de Adoção de Crianças, estabelece, por força de seu artigo terceiro, que só é aplicável nas adoções em que, no momento do pedido, não tenha o adotando atingido a idade de 18 anos.

O artigo 4º, em síntese, informa que só é válida a adoção se decretada por "autoridade competente", seja judiciária, seja administrativa.

O consentimento do cônjuge do adotante, dos pais do adotando e, na falta destes, de qualquer pessoa ou organismo que esteja habilitado, complementam os requisitos para a validade do ato.

A idade mínima para adotar, segundo consta no artigo 7º da Convenção, é de 21 anos e a máxima de 35 anos, podendo, ainda, em circunstâncias especiais, ou sendo o adotante pai ou mãe do menor, ser derrogada a condição da idade mínima exigida.

O artigo 9º, alínea 2, letra "f", observa a opinião do menor em relação à adoção proposta. Essa opinião, segundo o mesmo artigo, deverá ser obtida no inquérito apropriado que antecede o ato.

O artigo 10 refere-se à desvinculação da família natural e aos direitos e obrigações adquiridos, ressaltando, na alínea 5, que "em matéria sucessória, sempre que a lei conceda ao filho legítimo um direito na sucessão de seu pai, ou de sua mãe, o menor adotado é considerado, para este efeito, como sendo filho legítimo do adotante".

Antônio Chaves, ao tecer comentários sobre a Convenção, expõe que *"o art. 12 procura eliminar certas limitações que existem nas legis-*

lações nacionais para a adoção, e, em sua alínea 2, fazer desaparecer a superada proibição da existência de descendentes"⁶⁴.

O estágio de convivência, entre adotante e adotado, é outro ponto importante da convenção e está previsto no artigo 17 da mesma. Tem como objetivo possibilitar à autoridade avaliar, antes de decretar a adoção, as relações que se estabeleceriam entre as partes se a adoção fosse efetivada. O artigo não prevê um período específico para o estágio de convivência, mas deixa claro que deverá ser suficientemente longo para cumprir sua finalidade de proporcionar à autoridade competente uma avaliação razoável e condizente com o real interesse da criança.

O artigo 22 possibilita que, mediante convite do Comitê de Ministros do Conselho da Europa, qualquer Estado não-membro do Conselho venha a aderir à presente Convenção.

A Convenção de Estrasburgo teve como Estados-Partes: Áustria, Dinamarca, Grécia, Irlanda, Itália, Liechtenstein, Malta, Noruega, Portugal, Reino Unido, Suécia e Suíça.

Cabe observar, aqui, que, no âmbito da América Latina, documentos semelhantes à Convenção de Estrasburgo foram formulados, analisados e aprovados como projetos na reunião, de 08 a 11.03.1983, em Quito, promovida pelo órgão consultivo da OEA (Instituto Interamericano da Criança), com o apoio da Subsecretaria de Assuntos Jurídicos e do governo do Equador.

A III Conferência Especializada Interamericana sobre Direito Internacional Privado, realizada de 15 a 24.05.1984, na cidade de La Paz, na Bolívia, recepcionou os trabalhos da reunião de peritos que ocorreu em Quito e tratava sobre a temática: adoção de menores.

Antônio Chaves, ao referir-se a III Conferência, enfatiza que: "*depois de cinco dias de trabalho foram aprovadas conclusões no campo social e médico-psicológico e um projeto de Lei Uniforme, bem como a Convenção Interamericana sobre Conflito de Leis em matéria de adoção de menores*"⁶⁵.

Didier Opertti Badán, sobre os projetos debatidos na Reunião de Quito, expõe que:

> *a propósito de los proyectos examinados en Quito, cabe señalar que ellos representan las actuales tendencias de la doctrina especializada y el consenso alcanzado refleja el criterio de un grupo de internacionalistas interamericanos apoyado por un estudio interdisciplinario en el que el enfoque sociológico de la*

---

⁶⁴ CHAVES, Antônio. **Adoção internacional**. Belo Horizonte: Del Rey, 1994, p. 221.
⁶⁵ CHAVES, Antônio. **Adoção internacional**. Belo Horizonte: Del Rey, 1994, p. 207.

*institución, complementado por el criterio médico pediátrico, ha tenido un papel primordial*⁶⁶.

Prossegue o autor mencionando que:

*desde un punto de vista estrictamente jurídico se observa que uno de los proyectos, el de Bases para una ley uniforme sobre la institución de la adopción de menores, contiene aquellas reglas que se han considerado las más adecuadas para la regulación de esta figura. Se tiende de este modo al perfeccionamiento de las diferentes leyes nacionales y se sigue el camino ensayado por la llamada Convención de Estrasburgo en el ámbito de la Comunidad Económica Europea, al proyectar normas directas o materiales que reglamentan por si-mismas la definición, alcance, requisitos y efectos de la adopción, su irrevocabilidad y las limitadas posibilidades de anulación por violaciones graves a leyes de fondo o de procedimiento*⁶⁷.

A Federação Interamericana de Advogados em sua XXIV Conferência celebrada no Panamá, de 04 a 10.02.1984, entre suas resoluções, inclui uma pela qual recomenda a atualização da legislação nacional sobre adoção de menores nos países americanos, de conformidade com as bases do projeto de Lei Uniforme, aprovadas pela reunião de expertos sobre adoção de menores⁶⁸. Todavia, nos países do Mercosul, essa atualização, ainda, não se efetivou por completo e de maneira uniforme, mas já apresenta avanços.

A Argentina, por exemplo, embora tenha atualizado sua legislação nacional com a promulgação da Lei 24.779, em 26.03.1997, não permite em seu país a adoção internacional, pois o art. 2º da Lei 23.849, de

---

⁶⁶ FERREIRA, Eduardo Vaz; BADAN, Didier Opertti; BERGMAN, Eduardo Tellechea. *Op. cit.*, p. 45. "a respeito dos projetos examinados em Quito, cabe assinalar que eles representam as atuais tendências da doutrina especializada, e o consenso alcançado reflete o critério de um grupo de internacionalistas interamericanos apoiado por um estudo interdisciplinar em que o enfoque sociológico da instituição, complementado pelo critério médico pediátrico, teve um papel primordial." (Tradução do autor).

⁶⁷ FERREIRA, Eduardo Vaz; BADAN, Didier Opertti; BERGMAN, Eduardo Tellechea. *Op. cit.*, p. 45 e 46. "de um ponto de vista estritamente jurídico observa-se que um dos projetos, que é base para uma lei uniforme sobre a instituição da adoção de menores, contém aquelas regras que são consideradas as mais adequadas para a regulação desta figura. Tem-se, deste modo, o aperfeiçoamento das diferentes leis nacionais e segue-se o caminho ensaiado pela chamada Convenção de Estrasburgo no âmbito da Comunidade Econômica Européia, ao projetar normas diretas e materiais que regulamentam por si mesmas a definição, alcance, requisitos e efeitos da adoção, sua irrevogabilidade e as limitadas possibilidades de anulação por violações graves a leis de fundo ou de procedimento". (tradução do autor).

⁶⁸ FERREIRA, Eduardo Vaz; BADAN, Didier Opertti; BERGMAN, Eduardo Tellechea. *Op. cit.*, p. 47.

16.10.1990, que aprovou a Convenção sobre os Direitos da Criança (ANEXO A), naquela nação, dispõe que:

Al ratificar la Convención, deberán formularse las siguientes reservas y declaraciones:

1. La República Argentina hace reserva de los incisos b), c), d), y e) del artículo 21 de la Convención sobre los Derechos del niño y manifesta que no regirán en su jurisdicción por entender que, para aplicarlos, debe contarse previamente con un riguroso mecanismo de protección legal del niño en materia de adopción internacional, a fin de impedir su tráfico y venta.

2..... [69].

Entretanto, Daniel Hugo D'Antonio menciona que: "*la adopción internacional, también denominada "adopción entre países", aparece como una realidad social*"[70]. Portanto, com o processo de integração do Mercosul, não há como descartar a possibilidade de aproximação da legislação argentina nos moldes da brasileira, uma vez que no Brasil já foram criados alguns mecanismos de proteção legal à criança adotada por estrangeiros não residentes e existe um Estatuto da Criança e do Adolescente (Lei 8.069/90) voltado, exclusivamente, para o interesse superior da criança.

Outro exemplo de avanço, sobre a adoção de menores, é o Paraguai que, com a Lei 57, de 04.04.1990, aprova e ratifica a Convenção das Nações Unidas sobre o Direito das Crianças e, até que se promulgue, naquele país, o Código da Infância e da Adolescência, a Lei 1.136, de 18.09.1997, adotou normas para a adoção plena nacional e internacional nos moldes da lei brasileira (Lei 8.069/90). Isso indica que o referido país é outro membro do Mercosul que converge no sentido de, não apenas solucionar o seu problema social, mas de buscar instrumentos legais semelhantes aos adotados por outros Estados e que assegurem o real interesse da criança, à semelhança da Convenção de Estrasburgo.

A caminhada do Mercosul rumo à integração é uma constante,

---

[69] *Lei 23.849/97 - Art. 2º. Ao ratificar a Convenção, deverão formular-se as seguintes reservas e declarações:*

1. A República Argentina faz reserva aos incisos b), c), d), e e) do artigo 21 da Convenção sobre os Direitos da Criança e manifesta que eles não regerão sua jurisdição por entender que, para aplicá-los, deve contar-se previamente com um rigoroso mecanismo de proteção legal da criança em matéria de adoção internacional, a fim de impedir seu tráfico e venda.

2. (Tradução do autor).

[70] D'ANTONIO, Daniel Hugo. **Régimen legal de la adopción**. Buenos Aires: Rubinzal – Culzoni, 1997, p. 230. "*A adoção internacional, também denominada 'adoção entre países', aparece como uma realidade social*" (Tradução do autor).

assim, mesmo que esta se verifique no momento, com maior progressão no campo econômico, será inevitável que os países pertencentes a esse bloco adotem medidas comuns no campo social.

1.5.5 Convenção Interamericana sobre Normas Gerais de Direito Internacional Privado

Em 08.05.1979, em Montevidéu, no Uruguai, os Governos dos Estados-Membros da Organização dos Estados Americanos – OEA, no âmbito da 2ª Conferência Internacional de Direito Privado (CIDIP –II) concluem uma convenção sobre normas gerais de Direito Internacional Privado.

A Convenção Interamericana sobre Normas Gerais de Direito Internacional Privado, que foi ratificada por todos os países-membros do Mercosul[71], estabelece em seu artigo 1º que "*a determinação da norma jurídica aplicável para reger situações vinculadas com o direito estrangeiro ficará sujeita ao disposto nesta Convenção e nas demais convenções internacionais assinadas, ou que venham a ser assinadas no futuro, em caráter bilateral ou multilateral, pelos Estados-Partes*".

Na seqüência, o artigo acima citado conclui que, "*na falta de norma internacional, os Estados-Partes aplicarão as regras de conflito do seu direito interno*".

Os juízes e as autoridades dos Estados-Partes ficarão, por força do art. 2º, obrigados a aplicar o direito estrangeiro tal como fariam os juízes do Estado cujo direito seja aplicável. No entanto, o art. 5º esclarece que "a lei declarada aplicável por uma convenção de Direito Internacional Privado poderá não ser aplicada no território do Estado-Parte que a considerar manifestamente contrária aos princípios de sua ordem pública".

Complementa o art. 7º da presente Convenção que "*as situações jurídicas validamente constituídas em um Estado-Parte, de acordo com todas as leis com as quais tenham conexão no momento de sua constituição, serão reconhecidas nos demais Estados-Partes, desde que não sejam contrárias aos princípios da sua ordem pública*".

A Convenção, por força dos artigos 10 e 12, permanecerá aberta a assinaturas dos Estados-Membros da Organização dos Estados Americanos, bem como à adesão de qualquer outro Estado. Entretanto, no momento de assinar, ratificar ou aderir à Convenção, poderá o Estado formular reservas desde que estas não sejam incompatíveis com o seu objeto e o fim colimado.

---

[71] DOLINGER, Jacob; TIBURCIO, Carmem. *Op. cit.*, p. 374.

1.5.6 Convenção sobre os Aspectos Civis do Rapto Internacional de Crianças

Com o objetivo maior de proteger a criança, os Estados signatários da Convenção sobre os Aspectos Civis do Rapto Internacional de Crianças concluíram os seus trabalhos em 25.10.1980, em Haia. A proteção pretendida é no plano internacional e no sentido de estabelecer formas que garantam à criança o regresso imediato ao Estado de sua residência atual no caso de se tornar prejudicial a mudança de domicílio ou quando há uma retenção ilícita.

O art. 1º da Convenção estabelece os seus objetivos, ou seja, "a) assegurar o regresso imediato das crianças ilicitamente transferidas para qualquer Estado contratante ou dele retiradas indevidamente; b) fazer respeitar de maneira efetiva nos outros Estados contratantes os direitos de custódia e de visitas existentes num Estado contratante".

No art. 3º, estão enumerados os casos em que a deslocação ou retenção de uma criança é considerada ilícita. A referida Convenção prevê, também, a necessidade de cada Estado-Parte designar uma autoridade central, no âmbito de seu território, para dar cumprimento às obrigações assumidas pelos contratantes.

As autoridades centrais, para cumprirem, com êxito, os objetivos previstos na Convenção, além de cooperar com as demais autoridades centrais, deverão buscar a colaboração de autoridades de seu Estado e, ainda, tomar ou mandar tomar todas as medidas apropriadas para assegurar o regresso voluntário da criança.

De acordo com os dispositivos do art. 12, a criança, ilicitamente transferida ou retida a menos de um ano da data da deslocação ou retenção indevidas e a data do início do processo, deverá ser imediatamente restituída, e, mesmo após a expiração do período de um ano, a autoridade também deverá determinar o seu regresso, salvo provando que a criança já se encontra integrada no seu novo ambiente.

A autoridade judicial ou administrativa, por força do art. 13, não se obriga a restituir a criança se a pessoa, instituição ou organismo que se opõe ao regresso provar: a) que o requerente não tinha, na época da transferência ou da retenção, o direito de custódia ou que havia consentido ou concordado posteriormente com esta transferência; b) que, com o regresso, a criança ficará sujeita a perigos de ordem física ou psíquica, ou ainda, numa situação intolerável. Também poderá ser negado o pedido de regresso se a própria criança com idade e maturidade para fazer uma opção que possa ser considerada, se opõe a ele.

Complementa o art. 19 que "qualquer decisão sobre o regresso da criança, tomada ao abrigo da presente Convenção, não afeta os fundamentos do direito de custódia". Isso, de certa forma, reforça um dos objetivos da Convenção, previsto no art. 1°, letra a), que é " fazer respeitar de maneira efetiva nos outros Estados contratantes os direitos de custódia e de visitas existentes num Estado contratante".

O direito de visitas consta no Capítulo IV da Convenção e, nos termos do art. 21, este poderá ser dirigido à autoridade central de um Estado contratante, da mesma forma que o pedido de regresso, devendo as autoridades centrais, por força do dever de cooperação assumido no art. 7°, facilitar o exercício desse direito.

Cabe lembrar, também, que a aplicação da presente Convenção cessa quando a criança atingir a idade de 16 anos e que são Estados-Partes: Austrália, Canadá, Espanha, França, Hungria (adesão), Luxemburgo, Portugal, Reino Unido e Suíça.

Os países do Mercosul, por sua vez, não foram omissos e também demonstraram preocupação com o rapto internacional de crianças.

O Uruguai, através da Lei 17.109, de 21.05.1999, aprova a presente convenção o que demonstra ser um avanço nos direitos afetos à criança e ao adolescente, bem como uma preocupação constante daquele país.

A Argentina, com a Lei 23.857, de 19.11.1990, aderiu à Convenção sobre os Aspectos Civis do Rapto Internacional de Crianças, que foi produto da 14ª Sessão da Conferência de Haia sobre Direito Internacional Privado.

É preciso destacar, ainda, que as Repúblicas da Argentina e do Uruguai, no dia 31.06.1981, em Montevidéu, celebraram uma Convenção de Proteção Internacional de Menores. Essa Convenção estabeleceu, em seu art. 1°, o propósito de: *"asegurar la pronta restitución de menores que, indebidamente, se encuentren fuera del Estado de su residencia habitual y en el territorio del otro Estado"*[72].

O Paraguai aprova a Convenção sobre os Aspectos Civis do Rapto Internacional de Crianças em seu país, através da Lei 983, de 07.11.1996, sem especificar no texto legal, a exemplo dos demais países integrantes do Mercosul, qualquer reserva.

O Brasil, com o Decreto 3.413, de 14.04.2000, publicado no Diário Oficial de 17.04.2000, promulga a Convenção concluída na cidade de Haia, em 25.10.1980.

A manifestação dos países do Mercosul é unânime, em que transparecem a necessidade e a tendência de se buscar a harmonização de determinadas normas que possam auxiliar nas relações que se estabele-

---

[72] D'ANTONIO, Daniel Hugo. *Op. cit.*, p. 239. **Art. 1º**. *Assegurar a pronta restituição de menores que, indevidamente, encontrem-se fora do Estado de sua residência habitual e em território de outro Estado.* (Tradução do autor).

cem, com maior freqüência, entre pessoas de diversos Estados, principalmente, nas adoções internacionais e outras relações que venham a envolver crianças.

1.5.7 Convenção Interamericana sobre Conflitos de Leis em Matéria de Adoção de Menores

A Convenção Interamericana sobre Conflitos de Leis em Matéria de Adoção de Menores foi concluída na III Conferência Especializada Interamericana sobre Direito Internacional Privado, que se realizou no período de 15 a 24.05.1984, em La Paz, na Bolívia.

Os trabalhos desenvolvidos na reunião de peritos sobre adoção de menores que ocorreu em Quito, em março de 1983, tornaram-se significativos na elaboração da presente Convenção Interamericana.

Nas adoções de menores, sob as formas de adoção plena, legitimação adotiva e outras instituições afins, quando o adotante tenha seu domicílio em um Estado-Parte e o adotado tenha a sua residência habitual em outro, aplicar-se-ão as regras previstas na referida Convenção – art. 1º.

A lei da residência habitual do menor é a que define como será o procedimento a ser adotado para se estabelecer o vínculo, a capacidade e os demais requisitos necessários para que se concretize a adoção. A lei do domicílio do adotante define, por sua vez, a capacidade para ser adotante, os requisitos de idade e seu estado civil, bem como os demais requisitos que a lei exigir, e o consentimento do cônjuge, quando necessário – art. 3º e art. 4º.

O art. 8º estabelece um trabalho complementar a ser desenvolvido pelas instituições públicas ou privadas que se dedicam à proteção do menor. Esse trabalho consiste na obrigação de informar à autoridade outorgante da adoção, pelo período de um ano, as condições em que se desenvolveu a adoção. Tal situação acontece em razão de a autoridade outorgante da adoção poder exigir que o adotante credencie sua aptidão física, moral, psicológica e econômica por intermédio de uma instituição autorizada por algum Estado ou organismo internacional, ficando assim, segundo descreve o artigo, comprometida a instituição a prestar as informações já referidas à autoridade outorgante.

Os efeitos decorrentes da adoção plena, legitimação adotiva e figuras afins são os mais amplos possíveis. As relações entre o adotado, o adotante e a família deste serão regidas pela mesma lei que disciplina as relações do adotante com sua família legítima, inclusive no que se refere ao dever de alimentos. A lei da residência habitual regerá, no momento da adoção, as relações do adotado com a sua família de origem, mas, realizada a adoção, o vínculo do adotado com sua família natural estará dissolvido – art. 9º e art. 10.

É assegurado ao adotado o direito sucessório. O art. 11 estabelece que: "os direitos sucessórios que correspondem ao adotado e adotante (ou adotantes) regem-se pelas normas aplicáveis às respectivas sucessões". Também garante o mesmo artigo que o adotado, pela adoção plena, legitimação adotiva e figuras afins, terá, em relação ao adotante e à família deste, os mesmos direitos sucessórios concedidos à filiação legítima.

A irrevogabilidade da adoção é a regra, bem como a necessidade do consentimento do adotando que tiver mais de 14 anos de idade. A anulação da adoção será regida pela lei de onde for outorgada. – art. 13 e art. 14.

A competência para decidir questões relativas às relações entre adotado e adotante e a família deste é dos juízes do Estado do adotante até o momento em que, tendo o adotado domicílio próprio, poderá escolher – art. 17.

Para finalizar, lembramos que os termos que integram essa Convenção e as leis que ela determina aplicar serão interpretadas de forma harmônica, sempre em favor da validade da adoção e em benefício do adotado, ser em desenvolvimento, que, pela sua fragilidade, requer maior proteção jurídica.

1.5.8 Convenção Interamericana sobre Restituição Internacional de Menores

Concluída na IV Conferência Interamericana de Direito Internacional Privado que se realizou em Montevidéu, no período de 09 a 15.07.1989, teve a Convenção Interamericana sobre Restituição Internacional de Menores seu objetivo delineado no art. 1º, o qual, em síntese, pretende assegurar a pronta restituição de menores pelos Estados-Partes e fazer respeitar o exercício do direito de visita e custódia ou guarda por parte de seus titulares.

O sujeito protegido pela presente Convenção é o menor que não tenha completado 16 anos de idade.

Define o artigo 3º o que compreende o direito de custódia ou guarda e o direito de visita. O art. 4º, por sua vez, define o que é considerado translado e retenção ilegal de um menor.

O artigo 7º refere-se à necessidade de cada Estado-Parte designar uma autoridade central que será encarregada de dar cumprimento às obrigações que estabelece a Convenção, colaborando com as partes envolvidas e com as autoridades competentes no sentido de localizar e restituir o menor.

Os procedimentos para a restituição do menor estão previstos nos arts. 8º a 17 da Convenção. Destacando que, por força do art. 8º, o meio disponível aos titulares para buscar a efetiva restituição se dá através de Carta Rogatória ou mediante solicitação à autoridade central, diretamente ou pela via diplomática ou consular.

O pedido de restituição, quando encaminhado a um Estado-Parte, deverá estar acompanhado dos documentos arrolados pelo art. 9º da Convenção e conter informações que possibilitem identificar o solicitante, o menor subtraído ou retido e, se conhecido, a pessoa com quem se encontra o menor. Também deverá constar na solicitação, a provável localização do menor, os fundamentos de direito que embasam o pedido, as circunstâncias e datas em que ocorreu o translado para o estrangeiro ou o vencimento do prazo autorizado.

As medidas que deverão ser adotadas pelo juiz deprecado, pela autoridade central ou outra autoridade do Estado onde se encontra o menor estão previstas no art. 10 e visam à restituição do menor.

Estabelecem os art. 13 e 14 prazos que deverão ser observados, respectivamente, pelo requerente e pela autoridade requerida. O primeiro artigo menciona em seu *caput* que: "se dentro do prazo de quarenta e cinco dias contados desde que foi recebida pela autoridade requerente a resolução pela qual se dispõe a entrega, não se tiverem tomado as medidas necessárias para efetivar o translado do menor, ficarão sem efeito a restituição ordenada e as providências adotadas". O segundo artigo, na seqüência, menciona em seu *caput* que: "os procedimentos previstos nesta Convenção deverão ser instaurados dentro do prazo de um ano contado a partir da data em que o menor tiver sido transladado ou retido ilegalmente".

Os art. 18, 19 e 20 apresentam regras referentes ao pedido de localização dos menores, e o 21 refere-se à solicitação que tiver por objeto fazer respeitar o exercício dos direitos de visita por parte de seus titulares. Esse é o segundo objeto dessa Convenção e, segundo o artigo, "o procedimento respectivo será o previsto nesta Convenção para a restituição do menor".

Os demais artigos da presente Convenção são atinentes a disposições gerais e finais, referem-se ao trâmite das precatórias e das solicitações previstas no texto, bem como a questões administrativas.

1.5.9 Convenção Internacional dos Direitos da Criança

A Assembléia-Geral das Nações Unidas, em 20.11.1989, aprova por unanimidade a Convenção sobre os Direitos da Criança, composta de três partes e 54 artigos.

O documento internacional é resultado de um trabalho de 10 anos e foi expedido quando se comemoravam os trinta anos da Declaração Universal dos Direitos da Criança, de 1959[73].

O preâmbulo dessa Convenção engloba princípios básicos, recorda e ratifica documentos anteriores voltados à proteção especial da criança, ressaltando, ao final, a importância da cooperação internacional para a melhoria das suas condições de vida em todos os países.

A primeira parte do documento é composta por 41 artigos (arts. 1º a 41). Os primeiros, arts. 1º ao 20, apresentam em síntese: a definição de criança para os efeitos da Convenção; a repressão a qualquer espécie de discriminação à criança e a obrigação de os Estados-Partes adotarem medidas apropriadas para assegurar a sua proteção e bem-estar; o dever de os Estados-Partes fiscalizarem as instituições, os serviços e os estabelecimentos que trabalham no sentido de proteger a criança; a obrigação de os Estados-Partes adotarem medidas que são necessárias à implementação dos direitos reconhecidos na Convenção; a valorização dos pais ou responsáveis pela criança devendo estes, conforme determinam os costumes locais, proporcionarem à criança instrução e orientação adequadas; o reconhecimento e a garantia pelos Estados-Partes de que toda criança tem o direito à vida e ao desenvolvimento, bem como, direito de nascer e ser registrada, ter um nome, uma nacionalidade e, quando possível, conhecer seus pais e conviver com eles; o favorecimento pelos Estados-Partes para que toda criança conviva com seus pais e que a separação só ocorra se necessária ao interesse maior da criança; a garantia de os Estados-Partes atenderem, de forma positiva, humanitária e rápida, à solicitação apresentada por uma criança, ou seus pais para ingressar ou sair de um Estado-Parte com vistas à reunião de família; o combate ao tráfico de crianças e retenção ilícita das mesmas fora do país; a garantia de os Estados-Partes respeitarem a liberdade de expressão da criança, considerando sua opinião sobre assuntos a ela relacionados; o reconhecimento pelos Estados-Partes de que a liberdade de pensamento, a liberdade de associação, a liberdade de realizar reuniões pacíficas, de consciência e de crença são, entre outros tantos, direitos da criança; a valorização dos meios de comunicação incentivando os mesmos a difundirem informações materiais de interesse social e cultural para a criança; a responsabilidade dos pais, ou representantes legais, pela educação e pelo desenvolvimento da criança; o compromisso de assistência adequada proporcionada pelos Estados-Partes aos pais e aos representantes legais com o objetivo de garantir e promover os direitos enunciados pela Convenção; as medidas de proteção que devem adotar os Estados-Partes para proteger a criança contra todas as formas de violência; a garantia de proteção e assistência especiais do Estado para as

---

[73] VERONESE, Josiane Rose Petry. **Os direitos da criança e do adolescente**. São Paulo: LTr, 1999, p. 96.

crianças privadas de seu meio familiar.

Os artigos 21 a 41 encerram a primeira parte da Convenção e, em síntese, abordam a garantia de que a adoção, quando reconhecida pelo Estado-Parte, deve atentar sempre para o interesse maior da criança, seja ela nacional ou internacional, devendo, ainda, ser autorizada apenas pelas autoridades competentes e mediante procedimento adequado que garanta, mesmo em adoções internacionais, a proteção integral da criança; a proteção que deverá ser concedida pelos Estados-Partes e demais organismos internacionais no sentido de ajudar a criança refugiada, e de localizar seus pais ou membros da família a fim de permitir sua reunião; o reconhecimento e a assistência que deverão ser prestados pelos Estados a toda a criança portadora de deficiência física ou mental para que esta desfrute de uma vida plena e decente, participando ativamente da sociedade; a garantia da adoção de diversas medidas imediatas e preventivas que assegurem a toda criança um padrão cada vez melhor de saúde e reduza a mortalidade infantil; a garantia de exames periódicos a toda criança internada em estabelecimento pelas autoridades competentes; o reconhecimento e comprometimento dos Estados-Partes no sentido de que todas as crianças possam ter o direito de usufruir da previdência social; o reconhecimento de que toda a criança tem direito a um nível de vida adequado a seu desenvolvimento físico, mental, espiritual, moral e social, devendo os Estados adotarem medidas adequadas para assegurar o pagamento da pensão alimentícia por parte dos pais ou responsáveis pela criança; diretrizes básicas que devem orientar a educação de toda a criança; o respeito à criança, sua cultura e a garantia do convívio com os demais membros do grupo; a proteção da criança contra a exploração econômica e medidas que devem adotar os Estados-Partes para garantir este direito; a proteção da criança contra o uso ilícito de drogas e as medidas que devem adotar os Estados-Partes para garantir este direito; a proteção da criança contra todas as formas de exploração e abuso sexual e medidas que devem adotar os Estados-Partes para garantir este direito; a proteção e medidas necessárias para impedir o seqüestro, a venda ou tráfico de crianças para qualquer fim ou sob qualquer forma e, ainda, contra todas as demais formas de exploração que sejam prejudiciais para qualquer aspecto de seu bem-estar; o compromisso de que os Estados-Partes zelarão para que a criança não seja submetida à tortura nem a outros tratamentos desumanos ou degradantes ou a penas cruéis, bem como, entre outras medidas, não será imposta pena de morte nem prisão perpétua sem possibilidade de livramento por delitos cometidos por menores de dezoito anos de idade; o compromisso de os Estados-Partes respeitarem as normas de direito humanitário internacional aplicáveis em caso de conflito armado, adotando os Estados todas as medidas necessárias a fim de assegurar a proteção e cuidado das crianças; as medidas apropriadas que deverão ser observadas com o fim de estimular a recuperação física e psicológica da criança que tenha sido vítima de abandono ou violência; a proteção e as garantias asseguradas à criança acusada de ter infringido as leis penais, sendo que a existência de lei mais favorável e conveniente para a realização dos direitos da criança não será afetada pela Convenção.

A segunda parte da Convenção é composta dos artigos 42 a 45 se refere ao compromisso da ampla divulgação pelos Estados-Partes dos princípios e disposições da Convenção; à criação pelos Estados-Partes de um Comitê para os Direitos da Criança, sua composição e as funções que deverá desempenhar; aos relatórios que deverão ser apresentados ao Comitê pelos Estados-Partes sobre as medidas adotadas para tornarem efetivos os direitos reconhecidos na Convenção; à cooperação de outros organismos especializados que também poderão participar e incentivar a efetiva implementação da Convenção.

A terceira e última parte da Convenção é composta pelos artigos 46 a 54 e trata de questões administrativas atinentes a assinaturas dos Estados, ratificação, adesão, proposta de emenda, reservas compatíveis, forma de realizar a denúncia, data em que deverá entrar em vigor e o local em que ficará depositada.

1.5.10 Convenção Relativa à Proteção e à Cooperação em Matéria de Adoção Internacional

Em 29.05.1993, em Haia, foi concluída, no âmbito da 17ª Conferência de Direito Internacional Privado, a Convenção Relativa à Proteção e à Cooperação em Matéria de Adoção Internacional (ANEXO B), tendo como objetivo destaque impedir o tráfico internacional de crianças.

Os Estados Signatários dessa Convenção, cientes da necessidade de uma criança conviver no meio familiar e da importância da adoção internacional para aquelas que não encontram a família adequada em seu país de origem, procuram, com o objetivo de prevenir o seqüestro, a venda e o tráfico de crianças, estabelecer medidas comuns que resguardem o interesse superior da criança e tomem em consideração os princípios já reconhecidos por instrumentos internacionais.

O melhor interesse da criança, atualmente paradigma que tem norteado tratados e convenções humanitários, segundo Tânia da Silva Pereira, teve sua origem atrelada *"ao instituto do **parens patriae**[74], utili-*

---

[74] Tradução apresentada por Tânia da Silva PEREIRA à definição dada por Daniel B. GRIFFITH – *"a autoridade herdada pelo Estado para atuar como guardião de um indi-*

zado na Inglaterra como uma prerrogativa do Rei e da Coroa a fim de proteger aqueles que não podiam fazê-lo por conta própria"[75]. As atribuições do *parens patriae* se dividiram em proteção infantil e proteção aos loucos no início do século XVII, período em que a criança era apenas considerada propriedade do pai. No Direito Costumeiro Inglês, são precedentes que consideraram a primazia do interesse da criança, dois julgados do Juiz Lord Mansdield em 1763. Porém, este princípio somente tornou-se efetivo na Inglaterra em 1836[76].

Constata-se que a Declaração Universal dos Direitos da Criança, de 1959, utilizou em seu texto original, especificamente no Segundo Princípio, o termo "melhor interesse da criança", o qual também foi o utilizado no art. 3.1, da Convenção Internacional sobre os Direitos da Criança de 1989, na sua versão original em inglês. Há, no entanto, com a tradução dos documentos, dois conceitos diversos que são realçados por Tânia da Silva Pereira: "*a versão original vinculada a um conceito qualitativo – the **best** interest – e a versão brasileira dentro de um critério quantitativo – o interesse **maior** da criança*"[77]. A diferença não implica prejuízo, até porque o Brasil, ao ratificar a Convenção Internacional sobre os Direitos da Criança, incorporou em seu sistema jurídico, por força do art. 5º, § 2º da Constituição Federal, o princípio do "melhor interesse da criança".

A Convenção em análise estabelece, com base nas considerações de seu preâmbulo, medidas e regras que devem ser adotadas pelos Estados-Partes, sendo estas distribuídas em sete capítulos.

No primeiro capítulo, os artigos 1º, 2º e 3º referem-se à aplicação da Convenção.

Afirma-se, de conformidade com o art. 1º, que a mesma tem por objeto: a) estabelecer garantias para que as adoções internacionais sejam feitas levando em consideração o interesse superior da criança e com respeito aos direitos fundamentais, que lhes reconhece o Direito Internacional; b) instaurar um sistema de cooperação entre os Estados contratantes que assegure o respeito às ditas garantias e, em conseqüência, previna o seqüestro, a venda ou o tráfico de crianças; c) assegurar o reconhecimento, nos Estados contratantes, das adoções realizadas segundo a convenção. Esse artigo, ao definir os objetivos da Convenção, deixa claro que o propósito da mesma é estabelecer um sistema de cooperação entre

---

víduo com uma limitação jurídica" (**O melhor interesse da criança**: um debate interdisciplinar. Rio de Janeiro: Renovar, 1999, p. 1).

[75] PEREIRA, Tânia da Silva (Coord). **O Melhor Interesse da Criança**: um debate interdisciplinar. Rio de Janeiro: Renovar, 1999, p. 1.

[76] PEREIRA, Tânia da Silva (Coord). *Op. cit.*, p. 2.

[77] PEREIRA, Tânia da Silva (Coord). *Op. cit.*, p. 6.

os países que, na adoção internacional, se envolvem como país receptor ou de origem do adotado, facilitando dessa forma, através da adesão obrigatória de normas e mecanismos comuns a todos os Estados contratantes, a aplicação efetiva de dispositivos relativos aos direitos da criança, já recomendados pela Organização das Nações Unidas (ONU).

O interesse superior da criança é destacado, em texto da Convenção, como a necessidade do consentimento dos pais biológicos e da criança – art. 4º, a proibição de contato entre os futuros pais adotivos e os pais da criança ou quem detenha a sua guarda – art. 29, a necessidade de estar a criança considerada 'adotável' pela autoridade competente e os futuros pais aptos a adotar – arts. 4º e 5º.

Define-se pelo art. 2º que "a convenção se aplica quando uma criança com residência habitual em um Estado contratante ("o Estado de origem") tenha sido, é, ou deva ser deslocada para outro Estado contratante ("o Estado de acolhida")...", bem como "somente abrange as adoções que estabeleçam um vínculo de filiação" e, por fim, quando não é aplicável pelo fato de que os Estados envolvidos não aprovarão o prosseguimento da adoção antes que a criança complete a idade de 18 anos.

No segundo capítulo, há dois artigos que tratam dos requisitos para as adoções internacionais que devem ser observados pelos Estados envolvidos na adoção.

O art. 4º apresenta os requisitos a serem observados pelo Estado de origem do adotando no âmbito interno. O referido artigo prescreve que:

> *as adoções abrangidas por esta Convenção só poderão ocorrer quando as autoridades competentes do Estado de origem:*
>
> *a) tiverem determinado que a criança é adotável;*
>
> *b) tiverem verificado, depois de haver examinado adequadamente as possibilidades de colocação da criança em seu Estado de origem, que uma adoção internacional atende ao interesse superior da criança;*
>
> *c) tiverem-se assegurado de:*
>
> *1. que as pessoas, instituições e autoridades cujo consentimento se requeira para a adoção, tenham sido convenientemente orientadas e devidamente informadas das conseqüências de seu consentimento, em particular em relação à manutenção ou à ruptura, em virtude da adoção e dos vínculos jurídicos entre a criança e sua família de origem;*
>
> *2. que estas pessoas, instituições e autoridades tenham manifestado seu consentimento livremente, na forma legal prevista, e que este consentimento se tenha manifestado ou constatado por escrito;*

3. que os consentimentos não tenham sido obtidos mediante pagamento ou compensação de qualquer espécie nem tenham sido revogados; e

4. que o consentimento da mãe, quando exigido, tenha sido manifestado após o nascimento da criança;

d) tiverem-se assegurado, observada a idade e o grau de maturidade da criança, de:

1. que tenha sido a mesma convenientemente orientada e devidamente informada sobre as conseqüências de seu consentimento à adoção, quando este for exigido;

2. que tenham sido levadas em consideração a vontade e as opiniões da criança;

3. que o consentimento da criança à adoção, quando exigido, tenha sido dado livremente, na forma legal prevista, e que este consentimento tenha sido manifestado ou constatado por escrito;

4. que o consentimento não tenha sido induzido mediante pagamento ou compensação de qualquer espécie.

O artigo 5º apresenta os requisitos a serem observados pelo Estado de origem do adotando no âmbito externo.

Art. 5º. *As adoções abrangidas por esta Convenção só poderão ocorrer quando as autoridades competentes do Estado de acolhida:*

a) tiverem verificado que os futuros pais adotivos encontram-se habilitados e aptos para adotar;

b) tiverem-se assegurado de que os futuros pais adotivos foram convenientemente orientados;

c) tiverem verificado que a criança foi ou será autorizada a entrar e a residir permanentemente no Estado de acolhida".

No terceiro capítulo, Autoridades Centrais e Organismos Autorizados, está previsto que cada Estado contratante designará uma Autoridade Central encarregada de dar cumprimento às obrigações impostas pela Convenção. O art. 9º determina que:

as autoridades centrais tomarão todas as medidas apropriadas, seja diretamente ou com a cooperação de autoridades públicas ou outros organismos devidamente credenciados em seu Estado, em especial para:

a) reunir, conservar e permutar informações relativas à situação da criança e dos futuros pais adotivos, na medida necessária à realização da adoção;

b) facilitar, acompanhar e acelerar o procedimento de adoção;

c) promover o desenvolvimento de serviços de orientação em matéria de adoção e de acompanhamento das adoções nos respectivos Estados;

d) permutar relatórios gerais de avaliação sobre as experiências em matéria de adoção internacional;

e) responder, nos limites da lei do seu Estado, às solicitações justificadas de informações a respeito de uma situação particular de adoção formulada por outras Autoridades Centrais ou por autoridades públicas.

Essas autoridades, cooperando entre si, tomarão todas as medidas necessárias para que a adoção internacional seja efetivada somente quando há interesse, segurança e proteção à criança. No que se refere aos organismos autorizados, medidas foram adotadas, e os arts. 10 a 12 especificam determinadas regras para que organismos, sem fins lucrativos e acreditados pelos Estados-Partes, possam atuar em matéria de adoção internacional. O art. 12, por exemplo, determina que "um organismo acreditado em um Estado contratante somente poderá atuar em outro Estado contratante se for autorizado pelas autoridades competentes de ambos os Estados".

No artigo 13 da Convenção, é prevista uma forma para se saber quais os organismos acreditados. O artigo determina que "A designação das Autoridades Centrais e, quando for o caso o âmbito de suas funções, assim como os nomes e endereços dos organismos credenciados devem ser comunicados pelo Estado contratante ao Bureau Permanente da Conferência da Haia de Direito Internacional Privado".

No quarto Capítulo, os arts. 14 a 22 estabelecem os requisitos de procedimento para a adoção internacional, onde, em síntese, é mencionado que: a) os interessados na adoção de uma criança de outro Estado contratante deverão dirigir-se à autoridade central do Estado da residência habitual do adotando; b) a Autoridade Central do Estado de acolhida, ou seja, dos solicitantes, se considerar que os mesmos são habilitados e aptos para adotar, prepara um relatório com informações detalhadas sobre os adotantes e remete o mesmo para a Autoridade Central do Estado de origem; c) considerada a criança adotável, a Autoridade Central transmite à Autoridade Central do Estado de acolhida seu relatório sobre a criança; d) a decisão de confiar uma criança à adoção internacional somente pode ser tomada no Estado de origem se os futuros pais manifestaram seu acordo, se a Autoridade Central do Estado dos adotantes tenha aprovado a decisão, se as Autoridades Centrais de ambos os Estados estão de acordo que se prossiga a adoção, se os futuros pais são habilitados e aptos a adotar, e, se a criança tenha sido ou será autorizada a entrar e residir permanentemente no Estado de acolhida; e) a autorização de saída do Estado de origem e de entrada e permanência definitiva no Estado de acolhida será providenciado pelas Autoridades Centrais dos Estados envolvidos; f) o deslocamento da criança para o Estado de acolhida só pode ocorrer depois de verificados todos os requisitos mencionados no art. 17 da Convenção e referidos acima na letra "d"; g) as informações sobre o procedimento da adoção, medidas adotadas para o seu termo serão compartilhadas pelas Autoridades Centrais, bem como o desenvolvimento do período probatório, se requerido; h) medidas a serem tomadas pelas Autoridades Centrais se o Estado de acolhida entender que a família que adotou não responde ao interesse superior da criança, estabelecendo, o art. 21, como último recurso, o retorno da criança ao Estado de origem; i) a possibilidade de outros órgãos, de acordo com a lei do Estado contratante, desempenharem as funções conferidas à Autoridade Central.

No quinto capítulo, os arts. 23 a 27 tratam sobre o reconhecimento e os efeitos da adoção. A sua comprovação, segundo o art. 26, implica o reconhecimento: a) do vínculo de filiação entre a criança e seus pais adotivos; b) da responsabilidade paterna dos pais adotivos a respeito da criança; d) da ruptura de filiação preexistente entre a criança e sua mãe ou pai, se a adoção produz efeito no Estado contratante em que teve lugar. O mesmo artigo ressalva a aplicação de disposições mais favoráveis à criança quando previstas na legislação do Estado que reconheça a adoção. O artigo 27, por sua vez, determina quando uma adoção realizada em um Estado de origem, que não prevê como efeito a ruptura do vínculo preexistente de filiação, poderá, pelo Estado de acolhida, ser convertida em uma adoção que produza tal efeito.

Os capítulos sexto e sétimo apresentam, respectivamente, disposições gerais e cláusulas finais. No capítulo sexto, os arts. 28 a 42 estabelecem disposições gerais referentes: a) à não-derrogação, pela Convenção, de leis de um Estado contratante quando esta determine que a adoção seja efetivada nesse Estado, ou quando proíba a colocação da criança no Estado de acolhida, ou ainda, proíba o deslocamento da criança antes da adoção; b) à decisão de não haver contato entre os pais adotivos e os pais da criança ou qualquer outra pessoa que detenha a sua guarda até que se tenha estabelecido que a criança é adotável e se cumpra o previsto no art. 4º, letra "c" e art. 5º do documento; c) ao sigilo da origem da criança e de informações que possam identificar os pais e a história médica da criança e de sua família; d) à proibição de benefícios indevidos quando da intervenção em uma adoção internacional; e) à obrigação de que toda autoridade competente deve informar à Autoridade Central quando constate que uma disposição da Convenção não foi respeitada para que a mesma tome as medidas adequadas; f) aos custos com a tradução certificada de documentos recebidos pelo Estado destinatário; g) à celeridade nos procedimentos de adoção; h) às considerações que devem ser atendidas no caso de um Estado que possua, em matéria de adoção, dois ou mais sistemas jurídicos aplicáveis, quer em diferentes unidades territoriais, quer em categorias diferentes de pessoa; i) à proibição de reservas à Convenção; j) à previsão de uma Comissão Especial para examinar o funcionamento prático da Convenção. O capítulo sétimo é o último da Convenção e a encerra apresentando, em seus arts. 43 a 48, disposições referentes à assinatura por parte dos Estados, às ratificações, às adesões, à data quando a Convenção entrará em vigor e a outras disposições administrativas.

São signatários da Convenção os seguintes Estados: Argentina, Austrália, Áustria, Bélgica, China, Canadá, Chipre, Tcheco-Eslováquia, Dinamarca, Egito, Finlândia, França, Alemanha, Grécia, Hungria, Irlanda, Israel, Itália, Japão, Luxemburgo, México, Países Baixos, Noruega, Polônia, Portugal, Espanha, Suriname, Suécia, Suíça, Reino Unido da Grã-Bretanha e Irlanda do Norte, Estados Unidos da América, Uruguai, Venezuela e Iugoslávia. O Brasil participou como membro *ad hoc*[78]. Aderiram à Convenção os seguintes países: Andorra, Moldávia, Lituânia, Paraguai, Nova Zelândia, Ilhas Maurício, Burundi, Geórgia, Mônaco, Islândia, Mongólia[79].

1.6 ORGANIZAÇÕES ESPECIALIZADAS EM ADOÇÃO

As organizações que se ocupam com a adoção internacional são diversas, porém mencionar-se-ão apenas algumas que já se tornaram notórias no âmbito da adoção internacional.

A LIMIAR (Associação de apoio à criança e à família substituta) é um exemplo de entidade de apoio cujo trabalho é desenvolvido no sentido de buscar pais para as crianças, e não o inverso.

A entidade atua no Brasil, e, segundo depoimentos, seu trabalho é extremamente digno. Antonio Chaves, ao referir-se a ela, menciona que "*o juiz da Vara de Menores do Tatuapé, Paulo Hatanaka aplaude o trabalho da LIMIAR*"[80].

Enfatiza o mesmo autor que a entidade atua no Brasil desde 1981, iniciando suas atividades com o apoio do então juiz de Menores, Antonio Luiz Chaves de Camargo que ajudou a fundá-la e na época atuava como organização de trabalho voluntário que, com a autorização do juizado, fazia a intermediação entre crianças brasileiras e casais residentes nos Estados Unidos, Canadá e Holanda[81].

Os serviços prestados pela LIMIAR são relevantes, principalmente tratando-se da adoção internacional em que a entidade já demonstrou ser eficiente e idônea.

Em 1999, os serviços da LIMIAR, em razão de algumas acusa-

---

[78] LIBERATI, Wilson Donizeti. *Op. cit.*, p. 334.
[79] AMICI DEI BAMBINI. **Notícias** - órgão informativo de distribuição interna. São Paulo, SP, a. 2 , n. 10, p.1, mai./2001.
[80] CHAVES, Antônio. **Adoção internacional**. Belo Horizonte: Del Rey, 1994, p. 175.
[81] CHAVES, Antônio. *Op. cit.*, p. 174.

ções, foram questionados conforme se verificou no jornal Folha de Londrina que publicou uma matéria sobre as adoções intermediadas pela entidade. O jornal, em matérias publicadas nos dias 11 e 12 de setembro daquele ano, aborda dois temas: o primeiro[82], sobre o recolhimento de documentos da entidade para investigação, e o segundo[83], sobre o descredenciamento da mesma pela Comissão Judiciária de Adoção.

As críticas ao serviço desenvolvido pela entidade, na época, tornaram-se freqüentes, e diversos jornais do país abordaram o assunto. Porém, após esclarecimentos prestados pela fundadora da entidade, somados à manifestação de apoio de pessoas que se utilizaram de seus serviços, as desconfianças foram afastadas, e a Limiar, conforme publicou a Folha do Paraná em 25.02.2000[84], poderá novamente desenvolver seu trabalho de adoção internacional.

Outra entidade de apoio nas adoções internacionais é a Terre Des Hommes, com sede na Suíça. Essa entidade iniciou suas atividades em 1960, tendo como fundador Edmond Kaiser.

Antônio Chaves, ao referir-se à atuação da entidade nas Adoções Internacionais, ressalta que ela *"entrou na área internacional em 1964, e em 1988 já havia colocado 2.400 crianças em 2.200 famílias suíças ou em lares suíços no exterior"*[85].

No Brasil, a atuação da Terre Des Hommes é expressiva e tem à frente de suas atividades o psicólogo Fernando Freire.

Os serviços prestados pela entidade em benefício das crianças não se resumem apenas ao ato da medida de proteção denominada adoção. O trabalho é abrangente e permanece mesmo depois de efetivada a adoção, momento em que a associação fica à disposição do adotado e do adotante.

A Associazione Amici Dei Bambini - Ai.Bi. é outra entidade notoriamente atuante na seara da adoção internacional. A sede dessa associação é em Milão, na Itália. O âmbito de atuação da entidade é considerável, perfazendo um total de 17 países e, segundo se verifica, somente na América a entidade atua além do Brasil, no Chile, no Peru, na Colômbia, no Equador e em Honduras. No Brasil, a Organização iniciou suas ativi-

---

[82] GUETHS, Maugue. Sicride recolhe documentos da Limiar para investigação. **Folha de Londrina**, Londrina/PR, 12 set. 1999.

[83] PENAS, Kraw. Limiar é descredenciada por comissão judiciária de adoção. **Folha de Londrina**, Londrina/PR, 11 set. 1999.

[84] MULLER, Michele. Limiar vai poder retomar a intermediação de adoções. **Folha do Paraná**, Curitiba/PR, 25 fev. 2000.

[85] CHAVES, Antônio. **Adoção internacional**. Belo Horizonte: Del Rey, 1994, p. 179.

dades em 1983[86].

O trabalho desenvolvido por essa Organização não se resume ao auxílio de uma única medida de proteção chamada adoção. A entidade desenvolve trabalhos com o fim de proporcionar melhores condições de vida às crianças necessitadas, prevenindo o abandono e incentivando a sua educação e de seus responsáveis. O projeto desenvolvido, aqui no Brasil, em parceria com a Pastoral da Criança na cidade de Senhor do Bonfim, na Bahia, é um exemplo de trabalho preventivo e educacional. A busca de uma vida mais digna a uma população extremamente carente de recursos socioeconômicos impulsiona o referido trabalho que, de certa forma, proporciona:

> *a diminuição do fenômeno do analfabetismo e da evasão escolar causado pela indigência; além disso, tem procurado fazer crescer a consciência da população adulta do papel educativo dos pais e a importância da gestão familiar; e no campo dos serviços de base, as linhas de trabalho se voltam para o desenvolvimento do atendimento à população, criando centros de agregação comunitária e formação profissional a operadores sociais, com a finalidade de atingir a autonomia dos beneficiários e o co-envolvimento das instituições públicas*[87].

O projeto prevê, também, a educação dos pais, especialmente das mães, sobre os vários aspectos do desenvolvimento infantil.

Em Ananindeua, região metropolitana de Belém do Pará, a entidade também desenvolve, em parceria com a ONG local, Associação Educacional Filantrópica Padre Morando Marini (ASEFIPEM), um projeto que visa à prevenção e recuperação de "meninos de rua".

Com o objetivo de tornar acessível a toda criança que não pode encontrar, no seu país, uma família que a adote, a adoção internacional deverá ser a custo zero. Menciona Carlos Berlini, Diretor Geral da Ai.Bi – Associazione Amici dei Bambini, no Brasil que a Associação "*constituiu um fundo de solidariedade dirigido a toda sociedade – na Itália – alimentado com doações, para sustentar as mais diversas despesas que a adoção internacional comporta, a fim de tornar totalmente gratuita a adoção por parte de casais italianos que se dispõem a adotar crianças em qualquer país do mundo*"[88]. Dessa forma, pretende a Associação, com a contribuição dos doadores deste fundo, amenizar a situação das crianças

---

[86] AMICI DEI BAMBINI. **Notícias** - órgão informativo de distribuição interna. São Paulo, SP, a. 1, n. 4, p. 1, nov./2000.

[87] AMICI DEI BAMBINI. **Notícias** - órgão informativo de distribuição interna. São Paulo, SP, a. 2, n. 9, p. 4, abr./2001.

[88] AMICI DEI BAMBINI. **Notícias** - órgão informativo de distribuição interna. São Paulo, SP, a. 2, n. 8, p. 2, mar./2001.

abandonadas, fazendo sua parte em um problema que é de toda a sociedade.

Os organismos envolvidos com a adoção internacional, como já mencionado anteriormente, são vários; porém, para poderem cooperar e atuar em processos de adoção no país, devem ser acreditados pela Autoridade Central do Estado. O artigo 6º da Convenção relativa à proteção das crianças e à cooperação em matéria de Adoção Internacional, concluída em Haia, em 29.05.1993, estabelece que "cada Estado contratante designará uma Autoridade Central encarregada de dar cumprimento às obrigações da Convenção".

O Brasil, país integrante do Mercosul, já ratificou a Convenção Relativa à Proteção das Crianças e à Cooperação em Matéria de Adoção Internacional, de 1993. A Convenção entrou em vigor internacional em 01.05.1995. O governo brasileiro, ao depositar o instrumento de ratificação da Convenção, em 10.03.1999, nos termos do seu § 2º do art. 46, concordou que o mesmo passasse a vigorar no país a partir de 01.07.1999. Assim, o Decreto 3.087, de 21.06.1999 (ANEXO C), promulga a Convenção definindo que a mesma deverá ser executada e cumprida na íntegra.

O Decreto 3.174, de 16.09.1999 (ANEXO D), em cumprimento ao artigo 6º da Convenção de 29.05.1993, designou as Autoridades Centrais encarregadas de dar cumprimento às obrigações impostas pela Convenção. O artigo primeiro[89] desse decreto designa, como Autoridade Central Federal, a Secretaria do Estado dos Direitos Humanos do Ministério da Justiça; já o artigo quarto[90] designa, como Autoridades Centrais, no âmbito dos Estados federados e do Distrito Federal, as Comissões Estaduais Judiciárias de Adoção (CEJA).

---

[89] *Art. 1º. Fica designada como Autoridade Central Federal, a que se refere o artigo 6º da Convenção Relativa à Proteção das Crianças e à Cooperação em Matéria de Adoção Internacional, concluída em Haia, em 29.05.1993, aprovada pelo Decreto Legislativo 1, de 14.01.1999, e promulgada pelo Decreto 3.087, de 21.06.1999, a Secretaria de Estado dos Direitos Humanos do Ministério da Justiça.*

[90] *Art. 4º. Ficam designados como Autoridades Centrais no âmbito dos Estados federados e do Distrito Federal as Comissões Estaduais Judiciárias de Adoção, previstas no art. 52 da Lei 8.069, de 13.07.1990, ou os órgãos análogos com distinta nomenclatura, aos quais compete exercer as atribuições operacionais e procedimentais que não se incluam naquelas de natureza administrativa a cargo da Autoridade Central Federal, respeitadas as determinações das respectivas leis de organização judiciária e normas locais que a instituíram.*

Parágrafo único. As competências das Autoridades Centrais dos Estados federados e do Distrito Federal serão exercidas pela Autoridade Central Federal, quando no respectivo ente federado inexistir Comissão Estadual Judiciária de Adoção ou órgão com atribuições análogas.

O credenciamento dos Organismos que desejam atuar em adoção internacional, no Estado Brasileiro, é de competência da Autoridade Central Federal. Dessa forma, através da Portaria 815 do DG/DPF, de 28.07.1999, foi instituído e aprovado o modelo do Certificado de Cadastramento de entidades nacionais e estrangeiras que atuam em adoções internacionais de crianças e adolescentes brasileiros e, ainda, fixou critérios e estabeleceu procedimentos para aplicação das normas relativas ao Fundo para aparelhamento e operacionalização das atividades-fim da Polícia Federal (FUNAPOL).

A Portaria 815/99, em seu artigo primeiro, estabelece que "fica instituído, no âmbito do Departamento de Polícia Federal, o cadastramento das entidades nacionais e estrangeiras que atuam em adoção internacional de crianças ou adolescentes brasileiros, como requisito obrigatório para funcionamento no Brasil". Essa Portaria, em seus dezesseis artigos, estabelece em síntese, qual a autoridade competente para receber o requerimento da entidade interessada, a documentação exigida para as entidades nacionais e para as internacionais e outras medidas administrativas que deverão ser tomadas pelo órgão administrativo responsável.

No Brasil, em fevereiro de 2001, os jornais[91/92] mencionam que o Ministério da Justiça começou a cadastrar mais de 50 associações internacionais que intermedeiam adoções no país, já estando autorizadas a instalar-se no Brasil: a Associazione Italiana Pro Adocioni (AIPA), da Itália, a Netherlands Intercountry Child Welfare, da Holanda, a Medicine du Monde, da França, e a Bradopta, da Espanha. Porém, só poderão essas entidades iniciar a intermediação de adoções quando apresentarem dados para credenciamentos.

O Conselho das Autoridades Centrais Brasileiras, reunido em Recife PE, nos dias 02 e 03.04.2001, apresenta recomendações às CEJAs (ANEXO E). As recomendações foram apresentadas em treze cláusulas que foram publicadas no Diário Oficial da União, em 23.04.2001.

Cabe verificar, ainda, que o termo "credenciamento" e "autorizações de funcionamento" têm diverso significado: o credenciamento é necessário para que a associação possa atuar nas adoções internacionais, e a autorização de funcionamento é necessária para que possa a entidade instalar-se no Brasil.

---

[91] MARQUES, Hugo. Adoção: governo cadastra grupos estrangeiros. **O Estado de São Paulo**. São Paulo, SP, 05 fev. 2001. Disponível em: <file://A:\Adoção governo cadastra grupos estrangeiros – Nacional – Estadão *com*br.htm>. Acesso em: 17 jul. 2001.

[92] Controle de adoções fica mais rígido: Governo cadastra mais de 50 associações que ajudam a levar crianças para interessados no exterior. **A Notícia**. Joinville, SC, 06 fev. 2001. Disponível em: <file://A:\A Notícia – País – Controle de adoções fica mais rígido.htm> . Acesso em: 16 jun. 2001.

O Paraguai, outro país do Mercosul, de conformidade com o inciso II do art. 43 da Convenção Relativa à Proteção das Crianças e à Cooperação em Matéria de Adoção Internacional, de 29.05.1993, aprovou a referida Convenção através da Lei 900 de 31.07.1996.

A Lei 900 da legislação paraguaia, ao aprovar a Convenção Relativa à Proteção das Crianças e à Cooperação em Matéria de Adoção Internacional deverá, assim como o Brasil, organizar-se de conformidade com o previsto no art. 6º da Convenção, ou seja, designar uma Autoridade Central encarregada de dar cumprimento às obrigações impostas pela presente convenção. Na realização de suas funções, a Autoridade Central deverá contar com a cooperação de outros organismos, sem fins de lucro, devidamente acreditados por ela. São essas entidades que, acreditadas pelos países envolvidos na adoção, proporcionam, juntamente com as Autoridades Centrais, uma proteção maior ao adotado por estrangeiros não residentes.

O Código de Menores do Paraguai, Lei 903/81, encontra-se, de certa forma, em descompasso com os compromissos assumidos pelo país quando da ratificação da Convenção Internacional sobre os Direitos da Criança, em 1990, e, aprovação da Convenção Relativa à Proteção das Crianças e à Cooperação em Matéria de Adoção Internacional, em 1996. Portanto, em face desse descompasso, menciona Rosa Maria Ortiz que:

> *intentos de modificación del Código del Menor se suceden desde el año 1991. La última propuesta, elaborada por un Foro multisectorial que incluyó a organizaciones gubernamentales y no-gubernamentales (Noviembre 1995), está siendo estudiada en la Comisión de Legislación y Codificación del Senado, que ha inaugurado un sistema abierto de estudio en comisiones interinstitucionales. Igualmente, se encuentra en estudio una ley de adopción*[93].

A Lei de adoção 1.136, que Rosa Maria Ortiz mencionava anteriormente, já foi editada em 18.09.1997, sem revogar o Código de Menores do país. Ela estabelece, em síntese: regras gerais de adoção no Paraguai, conceito de adoção em sentido amplo, efeitos da adoção plena, sujeitos da adoção, o consentimento das partes envolvidas, adoção internacional, centro de adoções que será a autoridade central em matéria de adoção, o

---

[93] ORTIZ, Rosa Maria. **Derechos Del niño y de la niña**. *Equipo Nizkor*, 07 mar. 1997. Disponível em: <http://www.derechos.org/nizkor/paraguay/ddhh1996/ninos.html>. Acesso em: 21 jul. 2001. "*tentativas de modificação do Código de Menor sucedem-se desde 1991. A última proposta, elaborada por um Foro multisetorial que incluiu organizações governamentais e não-governamentais (Novembro de 1995), está sendo estudada na Comissão de Legislação e Codificação do Senado, que terá inaugurado um sistema aberto de estudo em comissões interistitucionais. Igualmente, encontra-se em estudo um a lei de adoção*". (Tradução do autor).

procedimento e as disposições transitórias, e, entre outras considerações, estabelece que, até que se promulgue o Código da Infância e da Adolescência, o centro de adoções dependerá pressupostamente do Ministério Público.

Os demais países do Mercosul não ratificaram a Convenção Relativa à Proteção das Crianças e à Cooperação em Matéria de Adoção Internacional concluída em Haia, em 1993. Assim, não há previsão legal de que esses países venham a regular, de conformidade com o previsto na Convenção, a atuação de Organismos Internacionais nas adoções por estrangeiros não residentes. Entretanto, tanto na Argentina como no Uruguai, o instituto da adoção é pautado sobre o interesse maior da criança, o que deixa esperança de que, em futuro próximo, crianças argentinas e uruguaias possam ser adotadas por estrangeiros legalmente habilitados quando não encontrarem no país de origem interessados na adoção, pois, somente assim, estará sendo respeitado o seu real interesse, ou seja, ter uma família que possa dar-lhe o que não encontrou em seu país de origem.

O tráfico de crianças e a falta de um rigoroso mecanismo que as proteja legalmente, em matéria de adoção internacional, são fatores que levam alguns países, como a Argentina e o Uruguai, a relutarem para a concessão dessa adoção.

Daniel Hugo D'Antonio, ao referir-se ao tráfico de crianças, esclarece precisamente que: *"esta sombra del tráfico de niños se proyecta sobre la adopción internacional, privándola de los aspectos positivos que, por su propia esencia, está llamada a desempeñar"*[94].

A preocupação com a falta de mecanismos de proteção legal da criança adotada é um fator negativo que, com o advento da Convenção Relativa à Proteção das Crianças e à Cooperação em Matéria de Adoção Internacional de 1993, bem como sua implementação na legislação interna dos Estados, estará sendo contornado paulatinamente.

---

[94] D'ANTONIO, Daniel Hugo. *Op. cit.*, p. 239. *"esta sombra do tráfico de crianças projeta-se sobre a adoção internacional, privando-a dos aspectos positivos que, por sua própria essência, está chamada a desempenhar."* (Tradução do autor).

2

OS PROCEDIMENTOS LEGAIS DA ADOÇÃO INTERNACIONAL NOS PAÍSES DO MERCOSUL

Os procedimentos legais da adoção internacional determinam, no âmbito de um Estado, a possibilidade e os requisitos necessários para que se realize a adoção por estrangeiros não residentes.

2.1 NO BRASIL

O Brasil é um dos países do Mercosul que já incorporou, em sua legislação interna, os mecanismos necessários a uma adoção internacional, de acordo com as exigências da Convenção Relativa à Proteção e à Cooperação em Matéria de Adoção Internacional, concluída em Haia, em 29.05.1993.

O ordenamento jurídico brasileiro, mesmo apresentando um certo contraste com a realidade, vem assumindo, no âmbito do Mercosul, a vanguarda no que se refere à adaptação da legislação interna aos termos da Convenção supracitada, a qual procura disciplinar de forma harmonizada a adoção internacional.

A Constituição da República Federativa do Brasil de 1988 proporcionou significativos avanços em matéria de adoção internacional que é, também, uma forma de proteção à criança e ao adolescente, porém, somente com a Lei 8.069 de 13.07.1990 (Estatuto da Criança e do Adolescente) os dispositivos constitucionais passaram a ser regulamentados como se verificará a seguir.

2.1.1 Norma constitucional

O legislador constituinte, seguindo a orientação das reformas legislativas de outros países e considerando os documentos firmados pelo Brasil no cenário internacional, apresenta ao povo brasileiro, em 05.10.1988, uma Carta Constitucional com modificações significativas. Essas inovações já são observadas nos primeiros artigos do texto constitucional.

O art. 1º, inc. III da Constituição destaca a dignidade da pessoa humana como sendo um dos fundamentos do Estado Democrático.

O art. 3º, ao tratar dos objetivos fundamentais da República Federativa do Brasil, apresenta como objetivos da nação brasileira os seguintes:

I - construir uma sociedade livre, justa e solidária;

II - garantir o desenvolvimento nacional;

III - erradicar a pobreza e a marginalização e reduzir as desigualdades sociais e regionais;

IV - promover o bem de todos, sem preconceitos de origem, raça, sexo, cor, idade e quaisquer outras formas de discriminação.

Entretanto, para atingir tais objetivos, torna-se inquestionável a necessidade conjunta de ações, não apenas por parte do Estado, mas de toda a sociedade e, ainda, a reformulação de novos conceitos e preceitos legais que, na atualidade, não representam mais os anseios da comunidade. Essa transformação de conceitos e preceitos legais, no Brasil, é largamente visível no âmbito do Direito de família e, por conseqüência, no instituto da adoção.

O instituto da adoção foi referendado pelo legislador constituinte brasileiro em diversas passagens do texto constitucional. A Constituição da República Federativa do Brasil, denominada "Constituição Cidadã", traz em seu bojo, além de normas constitucionais pertinentes ao tema, por se referirem aos direitos e garantias fundamentais, aos direitos sociais, aos direitos políticos e à proteção à infância, um capítulo que trata, especificamente, da criança e do adolescente.

O capítulo VII da Constituição da República Federativa do Brasil – Da família, da criança, do adolescente e do idoso, – trouxe profundas inovações no âmbito do Direito de Família, possibilitando uma maior igualdade de direitos e deveres entre os sujeitos que compõem uma família. O legislador amplia o próprio conceito de família que passa a ser compreendida não apenas quando formada pelo casamento civil, mas também quando há uma união entre um homem e uma mulher que, mesmo não formada pelo matrimônio, é estável nos termos da lei e, ainda, quando há uma comunidade formada por qualquer um dos pais e seus descendentes. Tudo de acordo com os termos previstos na Carta Maior:

Art. 226. *A família, base da sociedade, tem especial proteção do Estado.*

§ 1º O casamento é civil e gratuita a celebração.

§ 2º O casamento religioso tem efeito civil, nos termos da lei.

§ 3º Para efeito da proteção do Estado, é reconhecida a união estável entre o homem e a mulher como entidade familiar, devendo a lei facilitar sua conversão em casamento.

§ 4º Entende-se, também, como entidade familiar a comunidade formada por qualquer dos pais e seus descendentes.

§ 5º Os direitos e deveres referentes à sociedade conjugal são exercidos igualmente pelo homem e pela mulher.

§ 6º O casamento civil pode ser dissolvido pelo divórcio, após prévia separação judicial por mais de um ano nos casos expressos em lei, ou comprovada separação de fato por mais de dois anos.

§ 7º Fundado nos princípios da dignidade da pessoa humana e da paternidade responsável, o planejamento familiar é livre decisão do casal, competindo ao Estado propiciar recursos educacionais e científicos para o exercício desse direito, vedada qualquer forma coercitiva por parte de instituições oficiais ou privadas.

§ 8º O Estado assegurará a assistência à família na pessoa de cada um dos que a integram, criando mecanismos para coibir a violência no âmbito de suas relações.

Sobre a instituição *família* apresentam Josiane Rose Petry Veronese e Luciene Cássia Policarpo Oliveira, de forma contundente, que "*a mesma tem sido objeto de profundas transformações, num mundo marcado por conflitivas crises, sobretudo a nível efetivo/emocional e no campo de valores, ela, de igual modo, reflete toda essa crise. A ponto de questionarmos se é válida a sua manutenção, ou se a mesma nada mais seria do que uma construção mítica que tenta a todo custo sobreviver*"[95].

Em defesa da instituição, cabe lembrar que é a família o primeiro laço afetivo que estabelece o indivíduo ao nascer, portanto, deve ser ele mantido e protegido pelo Estado, uma vez que é no seio de uma família que o cidadão começa a delinear seu comportamento futuro e, por conseqüência, ainda que indiretamente, definir o futuro do próprio Estado.

---

[95] VERONESE, Josiane Rose Petry; OLIVEIRA, Luciene Cássia Policarpo. Adoção e relações familiares. **Revista da Faculdade de Direito da UFSC**, v. 1. Porto Alegre: Síntese, 1998, p. 115.

Diante da importância da família, a Carta Constitucional brasileira, em seu art. 226, prevê a sua proteção pelo Estado. O mesmo, de certa forma, passa a ser observado em relação à criança e ao adolescente quando o referido diploma legal dispôs em seu art. 24 que "compete à União, aos Estados e ao Distrito Federal legislar concorrentemente sobre: ...XV - proteção à infância e à juventude". Assim, por iniciativa da União, surge após a Constituição Federal, de 1988, a Lei 8.069 de 13.07.1990 (Estatuto da Criança e do Adolescente), lei brasileira que dispõe sobre a proteção integral à criança e ao adolescente.

Munir Cury, com propriedade, observa que *"a proteção integral tem como fundamento a concepção de que crianças e adolescentes são sujeitos de direitos, frente à família, à sociedade e ao Estado"*[96]. Portanto, toda criança e adolescente é titular de direitos, os quais expressamente foram explanados pelo legislador constituinte no art. 227, da Constituição Federal que assim estabelece:

Art. 227. É dever da família, da sociedade e do Estado assegurar à criança e ao adolescente, com absoluta prioridade, o direito à vida, à saúde, à alimentação, à educação, ao lazer, à profissionalização, à cultura, à dignidade, ao respeito, à liberdade e à convivência familiar e comunitária, além de colocá-los a salvo de toda forma de negligência, discriminação, exploração, violência, crueldade e opressão.

Tal dispositivo foi repetido pela Lei 8.069/90 (Estatuto da Criança e do Adolescente), nos arts. 4º e 5º e no título II que trata dos direitos fundamentais, arts. 7º a 69 do Estatuto.

Entre os direitos fundamentais assegurados à criança e ao adolescente, encontramos o direito à convivência familiar e comunitária. Essa convivência, assim como os demais direitos fundamentais, são direitos que devem ser proporcionados, primeiramente, pela própria família e, de forma supletiva, pelo Estado e pela Sociedade. A convivência com a família biológica deve ser mantida e protegida pelo Estado sempre que possível, porém sabemos que isso nem sempre acontece, em razão do completo abandono ou de uma série de motivos que não recomendam essa convivência, como ocorre, por exemplo, nos casos que ensejam a perda do poder familiar, como prevê o art. 1.638 do Código Civil Brasileiro[97]. Nesses casos, deverá o Estado estabelecer mecanismos de prote-

---

[96] CURY, Munir; MARÇURA, Jurandir & PAULA, Paulo Afonso Garrido de. *Op. cit.*, p. 19.

[97] *Art. 1.638. Perderá por ato judicial o poder familiar o pai ou mãe que:*

I - castigar imoderadamente o filho;

II - deixar o filho em abandono;

III - praticar atos contrários à moral e aos bons costumes;

IV - incidir, reiteradamente, nas faltas previstas no artigo antecedente.

ção, como a colocação em família substituta que, supletivamente, tornará possível sua integração social, evitando a institucionalização e garantindo o direito fundamental da criança e do adolescente a uma convivência familiar adequada.

Os mandamentos constitucional e estatutário, acima referidos, têm sua fonte no Nono Princípio da Declaração dos Direitos da Criança da Organização das Nações Unidas (ONU): *"A criança gozará de proteção contra quaisquer formas de negligência, crueldade e exploração. Não deve ser submetida à escravidão sob qualquer forma que seja."*

Igualmente é fonte o Sexto Princípio da Declaração que assim dispõe:

Para o desenvolvimento completo e harmonioso de sua personalidade, a criança precisa de amor e compreensão. Criar-se-á, sempre que possível, aos cuidados e responsabilidade dos pais e, em qualquer hipótese, num ambiente de afeto e de segurança moral e material; salvo circunstâncias excepcionais, a criança de tenra idade não será apartada da mãe. À sociedade e as autoridades públicas caberá a obrigação de propiciar cuidados especiais às crianças sem família e àquelas que carecem de meios adequados de subsistência. É desejável a prestação de ajuda oficial e de outra natureza em prol da manutenção dos filhos de famílias numerosas.

No Brasil, a adoção de criança e adolescente, como uma das modalidades da colocação em família substituta, pode ser concedida a nacionais e a estrangeiros, sejam estes últimos, residentes ou não, porém, em todos os casos somente será possível quando assistida pelo poder público conforme prevê o § 5º do art. 227 da Constituição Federal:

§ 5º A adoção será assistida pelo Poder Público, na forma da lei, que estabelecerá casos e condições de sua efetivação por parte de estrangeiros.

Nesse dispositivo constitucional é pertinente ressaltar que não foi a Constituição da República Federativa do Brasil que, em princípio, exigiu a intervenção do poder judiciário, uma vez que a mesma apenas menciona que "a adoção será assistida pelo Poder Público" (art. 227, § 5º). Foi o art. 47 do ECA (Lei 8.069/90) que passou a prever que: *"o vínculo da adoção constituiu-se por sentença judicial, que será inscrita no registro civil mediante mandado do qual não se fornecerá certidão. Todavia, a formação do vínculo mediante sentença encontra precedentes na maioria dos outros países*[98].

A adoção por estrangeiros, antes da Constituição Federal de 1988, que prevê a possibilidade dessa adoção em seu art. 227, § 5º, era usualmente praticada no Brasil através de duas formas: a) a primeira, por

---

[98] SILVA FILHO, Artur Marques da. *Op. cit.*, p. 62.

escritura pública sem qualquer intervenção da autoridade judiciária, quando se tratava de adotando que estivesse sob o pátrio poder[99]; b) a segunda, de menor em situação irregular, sob a intervenção e dependente do beneplácito judiciário, uma vez que se realizava de acordo com o já revogado Código de Menores da época, o qual permitia, em seu art. 20, a adoção de menores, em situação irregular, por estrangeiros[100].

A adoção de criança e adolescente por escritura pública, hoje proibida no Brasil, foi largamente utilizada, principalmente, por poder se realizar sem a participação direta dos adotantes que se faziam representar por procuradores com poderes especiais, o que é hoje, também, expressamente vedado por nossa legislação (ECA, art. 39, parágrafo único).

O art. 227, § 5º da Constituição Federal Brasileira foi devidamente regulamentado pela Lei 8.069, de 13.07.1990 (ECA) que adota como princípio maior a doutrina da proteção integral, que substitui a anterior doutrina da situação irregular, adotada pelo revogado Código de Menores brasileiro (Lei 6.697/79).

Os efeitos da adoção realizada no Brasil, com o advento da Constituição Federal de 1988, são amplos e de conformidade com os objetivos fundamentais da República Federativa do Brasil, ao prever em seu art. 227, § 6º que "os filhos, havidos ou não da relação do casamento, ou por adoção, terão os mesmos direitos e qualificações, proibidas quaisquer designações discriminatórias relativas à filiação".

Assim, no Brasil, um filho, independentemente da origem do vínculo de parentesco, não pode ser discriminado. Essas discriminações, anteriormente permitidas, como ocorria no direito sucessório e até mesmo nas classificações atribuídas pela doutrina (filiação legítima e ilegítima), foram definitivamente afastadas de nosso ordenamento jurídico, em face do dispositivo constitucional já referido.

2.1.2 Lei 8.069, de 13.07.1990

No território brasileiro, a adoção estatutária realizada por nacionais ou estrangeiros, residentes ou não residentes, é prevista como uma medida de proteção à criança e ao adolescente, e se dá de acordo com os dispositivos constantes no capítulo III da Lei 8.069/90.

O Estatuto, em seu primeiro artigo, já destaca a proteção integral à criança e ao adolescente, esclarecendo Munir Cury que:

a doutrina da proteção integral inspira-se na normativa interna-

---

[99] Com a Lei 10.406/02 o legislador adotou o termo "poder familiar"em substituição ao termo "pátrio poder".
[100] SILVA FILHO, Artur Marques da. *Op. cit.*, p. 110.

cional, materializada em tratados e convenções, especialmente os seguintes documentos: a) Convenções das Nações Unidas sobre os Direitos da Criança; b) Regras Mínimas das Nações Unidas para administração da Justiça da Infância e da Juventude (Regras de Beijing); c) Regras Mínimas das Nações Unidas para a Proteção dos Jovens Privados de Liberdade; e d) Diretrizes das Nações Unidas para a Prevenção da Delinqüência Juvenil (Diretrizes de Riad)[101].

O Estatuto Brasileiro adotou medidas para a busca da proteção integral à criança e ao adolescente, as quais são aplicadas aos mesmos. A Lei Estatutária considera criança a pessoa até doze anos de idade incompletos e adolescente aquela entre doze e dezoito anos de idade (art. 2º).

O Estatuto, em regra, aplica-se a todas as pessoas de zero a dezoito anos de idade e, quando previsto em lei, excepcionalmente, às pessoas entre dezoito e vinte e um anos de idade[102]. Idade esta em que, pelo revogado Código Civil Brasileiro, Lei 3.071 de 16.01.1916, acabava a menoridade adquirindo a pessoa capacidade plena, ou seja, a capacidade de exercício ou de fato, que somada à de gozo, adquirida por todo ser humano ao nascer, habilita o indivíduo para todos os atos da vida civil.

Segundo a legislação brasileira, a capacidade civil se dá aos 18 anos (CCB, art. 5º), a capacidade penal se dá aos 18 anos (CF/88, art. 228 e CP, art. 27), e a capacidade exigida para a aplicação da Lei 8.069/90 é de zero a dezoito anos a idade, sendo possível a exceção nos casos expressos, como bem menciona o art. 2º, parágrafo único do Estatuto que assim dispõe: *"nos casos expressos em lei, aplica-se excepcionalmente este Estatuto às pessoas entre dezoito e vinte e um anos de idade"*. No âmbito da adoção, uma dessas exceções é prevista pelo art. 40 ao preconizar que: *"o adotando deve contar com, no máximo, dezoito anos à data do pedido, salvo se já estiver sob a guarda e tutela dos adotantes"*.

As medidas de proteção à criança e ao adolescente surgem exatamente quando forem ameaçados ou violados os direitos a eles afetos, assegurados na Constituição Federal Brasileira e reconhecidos no Estatuto. É esta a regra estabelecida pelo art. 98 do ECA (Estatuto da Criança e do Adolescente) que merece ser transcrita:

> **Art. 98**. *As medidas de proteção à criança e ao adolescente são aplicáveis sempre que os direitos reconhecidos nesta Lei forem ameaçados ou violados:*

---

[101] CURY, Munir; MARÇURA, Jurandir & PAULA, Paulo Afonso Garrido de. *Op. cit.*, p. 19.
[102] PINTO, Antônio Luiz de Toledo; WINDT, Márcia Cristina Vaz; CÉSPEDES, Lívia. **Novo Código Civil**: Lei 10.406, de 10.01.2002. São Paulo: Saraiva, 2002, p. 2. *"**Art. 5º, Caput** – A menoridade cessa aos 18 (dezoito) completos, quando a pessoa fica habilitada à prática de todos os atos da vida civil"*.

I - por ação ou omissão da sociedade ou do Estado;

II - por falta, omissão ou abuso dos pais ou responsável;

III - em razão de sua conduta.

Essas medidas, segundo Antônio Chaves, *"escalonam os menores em três categorias: os carentes, ou em situação irregular, os menores vítimas e os que praticaram atos infracionais"*[103]. Para Munir Cury, em comentários ao *caput* do art. 98 do ECA: *"o estatuto valeu-se de formulação genérica, abandonando a relação casuística própria da teoria da situação irregular"*[104].

Salienta Josiane Petry Veronese que *"são sujeitos dessas medidas de proteção o universo de crianças e adolescentes que, por omissão do Poder Público, da sociedade, por falta, omissão ou abuso dos pais ou responsável ou ainda em razão de sua própria conduta, tiverem seus direitos ameaçados ou violados"*[105].

Com a ocorrência de qualquer das hipóteses do artigo acima mencionado, é possível a autoridade competente determinar as medidas previstas no art. 101 do ECA que poderão ser aplicadas isolada ou cumulativamente.

Entre as medidas de proteção do art. 101 encontra-se a "colocação em família substituta" que consta no inc. VIII do referido artigo que assim dispõe:

Art. 101. *Verificada qualquer das hipóteses previstas no artigo 98, a autoridade competente poderá determinar, dentre outras, as seguintes medidas:*

I - encaminhamento aos pais ou responsável, mediante termo de responsabilidade;

II - orientação, apoio e acompanhamento temporários;

III - matrícula e freqüência obrigatórias em estabelecimento oficial de ensino fundamental;

IV - inclusão em programa comunitário ou oficial de auxílio à família, à criança e ao adolescente;

V - requisição de tratamento médico, psicológico ou psiquiátrico, em regime hospitalar ou ambulatorial;

VI - inclusão em programa oficial ou comunitário de auxílio, orientação e tratamento a alcoólatras e toxicômanos;

---

[103] CHAVES, Antônio. **Comentários ao Estatuto da Criança e do Adolescente**. 2. ed. São Paulo: LTr, 1997, p. 455.

[104] CURY, Munir; MARÇURA, Jurandir & PAULA, Paulo Afonso Garrido de. *Op. cit.*, p. 79.

[105] VERONESE, Josiane Rose Petry. *Op. cit.*, p. 84.

VII - abrigo em entidade;
VIII - colocação em família substituta.
Parágrafo único. *O abrigo é medida provisória e excepcional, utilizável como forma de transição para a colocação em família substituta, não implicando privação de liberdade.*

A autoridade competente para a aplicação de tal medida é o Juiz da Vara da Infância e da Juventude, por estabelecer o art. 148, inc. III que:

Art. 148. A Justiça da Infância e da Juventude é competente para:
I - (.....)
II - (.....)
III - conhecer de pedidos de adoção e seus incidentes;
(.....).

A colocação em família substituta, na modalidade de adoção, é uma medida de proteção excepcional[106], utilizada somente quando não for mais possível a convivência familiar. Os motivos que podem desaconselhar a convivência da criança e do adolescente com a família natural são vários e tornam-se visíveis nos casos em que se permite a destituição do pátrio poder. No entanto, cabe aqui lembrar a regra do art. 23 do Estatuto que assim estabelece:

Art. 23. A falta ou a carência de recursos materiais não constitui motivo suficiente para a perda ou a suspensão do pátrio poder.

Quando a família natural, por algum motivo, desintegra-se, colocando em risco a situação de crianças e adolescentes, torna-se aconselhável, para que se possa assegurar o direito da convivência familiar, a colocação em família substituta. Essa família que é concedida à criança ou adolescente, de forma supletiva, proporcionará a sua integração social, evitando a institucionalização.

A adoção, como uma das modalidades de colocação em família substituta, apresenta-se devidamente regrada nos arts. 39 a 52 do Estatuto da Criança e do Adolescente. Os dispositivos legais citados tratam, inicialmente, de definir que no Brasil a adoção de criança e adolescente somente será realizada de conformidade com o Estatuto, e que o mesmo não permite adoção por procuração como faz referência o art. 39 que segue:

"Art. 39. A adoção de criança e de adolescentes reger-se-á segundo o disposto nesta Lei.

---

[106] ***Lei 8.069/90 - Art. 19.*** *Toda criança ou adolescente tem direito a ser criado e educado no seio da sua família e, excepcionalmente, em família substituta, assegurada a convivência familiar e comunitária, em ambiente livre da presença de pessoas dependentes de substâncias entorpecentes.*

Parágrafo único. *É vedada a adoção por procuração."*

A Lei Estatutária, ao permitir a adoção de crianças e adolescentes, no Brasil, estabeleceu para tal ato jurídico uma série de requisitos e procedimentos que visam a preservar o interesse superior da criança em ter uma convivência familiar e comunitária. Apresenta o art. 43 do Estatuto que "a adoção será deferida quando apresentar reais vantagens para o adotando e fundar-se em motivos legítimos".

Os requisitos necessários à adoção no Brasil podem ser divididos em pessoais e formais. Os requisitos pessoais às partes envolvidas diretamente na relação jurídica, adotante e adotado, estão elencados nos arts. 40 e 42 do Estatuto e referem-se: à capacidade, à idade, à diferença de idade e a proibições. Os requisitos formais são diversos, não se resumindo aos previstos nos art. 165 a 170 da Lei 8.069/90, pois os art. 50 e 51 do Estatuto estabelecem uma fase anterior que é o credenciamento[107]. O primeiro artigo faz referência aos pretendentes nacionais. O segundo, ao pretendente estrangeiro residente ou domiciliado fora do país.

Na análise dos requisitos pessoais observa-se que: a) no caso do adotante, a capacidade é a mesma exigida para os demais atos jurídicos, ou seja, a capacidade plena com a possibilidade de manifestação válida da vontade. Deve-se observar, também, que, além da capacidade, se faz necessária a legitimidade que depende de uma relação particular do sujeito com o objeto do direito[108]; b) no caso do adotando, a capacidade passiva exigida é com base na necessidade de colocação em família substituta na modalidade de adoção, bem como a idade do adotando estabelecida pelo art. 40 do Estatuto.

As hipóteses que podem ensejar a colocação em família substituta, sob a modalidade de adoção, são a orfandade comprovada, o abandono total e as situações cujo interesse maior da criança e do adolescente exija que não permaneça no meio familiar, por ausência completa de condições morais deste meio ou outra situação relevante. A primeira hipótese nem sempre torna viável a adoção, pois um menor de idade pode ser órfão de pai e mãe e, mesmo assim, estar com todos os direitos afetos à criança e ao adolescente assegurados pelos avós que mantêm a guarda de fato,

---

[107] O credenciamento de estrangeiros não residentes é orientado de conformidade com o Decreto 3.087, de 21.06.1999 que promulga a Convenção Relativa à Proteção das Crianças e à Cooperação em matéria de Adoção Internacional. Ver Anexo "B" – arts. 14, 15 e 16 e comentários a terceira subseção da Seção IV do Capítulo III da Consolidação Normativa Judiciária do Rio Grande do Sul.

[108] Silvio RODRIGUES, citando Emílio BETTI, enfoca que *"capacidade é a aptidão intrínseca da pessoa para dar vida a negócios jurídicos; legitimação é a aptidão para atuar em negócios jurídicos que tenham determinado objeto, em virtude de uma relação em que se encontra, ou se coloca, o interessado em face do objeto do ato"* (**Direito Civil - Parte geral**. 31. ed. São Paulo: Saraiva, 2000, 1v., p. 173).

como também a judicial[109]. A segunda hipótese ocorre, com maior freqüência, devendo ser mitigada a real condição de abandono e desinteresse da família para que se possa proceder à adoção. A terceira hipótese encontra respaldo no art. 98 do Estatuto e está claramente exposta no art. 20 da Convenção sobre os Direitos da Criança de 20.11.1989[110].

A idade mínima exigida ao adotante é de 21 anos[111] não estabelecendo o legislador limite máximo de idade. O art. 42 da Lei 8.069/90 acrescenta, juntamente com a idade mínima exigida ao adotante, a não-exigência de que este tenha determinado estado civil para adotar, o que se conclui que, individualmente, podem ser adotantes as pessoas solteiras, casadas, viúvas, separadas judicialmente e divorciadas e, ainda, de conformidade com o art. 41, § 1º, poderão singularmente adotar o enteado, os cônjuges e conviventes, na constância do casamento ou da união estável. Se conjunta for a adoção, nos casos da existência de união estável ou casamento, além de comprovar a estabilidade familiar, há necessidade de que, pelo menos, um dos pretendentes tenha vinte e um anos – art. 42, § 2º.

A idade mínima para poder ser adotado nos termos do Estatuto, o legislador não estabeleceu, mas fixou a máxima que é, em regra, dezoito anos à data do pedido, com a ressalva de ser possível até os 21 anos se estiver o adotando sob a guarda ou tutela dos adotantes – art. 40. Assim, em relação ao nascituro, não havendo previsão expressa no Estatuto, surgem divergências doutrinárias. Artur Marques da Silva Filho, após longas explanações sobre o tema, menciona que *"pode-se, em conclusão, afirmar que não há óbice legal a impedir a adoção do nascituro"*[112]. Os argumentos dessa corrente, em síntese, têm como base o art. 2º do Código

---

[109] SILVA, José Luiz Mônaco da. **A família substituta no Estatuto da Criança e do Adolescente**. São Paulo: Saraiva, 1995, p. 24.

[110] *Convenção sobre os Direitos da Criança (20.11.1989) – **Art. 20**. 1 – As crianças privadas temporária ou permanentemente do seu meio familiar, ou cujo interesse maior exija que não permaneçam nesse meio, terão direito à proteção e assistência especial do Estado.*
2. Os Estados-Partes garantirão, de acordo com suas leis nacionais, cuidados alternativos para essas crianças.
*3. Esses cuidados poderiam incluir, **inter alia**, a colocação em lares de adoção, a **Kafalah** do Direito islâmico, a adoção ou, caso necessário, a colocação em instituições adequadas de proteção para as crianças. Ao serem consideradas as soluções, deve-se dar especial atenção à origem étnica, religiosa, cultural e lingüística da criança, bem como à conveniência da continuidade de sua educação.*

[111] O Código Civil Brasileiro – Lei 10.406/2002, em seu art. 1.618, *caput*, estabeleceu que *"só a pessoa maior de 18 (dezoito) anos pode adotar"*. O parágrafo único do mesmo artigo determina que se a adoção for por ambos os cônjuges ou companheiros deverá, no mínimo, um deles ter 18 anos.

[112] SILVA FILHO, Artur Marques da. *Op. cit.*, p. 87.

Civil Brasileiro[113] que considera a vida em formação e, também, por haver, no próprio Estatuto, dispositivos legais que visam à proteção do nascituro, arts. 7º[114], 8º e 26, parágrafo único. Todavia, há opiniões contrárias ressaltando que "*somente após vir ao mundo é que a criança, com a inafastável assistência do Poder Público, poderá ser adotada*"[115].

Quanto à possibilidade de adoção do nascituro, conforme defende Artur Marques da Silva Filho, observa-se que a posição não é pacífica, uma vez que, antes do nascimento, não há personalidade. Há, na verdade, uma ausência de capacidade de direito, portanto, o mesmo não é titular de direitos subjetivos. Ademais, o próprio Estatuto da Criança e do Adolescente, em seu art. 39, faz referência, apenas, à adoção de criança e de adolescente e, por sua vez, o art. 4º, letra *c*, item 4) da Convenção Relativa à Proteção das Crianças e à Cooperação em Matéria de Adoção Internacional, menciona que: "o consentimento da mãe, quando exigido, tenha sido manifestado após o nascimento da criança".

Esclarece, ainda, Sílvio de Salvo Venosa que "*o fato de o nascituro ter proteção legal não deve levar a imaginar que tenha ele personalidade. Esta só advém do nascimento com vida. Trata-se de uma expectativa de direito*"[116].

A diferença de idade entre o adotante e o adotado deverá ser de, no mínimo, dezesseis anos – art. 42, § 3º. Essa diferença traz questionamentos quando se trata de adoção conjunta, e um dos adotantes não tem

---

[113] **Código Civil Brasileiro** - *Art. 2º. A personalidade civil da pessoa começa do nascimento com vida; mas a lei põe a salvo, desde a concepção, os direitos do nascituro.*

[114] ***Art. 7º.*** *A criança e o adolescente têm direito à proteção à vida e à saúde, mediante a efetivação de políticas sociais públicas que permitam o nascimento e o desenvolvimento sadio e harmonioso, em condições dignas de existência.*
Art. 8º. *É assegurado à gestante, através do Sistema Único de Saúde, o atendimento pré e perinatal.*
§ 1º A gestante será encaminhada aos diferentes níveis de atendimento, segundo critérios médicos específicos, obedecendo-se aos princípios de regionalização e hierarquização do Sistema.
§ 2º A parturiente será atendida preferencialmente pelo mesmo médico que a acompanhou na fase pré-natal.
§ 3º Incumbe ao poder público propiciar apoio alimentar à gestante e à nutriz que dele necessitem.
Art. 26. *Os filhos havidos fora do casamento poderão ser reconhecidos pelos pais, conjunta ou separadamente, no próprio termo de nascimento, por testamento, mediante escritura pública ou outro documento público, qualquer que seja a origem da filiação.*
Parágrafo único. *O reconhecimento pode preceder o nascimento do filho ou suceder-lhe ao falecimento, se deixar descendentes.*

[115] SILVA, José Luiz Mônaco da. *Op. cit.*, p. 119.

[116] VENOSA, Sílvio de Salvo. **Direito civil:** teoria geral: introdução ao direito romano. 5. ed. São Paulo: Atlas, 1999, p. 121.

16 anos de diferença do adotado. Na doutrina, uma indagação neste sentido é respondida por José Luiz Mônaco da Silva da seguinte maneira: "*a resposta é negativa. Há na verdade, expressa vedação legal, assim consubstanciada no parágrafo terceiro do mesmo dispositivo: 'o adotante há de ser pelo menos, 16 (dezesseis) anos mais velho que o adotando'. Essa diferença de idade, consagrada no texto legal, integra o rol de requisitos da adoção, cuja finalidade é imitar a natureza.*" Na jurisprudência, menciona Munir Cury a seguinte decisão:

> **Adoção** – *Procedência declarada apenas em relação ao marido, visto não ostentar a adotante diferença de 16 anos em relação à adotanda. ECA, art. 42, § 3º: norma de interesse social, mas não de ordem pública. Hiato que alcança 15 anos. Convivência com adotantes satisfatória ao interesse peculiar da menor, cuja mãe biológica decaiu do pátrio poder. Adoção cabível. Recurso provido (**TJSP**, Ap. 27.867-0. Rel. Ney Almada)*[117]

Com essas colocações, parece mais adequado que cada caso concreto seja devidamente apreciado pelo magistrado para evitar-se o formalismo excessivo e descuidar-se do principal que é o interesse da criança e do adolescente a ser adotado.

A proibição absoluta para adoção, constante no art. 42, § 1º do Estatuto, o qual, de forma negativa estabelece que "não podem adotar os ascendentes e os irmãos do adotando", na verdade trata, de falta de legitimidade, não de capacidade para o ato. Outra proibição ao adotante, embora temporária, está prevista no art. 44 da Lei Estatutária que assim dispõe: "enquanto não der conta de sua administração e saldar o seu alcance, não pode o tutor ou o curador adotar o pupilo ou o curatelado".

Encerrada a explanação dos requisitos pessoais do adotante e do adotado, são abordados, a seguir, os requisitos formais da adoção estatutária, a qual somente se constitui por sentença judicial.

O vínculo da adoção, no Brasil, constitui-se por sentença proferida por um juiz da Vara da Infância e da Juventude, justiça especializada que possui competência para conhecer dos pedidos de adoção, conforme estabelece a Lei 8.069/90, em seu art. 148, inc. III, o qual cumpre, no que se refere à assistência do Poder Público, o mandamento constitucional previsto no art. 227, § 5º da Constituição Federal Brasileira que assim dispõe: "§ 5º - A adoção será assistida pelo Poder Público, na forma da lei, que estabelecerá casos e condições de sua efetivação por parte de estrangeiros".

Os processos de adoção tramitam em uma justiça especializada e apresentam procedimentos especiais previstos no Capítulo III do Estatuto da Criança e do Adolescente. Entretanto, é possível verificar que, embora o Estatuto não estabeleça um rito específico para o procedimento da ado-

---

[117] CURY, Munir; MARÇURA, Jurandir & PAULA, Paulo Afonso Garrido de. *Op. cit.*, p. 54.

ção, há duas situações diversas: a) procedimento de jurisdição contenciosa e, b) procedimento de jurisdição voluntária.

O procedimento de jurisdição contenciosa se dá quando não configuradas as situações previstas no art. 166 do Estatuto da Criança e do Adolescente. Assim, havendo discordância dos pais ou representante do menor, ou ainda, ausência de prévia destituição do pátrio poder, o procedimento seguirá o contraditório, obedecendo a ação ao rito previsto no art. 155 e seguinte do Estatuto[118].

A ação de destituição de pátrio poder será proposta pelo Ministério Público ou pelo interessado que poderá ser o próprio adotante, devendo a inicial indicar à autoridade judiciária a que for dirigida; o nome, o estado civil, a profissão e a residência do requerente e do requerido, dispensada a qualificação, tratando-se de pedido formulado por representante do Ministério Público; a exposição sumária do fato e o pedido; as provas que serão produzidas, oferecendo, desde logo, o rol de testemunhas e documentos – art. 156 do ECA.

Antônio Cézar Peluso, em comentários ao art. 165 do Estatuto da Criança e do Adolescente, esclarece que:

> *O pedido de colocação em família substituta, conforme uma das modalidades legais, pode ser único ou, em cúmulo objetivo, constituir, segundo a terminologia do Estatuto, pedido principal, de que eventual pedido de destituição de tutela, de perda ou de suspensão do pátrio poder seja pressuposto lógico jurídico, ou, mais precisamente, prejudicial (art. 169, **caput**). Neste caso, que é de procedimento contraditório (cf. comentários ao art. 169), os requisitos do art. 165 devem somar-se aos do art. 156*[119].

A inicial, no caso de procedimento contraditório, será subscrita por advogado legalmente habilitado por força da aplicação do art. 152 do Estatuto[120], do disposto no art. 36 do Código de Processo Civil[121] e do previsto no art. 133 da Constituição Federal Brasileira[122]. O mesmo não

---

[118] COSTA, Tarcísio José Martins. **Adoção transnacional**: um estudo sociojurídico. Belo Horizonte: Del Rey, 1998, p. 260.

[119] CURY, Munir *et al*. **Estatuto da Criança e do Adolescente comentado**: Comentários jurídicos e sociais. 2. ed. rev. e atual. São Paulo: Malheiros, 2000, p. 507.

[120] ***Lei 8.069/90 – Art. 152.*** *Aos procedimentos regulados nesta Lei aplicam-se subsidiariamente as normas gerais previstas na legislação processual pertinente.*

[121] ***Código de Processo Civil Brasileiro - Art. 36.*** *A parte será representada em juízo por advogado legalmente habilitado. Ser-lhe-á lícito, no entanto, postular em causa própria, quando tiver habilitação legal ou, não a tendo, no caso de falta de advogado no lugar ou recusa ou impedimento dos que houver.*

[122] ***Constituição Federal Brasileira – Art. 133.*** *O advogado é indispensável à administração da justiça, sendo inviolável por seus atos e manifestações no exercício da profissão, nos limites da lei.*

ocorre quando a ação for proposta pelo Ministério Público, conforme possibilita o art. 155 do ECA.

Nas hipóteses previstas no art. 166, *caput* do Estatuto, é dispensada a representação por advogado legalmente habilitado. A dispensa fundamenta-se no fato de que, nas hipóteses em que não existe lide atual nem virtual, desaparece a necessidade do contraditório e da atuação técnica conseqüente[123]. Entretanto, observa-se que tal posicionamento é contraditório, uma vez que o art. 133 da Constituição Federal Brasileira determina ser o advogado indispensável à administração da justiça, e o art. 5°, inc. LV, preconiza que "aos litigantes, em processo judicial ou administrativo, e aos acusados em geral são assegurados o contraditório e ampla defesa, com os meios e recursos a ela inerentes".

O procedimento de jurisdição voluntária ocorre quando configuradas as hipóteses que preconiza o art. 166 do Estatuto: a) existir concordância dos pais ou do representante legal em juízo; b) haver prévia destituição do pátrio poder; c) serem os pais desconhecidos e o menor não ter representante legal; d) serem os pais falecidos e o menor carecer de representante legal[124].

Esse procedimento de jurisdição voluntária é a regra e está previsto, especificamente, nos art. 165 a 170 do Estatuto da Criança e do Adolescente.

O art. 165 que se encontra na Seção IV (Da Colocação em Família Substituta) determina que:

Art. 165. São requisitos para a concessão de pedidos de colocação em família substituta:

I - qualificação completa do requerente e de seu eventual cônjuge, ou companheiro, com expressa anuência deste;

II - indicação de eventual parentesco do requerente e de seu cônjuge, ou companheiro, com a criança ou adolescente, especificando se tem ou não parente vivo;

III - qualificação completa da criança ou adolescente e de seus pais, se conhecidos;

IV - indicação do cartório onde foi inscrito nascimento, anexando, se possível, uma cópia da respectiva certidão;

V - declaração sobre a existência de bens, direitos ou rendimentos relativos à criança ou ao adolescente.

Parágrafo único. Em se tratando de adoção, observar-se-ão também os requisitos específicos.

---

[123] CURY, Munir *et al. Op. cit.*, p. 510.
[124] COSTA, Tarcísio José Martins. *Op. cit.*, p. 263.

O parágrafo único do art. 165 do ECA faz referência a requisitos específicos quando se trata da colocação em família substituta na modalidade de adoção. Esses requisitos são os já referidos como pessoais do adotante e do adotando, partes envolvidas na relação jurídica, bem como: a) os que se referem ao consentimento dos pais biológicos ou representante legal do adotando e, do próprio, quando maior de 12 anos – art. 45; b) o estágio de convivência entre o adotante e o adotado antecedente à adoção e obrigatório em determinadas situações e dispensado em outras – art. 46; c) a excepcionalidade da adoção internacional e as exigências para que esta possa se realizar – art. 51.

Anota Munir Cury que *"o consentimento para adoção exige a forma preconizada no artigo 166 do ECA, devendo ser manifestado em audiência, na presença do juiz e do promotor, não sendo substituível por qualquer outra modalidade de declaração de vontade"*[125]. Todavia, cabe ressaltar que sendo a adoção um ato jurídico no qual a manifestação da vontade é elemento essencial, não basta existir, exige-se para validade "agente capaz" como prevê o art. 104 do Código Civil Brasileiro, podendo, assim, produzir seus efeitos no mundo jurídico.

O consentimento pessoal do adotando será obrigatório a partir dos 12 anos de idade e, quando inferior a esta, deverá ser ouvido e ter sua opinião devidamente considerada para o deferimento da adoção – arts. 16, II e 28, § 1º.

O estágio de convivência, que antecede a adoção, é realizado no território nacional, após a autoridade judiciária, de ofício ou a requerimento das partes ou do Ministério Público, determinar a realização de estudo social ou, se possível, perícia por equipe interprofissional, a qual apresentará, respectivamente, relatório social e laudo pericial, elementos consistentes que auxiliam o juiz na decisão – arts. 167 e 168.

O art. 150 do Estatuto atribui ao poder judiciário a incumbência de prover recursos para manutenção da equipe interprofissional que assessora a justiça da infância e da juventude. A equipe, segundo o art. 151 da Lei 8.069/90, tem por base as seguintes atribuições:

> *Art. 151. Compete à equipe interprofissional dentre outras atribuições que lhe forem reservadas pela legislação local, fornecer subsídios por escrito, mediante laudos, ou verbalmente, na audiência, e bem assim desenvolver trabalhos de aconselhamento, orientação, encaminhamento, prevenção e outros, tudo sob a imediata subordinação à autoridade judiciária, assegurada a livre manifestação do ponto de vista técnico.*

Com o cumprimento dos requisitos pessoais e formais que ve-

---

[125] CURY, Munir; MARÇURA, Jurandir & PAULA, Paulo Afonso Garrido de. *Op. cit.*, p. 55.

nham a apresentar reais vantagens para o adotando e motivos legítimos para a adoção (ECA, art. 43), esta será deferida de forma irrevogável (ECA, art. 48) e por sentença judicial nos termos do art. 47 do Estatuto que assim estabelece:

> *Art. 47. O vínculo da adoção constitui-se por sentença judicial, que será inscrita no registro civil mediante mandado do qual não se fornecerá certidão.*
>
> *§ 1º A inscrição consignará o nome dos adotantes como pais, bem como o nome de seus ascendentes.*
>
> *§ 2º O mandado judicial, que será arquivado, cancelará o registro original do adotado.*
>
> *§ 3º Nenhuma observação sobre a origem do ato poderá constar nas certidões do registro.*
>
> *§ 4º A critério da autoridade judiciária, poderá ser fornecida certidão para a salvaguarda de direitos.*
>
> *§ 5º A sentença conferirá ao adotado o nome do adotante e, a pedido deste, poderá determinar a modificação do prenome.*
>
> *§ 6º A adoção produz seus efeitos a partir do trânsito em julgado da sentença, exceto na hipótese prevista no art. 42, § 5º, caso em que terá força retroativa à data do óbito.*

A colocação de crianças e adolescentes em família substituta sempre será uma medida excepcional como menciona o art. 19 da Lei 8.069/90, e, tratando-se de adoção internacional, o legislador frisa outra excepcionalidade ao estabelecer no art. 31 da mesma lei que: "a colocação em família substituta estrangeira constitui medida excepcional, somente admissível na modalidade de adoção". Com isso, o dispositivo legal tornou excepcional o que já era excepcional. Entretanto, sabemos que, não raro, ocorrem as adoções por estrangeiros não residentes.

A adoção deverá ser precedida de um credenciamento anterior, delineado pela Lei Estatutária nos arts. 50 a 52. O art. 50 preconiza que "a autoridade judiciária manterá, em cada comarca ou foro regional, um registro de crianças e adolescentes em condições de serem adotados e outro de pessoas interessadas na adoção". Pessoas nacionais interessadas em adotar devem habilitar-se e aguardar em lista de espera. A competência para a adoção e a habilitação dos pretendentes nacionais é do juízo do foro do adotando ou dos habilitandos – arts. 50 e 147 do ECA, devendo ser mantido entre as comarcas um sistema integrado de informação que possa orientar a autoridade judiciária no que se refere ao número de crianças em condições de serem adotadas e o número de pretendentes à adoção.

Para pretendentes estrangeiros, o credenciamento à adoção é orientado de conformidade com o que estabelece o Decreto 3.087, de

21.06.1999, que promulga a Convenção Relativa à Proteção das Crianças e à Cooperação em Matéria de Adoção Internacional, concluída em Haia, em 29.05.1993. Com a Convenção em vigor, foram adotadas medidas que objetivam viabilizar sua aplicação, quais sejam: a) a Portaria 815 de 28.07.1999, do Diretor Geral do Departamento de Polícia Federal, que prevê o modelo do certificado de cadastramento de entidades nacionais e estrangeiras que atuam em adoções internacionais de crianças e adolescentes brasileiros, b) o Decreto 3.174, de 16.09.1999, que designa as Autoridades Centrais referidas no art. 6º da Convenção, institui o Programa Nacional de Cooperação em Adoção Internacional e cria o Conselho das Autoridades Centrais Administrativas Brasileiras.

A Portaria 815 DG/DPF de 28.07.1999, estabelece no art. 1º que: "fica instituído no âmbito do Departamento de Polícia Federal o cadastramento das entidades nacionais e estrangeiras que atuam em adoção internacional de crianças e adolescentes brasileiros, como requisito obrigatório para funcionamento no Brasil". O art. 2º define, como autoridade competente para receber o requerimento de cadastramento, o Chefe da Divisão de Polícia Marítima, Aeroportuária ou de Fronteira, devendo o requerimento a ele dirigido ser instruído com os documentos relacionados no mesmo artigo e em formulário próprio nos moldes dos anexos à Portaria.

O Decreto 3.174, de 16.09.1999, designa a Secretaria de Estado dos Direitos Humanos do Ministério da Justiça como Autoridade Central Federal Brasileira encarregada de dar cumprimento às obrigações constantes na Convenção – art. 1º; designa como Autoridades Centrais, no âmbito dos Estados federados e do Distrito Federal, as Comissões Estaduais Judiciárias de Adoção (CEJAS), previstas no art. 52 da Lei 8.069/90 ou órgãos análogos com distinta nomenclatura – art. 4º; cria o Conselho das Autoridades Centrais Brasileiras que passa a ser composto pela Autoridade Central, que o presidirá, por um representante de cada Autoridade Central dos Estados federados e do Distrito Federal, por um representante das Relações Exteriores e um do Departamento de Polícia Federal – art. 5º.

O Decreto dispõe, em oito itens, a competência da Autoridade Central Federal. É da competência dela: 1) representar os interesses do Estado Brasileiro na preservação dos direitos e das garantias individuais das crianças e dos adolescentes, dados em adoção internacional, observada a Convenção a que se refere o artigo anterior; 2) receber todas as comunicações oriundas das Autoridades Centrais dos Estados contratantes e transmiti-las, se for o caso, às Autoridades Centrais dos Estados federados brasileiros e do Distrito Federal; 3) cooperar com as Autoridades Centrais dos Estados contratantes e promover ações de cooperação técnica e colaboração entre as Autoridades Centrais dos Estados federados brasileiros e do Distrito Federal, a fim de assegurar a proteção das crianças e alcançar os demais objetivos da Convenção; 4) tomar as medidas adequadas para: a) fornecer informações sobre a legislação brasileira em matéria de adoção; b) fornecer dados estatísticos e formulários padronizados; c) informar-se mutuamente sobre as medidas operacionais decorrentes da aplicação da Convenção e, na medida do possível, remover os obstáculos que se apresentarem; 5) promover o credenciamento dos organismos que atuam em adoção internacional no Estado brasileiro, verificando se também estão credenciados pela autoridade Central do Estado contratante de onde são originários, comunicando o credenciamento ao Bureau Permanente da Conferência da Haia de Direito Internacional Privado; 6) gerenciar banco de dados, para análise e decisão quanto: a) aos nomes dos pretendentes estrangeiros habilitados; aos nomes dos pretendentes estrangeiros considerados inidôneos pelas Autoridades Centrais dos Estados federados e do Distrito Federal; c) aos nomes das crianças e dos adolescentes disponíveis para adoção por candidatos estrangeiros; d) aos casos de adoção internacional deferidos; e) às estatísticas relativas às informações sobre adotantes e adotados, fornecidas pelas Autoridades Centrais de cada Estado contratante; 7) fornecer ao Ministério das Relações Exteriores os dados a respeito das crianças e dos adolescentes adotados, contidos no banco de dados mencionado no inciso anterior, para que os envie às Repartições Consulares brasileiras incumbidas de efetuar a matrícula dos brasileiros residentes no exterior, independentemente do fato da recepção automática da sentença do Juiz Nacional e da assunção da nacionalidade do Estado de acolhida; 8) tomar, em conjunto com as Autoridades Centrais dos Estados federados e do Distrito Federal, diretamente ou com a colaboração de outras autoridades públicas, todas as medidas apropriadas para prevenir benefícios materiais induzidos por ocasião de uma adoção e para impedir quaisquer práticas contrárias aos objetivos da Convenção mencionada neste Decreto. Entretanto, o credenciamento previsto no item 5 (cinco) acima deverá ser precedido do cadastramento estabelecido no art. $7^{o[126]}$ do Decreto 2.381, de 12.11.1997, que regulamenta a Lei Complementar 89, de 18.02.1997 – art. 2°.

---

[126] *Art. 7°. As empresas instaladas ou que vierem a se instalar no País, para realizarem atividades de transporte marítimo, aéreo e terrestre internacionais, bem como as entidades, escritórios ou prepostos, nacionais e estrangeiros, que atuam ou vierem a atuar em adoções de crianças ou adolescentes, ficam obrigadas a cadastramento e vistoria anuais, a cargo do Departamento de Polícia Federal.*

§ 1° As empresas já instaladas, bem como as entidades, escritórios ou prepostos, a que se refere este artigo, ainda que cadastrados no Departamento de Polícia Federal, deverão, no prazo de sessenta dias, a contar da data da publicação deste Decreto, requerer a obtenção do respectivo Certificado de Cadastramento e Vistoria - CCV.

§ 2° O Certificado de Cadastramento e Vistoria, a ser expedido pelo Departamento de Polícia Federal, para as empresas, entidades, escritórios ou prepostos, a que se refere este artigo, terá validade de um ano.

Gilberto Vergne Sabóia, secretário de Estado dos Direitos Humanos do Ministério da Justiça, no uso de suas atribuições legais (conferidas pelo Decreto 3.174 de setembro de 1999), através da Portaria da Secretaria de Estado dos Direitos Humanos (SDH) 14, de 27.07.2000, dispõe sobre o credenciamento de todas as organizações que atuam em adoção internacional no Estado brasileiro.

A Portaria, inicialmente, institui, no âmbito da Autoridade Central Administrativa Federal, o credenciamento de todas as organizações que agem na adoção internacional no Brasil, bem como, determina ser o credenciamento requisito obrigatório para efetuar qualquer procedimento junto às Autoridades Centrais dos Estados e do Distrito Federal – art. 1º e seu parágrafo único.

Na prática, as Autoridades Centrais dos Estados apresentam, de certa forma, uma resistência no que se refere à exclusividade do credenciamento da entidade pela Autoridade Central Administrativa Federal. A Convenção Relativa à Proteção e à Cooperação em Matéria de Adoção Internacional, em seu art. 6º, levanta a possibilidade de haver em um Estado federal mais de uma autoridade central[127]. Assim, as Autoridades Centrais dos Estados procuram dar uma interpretação mais extensiva ao art. 6º da Convenção, buscando manter, juntamente com a Autoridade Central Administrativa Federal, a autonomia para credenciar as entidades.

No entanto, os requisitos necessários para uma organização, que atua na adoção internacional, ser credenciada no Estado brasileiro, segundo o art. 2º da Portaria SDH 14, são os seguintes:

I - estar devidamente credenciada pela Autoridade Central de seu país de origem;

II - ter solicitado à Coordenação Geral de Justiça, Classificação, Títulos e Qualificação, da Secretaria Nacional de Justiça, do Ministério da Justiça, autorização para funcionamento no Brasil, para fins de reconhecimento da personalidade jurídica às organizações estrangeiras, na forma do Decreto Lei 4.657, de 04 de setembro de 1942;

III - estar de posse do registro assecuratório de caráter administrativo federal na órbita policial de investigação, obtido junto ao

---

[127] *Art 6. - 1. Todo Estado contratante designará uma Autoridade Central encarregada de dar cumprimento às obrigações que a presente Convenção impõe.*
2. Um Estado federal, um Estado no qual vigoram diversos sistemas jurídicos ou um Estado com unidades territoriais autônomas, pode designar mais de uma Autoridade Central e especificar a extensão territorial e pessoal de suas funções. O Estado que faça uso dessa faculdade designará a Autoridade Central a quem pode ser dirigida toda comunicação para sua retransmissão à Autoridade Central competente dentro desse Estado.

Departamento de Polícia Federal, nos termos da Portaria 815/99 DG/DPF, de 28 de julho de 1999;

IV - perseguir unicamente fins não lucrativos, nas condições e dentro dos limites fixados pela Autoridade Central Administrativa Federal;

V - ser dirigida e administrada por pessoas qualificadas por sua integridade moral e por sua formação ou experiência para atuar na área de adoção internacional.

Os art. 5º, 6º e 7º da Portaria esclarecem, respectivamente, que: a) é o Secretário de Estado dos Direitos Humanos a autoridade competente para receber o requerimento de credenciamento; b) é através da Portaria do Secretário que será expedido o credenciamento das organizações que atuam na cooperação de adoção internacional; c) o certificado de cadastramento expedido pela Divisão de Polícia Marítima, Aeroportuária e de Fronteiras, do Departamento da Polícia Federal, não autoriza qualquer organização a atuar em adoção internacional no país, pois necessário se faz, também, o credenciamento junto à Autoridade Central Administrativa Federal.

É estabelecido, ao final da Portaria SDH 14/2000, que ficará a Autoridade Central Administrativa encarregada de comunicar às Autoridades Centrais dos Estados federados e do Distrito Federal e ao Bureau Permanente da Conferência de Haia de Direito Internacional Privado, os nomes e endereços das organizações credenciadas – art. 10.

O Conselho de Autoridades Centrais, criado pelo Decreto 3.174/99, com a composição estabelecida no art. 5º do documento, apresenta em seu Regimento Interno três capítulos distintos (Capítulo I – Finalidades e atribuições, Capítulo II – Composição, funcionamento e atribuições dos membros, Capítulo III – Disposições gerais).

Cabe destacar, aqui, as finalidades do Conselho das Autoridades Centrais previstas no art. 1º do Regimento e algumas das atribuições deste órgão colegiado constantes nos quinze incisos do art. 2º do mesmo documento.

As finalidades do Conselho são definidas em dois incisos, que assim estabelecem:

I - traçar políticas e linhas de ação comuns, objetivando o cumprimento adequado, pelo Brasil, das responsabilidades assumidas por força da ratificação da Convenção Relativa à Proteção das Crianças e à Cooperação em Matéria de Adoção Internacional, assim como avaliar periodicamente os trabalhos efetuados pelas Autoridades Centrais dos Estados Federados e do Distrito Federal;

II - garantir o interesse superior da criança e do adolescente brasileiros quanto à sua adotabilidade internacional, observando a Doutrina Jurídica de Proteção Integral consubstanciada no artigo 227 e incisos da Constituição Federal, na Convenção das Nações Unidas sobre Direitos da Criança, de 20.11.1989, na Lei 8.069, de 13.07.1990 (Estatuto da Criança e do Adolescente - ECA), e na Convenção Relativa à Proteção das Crianças e à Cooperação em Matéria de Adoção Internacional (Convenção de Haia), em 29.05.1993.

Entre as atribuições do Conselho ressaltam-se as previstas nos inc. I, III, V, IX, X e XIV, do art. 2º do Regimento:

I - Estabelecer as políticas e linhas de ação do Programa Nacional de Cooperação em Adoção Internacional, instituído pelo art. 3º do Decreto nº 3.174, de 16.09.1999, acompanhando a execução e observando as linhas de ação e diretrizes previstas no ECA;

.....

III - Manter sistema contínuo de informações das Autoridades Centrais dos Estados Federados e do Distrito Federal para o Banco Nacional de Dados para Adoção, administrado pela Autoridade Central Federal;

....

V - Assegurar a troca de informações entre as Autoridades Centrais dos Estados Federados e do Distrito Federal quanto à jurisprudência em matéria de adoção internacional, estatísticas, formulários e procedimentos relativos ao instituto da adoção;

....

IX - Receber as comunicações das Autoridades Centrais dos Estados Federados e do Distrito Federal e transmiti-las, quando necessário, à Autoridade Central Federal;

X - Verificar o credenciamento dos organismos que atuam em adoção internacional em cada Estado Federado, observando se estão igualmente credenciadas pela Autoridade Central do Estado Contratante de onde são originários, comunicando à Autoridade Central Federal qualquer situação de irregularidade que vier a ser identificada;

......

XIV - Manter intercâmbio com as Autoridades Centrais dos Estados Federados e do Distrito Federal, promovendo, dentre outras iniciativas, a realização de eventos para a formação e informação na área de adoção internacional, bem como a assinatura e o recebimento de publicações que, no País, ou no exterior, destinem-se aos estudos e à divulgação de idéias relativas aos

Direitos Humanos no que concerne à adoção internacional;"

Cabe lembrar, também, que o Capítulo II, na sessão III do Regimento, define as atribuições dos membros do Conselho. Entre elas encontram-se as atribuições dos representantes das Autoridades Centrais dos Estados federados e do Distrito Federal, que, segundo preconiza o art. 12, são:

> *a) representar a Autoridade Central do seu respectivo ente federado;*
>
> *b) promover intercâmbio de experiências entre as Autoridades Centrais componentes do Conselho no âmbito da proteção integral à infância e adolescência;*
>
> *c) apresentar relatórios de acompanhamento das atividades na área da adoção internacional do seu ente federado;*
>
> *d) informar os dados de seu ente federado na área de adoção internacional para manter o fluxo do sistema do Banco Nacional de Dados de Adoção.*

O conjunto de atribuições estabelecidas pelo governo brasileiro visa à aplicação da Convenção Relativa à Proteção das Crianças e à Cooperação em Matéria de Adoção Internacional, bem como a uma uniformização dos procedimentos que deverão ser adotados pelas autoridades judiciárias brasileiras em uma adoção internacional.

O Rio Grande do Sul, um dos Estados da Federação Brasileira, seguindo as orientações acima, mas sem deixar de garantir a autonomia do poder judiciário, busca, através do Provimento 11/2001 da Corregedoria-Geral de Justiça, datado em 20.03.2001, atualizar a sua Consolidação Normativa Judicial que, conforme mencionado no próprio documento, passou a desempenhar papel importante na sistemática forense, com uso interno e externo.

A Consolidação Normativa Judicial do Rio Grande do Sul apresenta, no Capítulo III (Da infância e da Juventude), sete Seções que distribuem o tema na seguinte ordem: 1) do Conselho de Supervisão da Infância e da Juventude (CONSIJ); 2) do encaminhamento de adolescente infrator; 3) do trabalho do adolescente; 4) das Portarias Judiciais; 5) da justiça instantânea e do juiz plantonista; 6) da adoção; 7) do nome do menor exposto ou abandonado.

Dessas seções, a primeira que trata do Conselho de Supervisão da Infância e da Juventude (CONSIJ) e a sexta que faz referência à adoção, ambas no âmbito Estadual, são imprescindíveis na compreensão dos procedimentos exigidos nas adoções de crianças brasileiras por estrangeiros não residentes.

O Conselho de Supervisão da Infância e da Juventude (CONSIJ), autoridade central estadual, criado pela Resolução 156/95 do Conselho da

Magistratura, é órgão administrativo de atuação permanente, tem sede na capital do Estado e funciona na Corregedoria-Geral de Justiça do Estado do Rio Grande do Sul. Em determinados Estados da Federação, a autoridade central estadual, criada pelo art. 4º do Decreto 3.174, de 16.09.1999, denomina-se Comissão Estadual Judiciária de adoção (CEJA) conforme já era previsto pelo art. 52 do Estatuto da Criança e do Adolescente.

No Rio Grande do Sul, o Conselho de Supervisão da Infância e da Juventude (CONSIJ) é composto pelo Desembargador Corregedor-Geral de Justiça, pelo Juiz-Corregedor com atribuição para a matéria e pelos juízes das varas Regionais da Infância e da Juventude. Há, atualmente, no Estado, dez Juizados Regionais da Infância e da Juventude criados pela Lei 9.896 que, em 09.06.1993, após a aprovação da Assembléia Legislativa Gaúcha, foi sancionada pelo Poder Executivo[128].

O art. 945 da Consolidação Normativa Judicial (CN) destaca as seguintes atribuições do Conselho:

a) estabelecer diretrizes e ações relativas ao instituto da adoção, mantendo controle de cadastros, disciplinando sobre protocolos com entidades estrangeiras, fornecendo elementos necessários para a autoridade central federal que vier a ser constituída;

b) estabelecer diretrizes e ações para garantir a execução de medidas socio educativas de internação e semi-liberdade, bem como daquelas não privativas de liberdade;

c) estabelecer diretrizes de fiscalização de entidades de atendimento e apuração de infrações administrativas relativas as mesmas;

d) providenciar na organização de cursos de atualização e treinamento para magistrados e servidores ligados à área da Infância e Juventude, inclusive com a colaboração de entidades internacionais.

A IV Seção do Capítulo III da Consolidação Normativa Judiciária disciplina a adoção em quatro Subseções que são tituladas da seguinte forma: a) das disposições gerais; b) do sistema integrado de informações; c) do processo de adoção internacional e; d) dos recursos.

A subseção das disposições gerais faz, entre outras observações, referência ao registro do ato constitutivo da adoção, à competência para processar e julgar os processos de adoção, aos cadastros de controle das adoções que o Conselho de Supervisão da Infância e da Juventude (CONSIJ) deverá manter, bem como, aos protocolos de colaboração com entidades estrangeiras autorizadas a fornecer elementos necessários à

---

[128] SARAIVA, João Batista da Costa. **Adolescente e ato infracional**. Porto Alegre: Livraria do Advogado, 2000, p. 144.

autoridade central federal.

A subseção do sistema integrado de informações está prevista nos arts. 966 a 973 da Consolidação Normativa Judiciária para disciplinar as informações no âmbito estadual. O sistema atribui, com base nas informações obtidas dos Juizados Regionais e Varas da Infância e da Juventude, à Corregedoria-Geral da Justiça a incumbência de manter um cadastro informatizado, atualizado e sigiloso de todas as crianças e adolescentes em condições de serem adotados e de todas as pessoas nacionais e estrangeiras interessadas em adotar – art. 966 da CN. Com esse sistema é possível ter um controle das adoções realizadas no Estado e o acesso, por parte dos juízes competentes, ao número de crianças e adolescentes em condições de serem adotados, ao número de pretendentes habilitados à adoção e aos cadastros de entidades com Protocolo de Colaboração firmado para adoções internacionais. Tal sistema proporciona maior eficácia e segurança aos processos de adoção, até porque, segundo a Consolidação, art. 967 "os dados registrados só poderão ser fornecidos por autorização do Corregedor-Geral ou do Juiz-Corregedor encarregado da matéria, servindo como base para estudo e orientação na instrução de processo de adoção".

A terceira subseção, que trata do processo de adoção internacional, estabelece as regras que deverão ser observadas nas adoções internacionais. Essas regras são apresentadas em onze artigos.

O primeiro destaca a excepcionalidade da adoção internacional – art. 974 da CN.

O segundo afirma que o encaminhamento ao Juízo, das pessoas pretendentes à adoção internacional, somente será possível através de órgãos competentes ou associações oficiais autorizadas pelos respectivos governos a trabalharem com adoções internacionais – art. 975 da CN.

O terceiro salienta que o protocolo de colaboração, em matéria de adoção internacional, só poderá ser estabelecido com entidades de países signatários da Convenção das Nações Unidas sobre os Direitos das Crianças e outras convenções e tratados sobre direitos da infância dos quais o Brasil seja membro – art. 976 da CN.

O quarto observa que, na hipótese da inexistência de brasileiro habilitado à adoção, o Juiz Regional proporá a adoção por estrangeiro através da entidade conveniada, remetendo comunicação que contenha cópia da sentença, documentos e dados relevantes e individualizados relativos à criança ou adolescente proposto – art. 977 da CN.

O quinto determina que, ao receber a proposta, a entidade escolherá, entre os candidatos previamente selecionados, aquele que melhor atenda às características e necessidades da criança ou adolescente em questão, enviando ao juiz proponente a indicação, acompanhada de comprovante da habilitação, feito segundo as normas legais do seu Estado, estudos técnicos realizados e informações capazes de subsidiar a decisão a respeito dos candidatos – art. 978 da CN.

O sexto, com o objetivo de preservar única e exclusivamente o interesse da criança e de acordo com o que dispõe o art. 29 da Convenção Relativa à Proteção e à Cooperação em Matéria de Adoção Internacional (Haia, 29.05.1993), veda o contato entre os futuros pais e a criança, seus pais ou qualquer pessoa que detenha a sua guarda, juízes ou servidores da justiça ou de entidade onde esteja abrigada a criança, antes da autorização do juiz proponente – art. 979 da CN.

O sétimo, em seu *caput*, dispõe que, "após a decisão sobre a indicação pelo juiz, ouvidos o corpo técnico e o Ministério Público, o juiz proponente comunicará à entidade conveniada a aceitação ou não da indicação", concluindo em seu parágrafo único que "a entidade deverá ser reconhecida e autorizada pelo respectivo Governo a proceder aos trâmites da adoção internacional, de acordo com a legislação do seu Estado, e estar submetida ao controle das autoridades competentes de dito Estado – art. 980 da CN".

O oitavo informa que, recebida comunicação de aceitação, o candidato poderá, através da entidade conveniada, encaminhar ao juizado a petição de adoção, que formará o processo de adoção, devendo ser apensos os processos de perda de pátrio poder e habilitação à adoção, abrindo-se vistas ao Ministério Público – art. 981 da CN.

O nono faz referência à convocação pessoal dos adotantes ao local onde se encontra a criança para que seja dado início ao estágio de convivência, que será acompanhado por técnico do juízo que apresentará parecer, abrindo-se vistas ao Ministério Público – art. 982 da CN.

O décimo define que, após o parecer técnico e promoção do Ministério Público, o juiz prolatará a sentença que, sendo concessiva, autorizará a saída da criança ou adolescente adotado do país, na companhia dos pais adotivos – art. 983.

O décimo-primeiro, com sustentação no art. 20 da Convenção Relativa à Proteção e à cooperação em Matéria de Adoção Internacional (Haia 29.05.1993), dispõe que:

> *Art. 984. A entidade conveniada do país de acolhida comunicará a chegada da criança ou adolescente no prazo de 30 dias e encaminhará relatórios trimestrais de acompanhamento da adoção no período de 1 ano e semestral no ano seguinte.*
>
> *§ 1º Os relatórios deverão conter dados sobre a adaptação do adotado à sua nova família, bem como informações sobre o reconhecimento da adoção pelas autoridades competentes do país de acolhida.*

§ 2º No caso de ocorrências que justifiquem a perda do pátrio poder pelos pais adotivos, o fato será imediatamente comunicado à autoridade judiciária que concedeu a adoção, para efeito das providências judiciais pertinentes.

§ 3º É vedada a viagem de juízes, técnicos ou servidores do Juizado da Infância e Juventude ao estrangeiro, para fins de acompanharem ou avaliarem o estágio de convivência ou para a colocação de menor em adoção.

A subseção dos recursos finaliza a Seção IV da Consolidação Normativa Judiciária do Estado do Rio Grande do Sul e, por sua vez, dispõe que "das decisões caberá recurso ao Tribunal de Justiça" – art. 985 da CN. No entanto, é prudente lembrar que, nos recursos previstos no Estatuto da Criança e do Adolescente, é permitido ao juiz alterar a sentença, não se aplicando o disposto no art. 463 do CPC, sendo possível o juízo de retratação, tanto em sede de agravo de instrumento, nas decisões interlocutórias, como de apelação, nas sentenças definitivas – art. 198, VII e VIII do ECA, porém, tornar-se-á impossível a retratação, quando após a perda do pátrio poder, seguiu-se a adoção da criança ou do adolescente, uma vez que esta desfaz o vínculo com a família natural e atribui a filiação ao adotante de forma irrevogável[129].

No Brasil, a adoção por estrangeiros não residentes, mesmo sendo uma exceção, é necessária para atender ao grande número de crianças e adolescentes esquecidos no interior de uma instituição pelo fato de não haver, no país, uma família substituta disposta a acolhê-la. A legislação interna do país prevê a adoção por estrangeiros não residentes, tornando possível o ato jurídico, após a observância dos requisitos necessários acima mencionados, bem como, um procedimento legal que, de certa forma, é comum a todas as unidades da federação brasileira. Assim, quanto ao exemplo de procedimento adotado no Estado do Rio Grande do Sul, pode-se dizer que, por não haver lide, trata-se de procedimento de jurisdição voluntária e compreende as seguintes etapas:

1. *Proposta* – O encaminhamento de uma proposta de adoção por estrangeiros será realizada pelo juiz do Juizado Regional a uma entidade credenciada. A proposta será realizada na hipótese da inexistência de brasileiro habilitado à adoção e, conforme menciona o art. 977 da Consolidação Normativa Judicial (CN), acompanhada da sentença de destituição do pátrio poder, relatório médico do adotando, estudo psico-social e outros documentos que possam, de alguma forma, complementar informações que se entendam necessárias.

2. *Recebimento da proposta e indicação de adotante* – Recebida a proposta pela entidade credenciada, esta indicará entre os pretendentes

---

[129] CURY, Munir *et al. Op. cit.*, p. 505.

habilitados, o que mais se identificar com a situação apresentada na proposta.

3. *Remessa de informações do pretendente indicado pela entidade* - Definido pela entidade o pretendente, em regra casais, esta enviará um dossiê do mesmo ao juiz do Juizado Regional que encaminhou a proposta para a adoção internacional. O dossiê se apresentará já devidamente autenticado pela autoridade consular vertido para o português, por tradutor público juramentado, conforme determina o art. 51 da Lei 8.069/90, devendo compô-lo a proposta formal dos candidatos, atestado de autorização que comprove estar o pretendente apto a adotar segundo a legislação de seu país, relatório social (composição da família, relacionamento social e familiar, pretensão adotiva, reflexo sobre a adoção e a educação, conclusão), entrevista psicológica elaborada por agência especializada e credenciada no país de origem, certificado médico que ateste a perfeita saúde física e mental do adotante, certificado de domicílio, atestado de renda anual, certidão de nascimento e casamento se casado for, cópia do passaporte e fotos da família.

4. *Recebimento das informações do pretendente e o processo de habilitação* – Ao receber o dossiê enviado pela entidade, o Juizado Regional acusa o recebimento e forma, com os documentos recebidos, o processo de habilitação para a adoção internacional, iniciando-se a partir de então a troca de informações entre a entidade conveniada e a equipe de adoção, culminando, após o parecer da equipe e da manifestação do Ministério Público, com uma decisão do juiz da infância e da juventude que irá acolher ou rejeitar a proposta. Acolhida a proposta, será dado prosseguimento à adoção e no caso da recusa, dar-se-á por encerrada a possibilidade de adoção do adotando pelo pretendente.

5. *Encontro do pretendente e do adotando* – Acolhida a habilitação pelo magistrado, será dado prosseguimento ao processo de adoção que exigirá a presença do pretendente (ECA, art. 39, parágrafo único). Inicia-se, então, a preparação do adotando e do adotante e, ainda, os preparativos para a viagem do pretendente que será combinada através da entidade e a equipe de adoção, as quais promoverão o encontro das partes. Entretanto, já na preparação inicial, que ocorre antes da viagem, o adotante deverá ser certificado de que, em caso de insatisfação, não haverá como substituir a criança ou adolescente por outra.

6. *Estágio de convivência* – Tratando-se de adoção internacional, o estágio de convivência fixado pela autoridade judiciária é obrigatório. O art. 46 do Estatuto da Criança e do Adolescente determina ser, no mínimo, 15 dias de estágio de convivência para crianças de até 2 (dois) anos de idade e 30 dias quando for acima de dois anos de idade. O estágio fixado pelo juiz, na prática, inicia-se com a chegada do pretendente para o encontro, o qual será acompanhado pela equipe de adoção que, no de-

correr do estágio, permanecerá sempre presente para auxiliar e orientar na aproximação das partes.

7. *Sentença de adoção* – Realizado o estágio de convivência, o juiz, após ouvir a equipe de adoção, as partes e o Ministério Público, julgará e constituirá ou não, por sentença, o vínculo de adoção. Constituído o vínculo e transitada em julgado a sentença, será possível, após os trâmites administrativos (Registro Civil, expedição de passaporte pela Polícia Federal, visto de entrada etc.), a viagem de retorno do adotante levando consigo o adotado.

8. *Acompanhamento posterior pela entidade* – A entidade credenciada, no prazo de 1 (um) ano após a adoção, deverá, através de relatórios trimestrais, informar os resultados da adoção e, no ano seguinte, fazer o mesmo, por relatórios semestrais. O relatório, em síntese, contém dados que informam a adaptação da criança com a sua nova família, seu estado de saúde, educação recebida e ainda, informações sobre o reconhecimento da adoção pelas autoridades competentes do país de acolhida. Essas informações são necessárias para que se possa ter um acompanhamento posterior à realização da adoção, inclusive, se necessário for, interferir na nova relação de pátrio poder, o que se torna viável diante do art. 21 da Convenção Relativa à Proteção e à Cooperação em Matéria de Adoção Internacional[130].

O procedimento adotado no Brasil, como pode-se verificar, segue na íntegra as diretrizes básicas da Convenção Relativa à Proteção e à Cooperação em Matéria de Adoção Internacional e destina um capítulo específico sobre os procedimentos para esse tipo de adoção.

2.2   NO PARAGUAI

A adoção, no Paraguai, se destaca com o disposto no *Código del Menor* – Lei 903, de 10.12.1981. O Código apresenta o tema no Título III

---

[130] *Art. 21. Se a adoção deve ter lugar no Estado de acolhida, após o deslocamento da criança, e a Autoridade Central de dito Estado considera que a manutenção da criança na família de acolhida já não responde ao seu interesse superior, esta Autoridade Central tomará as medidas necessárias para a proteção da criança, especialmente para:*

a) retirar a criança das pessoas que desejavam adotá-la e prover, provisoriamente, seu cuidado;

b) em consulta com a Autoridade Central do Estado de origem, assegura, sem demora, uma nova colocação com vistas a sua adoção ou, em sua falta, a uma colocação alternativa de caráter duradouro. Uma nova adoção da criança somente poderá ter lugar se a Autoridade Central do Estado de origem tenha sido devidamente informada sobre os novos pais adotivos;

c) como último recurso, assegurar o retorno da criança ao Estado de origem, se assim exige o interesse da criança.

(*De la Adopción*), especificamente, nos arts. 30 a 56 que são distribuídos em três Capítulos: 1) capítulo I (*Disposiciones Generales* – arts. 30 a 49); 2) capítulo II (*De La Adopción Simple* – arts. 50 a 53) e; 3) capítulo III (*De la Adopción Plena* – arts. 54 a 56).

A adoção internacional, segundo se depreende do artigo 48 do Código, é regida pelas convenções e acordos celebrados pela República Paraguaia, devendo se ajustar sempre às normas do *Código del Menor*.

Com a adesão do Paraguai à Convenção Relativa à Proteção e à Cooperação em Matéria de Adoção Internacional (Haia, 29.05.1993), o país assumiu a obrigação de adaptar sua legislação aos termos do dito instrumento internacional. No entanto, a Lei de adoção 1.136, de 18.09.1997, passa a disciplinar a matéria sem revogar, de forma expressa, o Código de Menores, que ainda espelha a "doutrina da situação irregular" por não considerar as crianças e adolescentes, sujeitos de direito, mas objetos de tutela e repressão.

O Código de Menores encontra-se, após a publicação da Lei 1.136/97 que passou a regular a adoção no país, derrogado no que se refere às adoções de crianças e adolescentes, conforme determina o art. 7° do Código Civil Paraguaio que assim esclarece:

Art. 7°. Las leyes no pueden ser derogadas en todo o parte, sino por otras leyes.

Las disposiciones especiales no derogan a las generales, ni éstas a aquéllas, salvo que se refieran a la misma materia para dejarla sin efecto, explícita o implícitamente.

El uso, la costumbre o práctica no pueden crear derechos, sino cuando las leyes se refieran a ello[131].

No Paraguai, a adoção internacional é possível, porém, a legislação interna do país encontra-se em fase de adequação às Convenções Internacionais pertinentes à matéria como se verá a seguir.

2.2.1 Norma Constitucional

A Constituição Paraguaia, de 20.06.1992, em seu preâmbulo, invoca Deus, reconhece a dignidade humana com o fim de assegurar a liberdade, a igualdade e a justiça, reafirma os princípios da democracia

---

[131] *Código Civil Paraguaio (Lei 1.183/85) – Art. 7°. As leis não podem ser derrogadas no todo ou em parte, senão por outras leis.*

As disposições especiais não derrogam as gerais, nem estas aquelas, salvo quando se referem à mesma matéria para deixá-la sem efeito, explícita ou implicitamente.

O uso, os costumes ou prática não podem criar direitos, senão quando as leis se referem a eles. (Tradução do autor).

republicana, representativa, participativa e pluralista, bem como, ratifica a soberania e independência nacionais.

O legislador da Constituição da República Paraguaia incluiu no Título II (*De los Derechos, De los Deberes y de las Gareantías*), no Capítulo I (*De la Vida y del Ambiente*), Sección I (*De la Vida*), um dispositivo constitucional que assegura, por parte do Estado, uma melhor qualidade de vida aos habitantes, o que se dará através de planos e políticas que investiguem fatores condicionantes, tais como a extrema pobreza e os impedimentos da incapacidade ou da idade – art. 5º.

Com as afirmações constantes do preâmbulo da Constituição e a clara preocupação do legislador constituinte com a qualidade de vida da população paraguaia, não poderia ser outra a proteção despendida à família, à criança e ao adolescente. A Carta Constitucional paraguaia, à semelhança da brasileira, reserva um capítulo específico aos direitos da família. É o Capítulo IV (*De los Derechos de la Família*) que se encontra no Título II acima referido, compreendendo os dispositivos constantes nos arts. 49 a 61.

Nesses dispositivos constitucionais verifica-se que há muitas semelhanças com os dispositivos da Constituição da República Federativa do Brasil de 05.10.1988.

O Estado paraguaio, assim como o brasileiro, promoverá e garantirá a proteção integral da família, incluindo no seu conceito não apenas a constituída pelo matrimônio, mas também pela união estável existente entre um homem e uma mulher e pela comunidade formada por qualquer dos pais e seus descendentes – art. 49.

O art. 54 trata da proteção da criança e define que:

> *La familia, la sociedad y el Estado tienen la obligación de garantizar al niño su desarrollo armónico e integral, así como el ejercicio pleno de sus derechos protegiéndolo contra el abandono, la desnutrición, la violencia, el abuso, el tráfico y la explotación. Cualquier persona puede exigir a la autoridad competente el cumplimiento de tales garantías y la sanción de los infractores. Los derechos del niño, en caso de conflicto, tienen carácter prevaleciente*[132].

Além da proteção acima referida, o Estado paraguaio promoverá condições para a ativa participação da juventude no desenvolvimento

---

[132] *Art. 54*. A família, a sociedade e o Estado têm a obrigação de garantir à criança seu desenvolvimento harmônico e integral, assim como o exercício pleno de seus direitos protegendo-a contra o abandono, a desnutrição, a violência, o abuso, o tráfico e a exploração. Qualquer pessoa pode exigir da autoridade competente o cumprimento de tais garantias e a sanção dos infratores. Os direitos da criança, em caso de conflito, têm caráter prevalecente. (Tradução do autor).

político, social, econômico e cultural do país – art. 56, bem como, garantirá às pessoas excepcionais a atenção à sua saúde, à sua educação, à sua recreação e à sua formação profissional para uma plena integração social, através de uma política de prevenção, tratamento, reabilitação e integração dos incapazes físicos, psíquicos e sensoriais – art. 58.

A proteção à criança e ao adolescente nesse país, no âmbito teórico, não se resume aos dispositivos explícitos pelo legislador constituinte, uma vez que o art. 141 da Constituição da República Paraguaia dispõe que: *"Los tratados internacionales validamente celebrados, aprobados por ley del Congreso, y cuyos instrumentos de ratificación fueran canjeados o depositados, forman parte del ordenamiento legal interno con la jerarquía que determina el Artículo 137"*[133].

O art. 137 da Constituição, por sua vez, estabelece que:

La ley suprema de la República es la Constitución. Esta, los tratados, convenios y acuerdos internacionales aprobados y ratificados, las leyes dictadas por el Congreso y otras disposiciones jurídicas de inferior jerarquía, sancionadas en consecuencia, integran el derecho positivo nacional en el orden de prelación enunciado. Quienquiera que intente cambiar dicho orden, al margen de los procedimientos previstos en esta Constitución, incurrirá en los delitos que se tipificarán y penarán en la ley. Esta Constitución no perderá su vigencia ni dejará de observarse por actos de fuerza o fuera derogada por cualquier otro medio distinto del que ella dispone. Carecen de validez todas las disposiciones o actos de autoridad opuestos a lo establecido en esta Constitución[134].

Complementa a Constituição que a República do Paraguai, em condições de igualdade com outros Estados, admite uma ordem jurídica supranacional que garanta a vigência dos direitos humanos, da paz, da justiça, da cooperação e do desenvolvimento, no âmbito político, econô-

---

[133] ***Art. 141.*** *Os tratados internacionais validamente celebrados, aprovados por lei do Congresso, e cujos instrumentos de ratificação foram enviados ou depositados, formam parte do ordenamento legal interno com a hierarquia que determina o art. 137.* (Tradução do autor).

[134] ***Art. 137.*** *A lei suprema da República é a Constituição. Esta, os tratados, convenções e acordos internacionais aprovados e ratificados, as leis ditadas pelo Congresso e outras disposições jurídicas de inferior hierarquia, sancionadas em conseqüência, integram o direito positivo nacional na ordem de preferência anunciado. Qualquer um que intente trocar dita ordem, à margem dos procedimentos previstos nesta Constituição, incorrerá nos delitos que se tipificarão e punirão na lei. Esta Constituição não perderá sua vigência nem deixará de observar-se por atos de força ou superficialmente derrogada por qualquer outro meio distinto do que ela dispõe. Carecem de validez todas as disposições ou atos de autoridade opostos aos estabelecidos nesta Constituição.* (Tradução do autor).

mico, social e cultural. Alegadas decisões somente poderão ser adotadas por maioria absoluta de cada Câmara do Congresso – art. 145.

A adoção internacional envolvendo crianças e adolescentes domiciliados no Paraguai já era uma realidade, porém, com a Lei 900 de 31.07.1996, o Congresso Nacional daquele país, aprova, sem estabelecer reservas, a Convenção Relativa à Proteção e à Cooperação em Matéria de Adoção Internacional (Haia, 29.05.1993), que, por força do art. 137 da Constituição paraguaia, passou a integrar o direito positivo do país, sendo posteriormente o instituto disciplinado pela Lei de adoção 1.136, de 18.09.1997.

2.2.2 A Lei de adoção 1.136, de 18.09.1997

No Paraguai, havia dois regimes de adoção de crianças e adolescentes. O Código de Menores, Lei 903, de 10.12.1981, estabelece a adoção simples e a plena. A primeira não cria vínculo de parentesco entre o adotado e a família do adotante, senão os efeitos expressamente previstos – art. 50 do Código de Menores. A segunda é irrevogável e confere ao adotado uma filiação que substitui a de origem. O adotado deixa de pertencer à sua família de sangue e se extingue o parentesco com os integrantes desta, assim como todos os seus efeitos jurídicos, com exceção dos impedimentos matrimoniais – art. 54 do Código de Menores.

A adoção de crianças e adolescentes, no Paraguai, com a edição da Lei 1.136/97, passa a ser, diante da derrogação parcial do Código de Menores, adotada na modalidade plena e outorgada como medida de caráter excepcional de proteção à criança e ao adolescente. Essa adoção, segundo a lei que a regulamenta, é realizada sob a vigilância do Estado. O adotado passa a integrar a família do adotante na qualidade de filho e deixa de pertencer à sua família natural, ressalvando o art. 1º da Lei de adoção, o caso de adoção do filho do cônjuge ou convivente.

A lei de adoção paraguaia define que a adoção é plena, indivisível e irrevogável e confere ao adotado uma filiação que substitui a de origem e lhe outorga os mesmos direitos e obrigações dos filhos biológicos – art. 3º.

Em setembro de 1995, no Paraguai, foi promulgada a Lei 678, e, com base, nela foram suspensas as adoções internacionais por um ano. O país, desde 1990 até a vigência dessa lei, realizava, aproximadamente, 600 adoções internacionais por ano; muitas delas com irregularidades. A sociedade civil, diante dessas anomalias, como o seqüestro de bebês, o engano de jovens mães e de mães desprovidas de recursos entre outras situações, apresenta uma reação que demandou a interrupção das irregularidades e a punição dos responsáveis, conduzindo a Corte Suprema de

Justiça a solicitar ao parlamento uma suspensão temporária das ditas adoções[135].

A suspensão imposta pela Lei 678/95 prorrogou-se por mais seis meses, ou seja, até março de 1997, porém, a Lei de adoção 1.136, de 18.09.1997 afastou qualquer ressalva ao mencionar no art. 6º que:

Podrán adoptar las personas residentes en el extranjero, siempre que reúnan los requisitos exigidos por esta ley.

La adopción internacional se otorgará excepcionalmente y en forma subsidiaria a la adopción nacional. Se priorizará la adopción por nacionales o extranjeros con radicación definitiva en el país respecto de extranjeros y nacionales residentes en el exterior[136].

A lei de adoção define que podem ser adotados as crianças e adolescentes quando: a) órfãos de pai e mãe, b) filhos de pais desconhecidos, c) filhos de pais biológicos que tenham sido declarados em situação de adoção, d) filho de um dos cônjuges ou conviventes que tenham prestado seu consentimento de acordo com o procedimento previsto na lei de adoção, e) que se encontrem por mais de dois anos acolhidos sob tutela ou guarda do adotante, com prévio consentimento dos pais biológicos ou declaração judicial de situação de adoção, conforme o caso – art. 7º. Não será motivo suficiente para a adoção a falta de recursos materiais da família biológica da criança. A Lei 1.136/97, a exemplo do previsto no art. 23 do Estatuto da Criança e do Adolescente brasileiro[137], determina, em seu artigo 4º, que: "*La falta o carencia de recursos materiales de la familia biológica de niño y adolescente en ningún caso constituirá motivo suficiente para la pérdida del derecho a ser criado por ella*"[138].

---

[135] ORTIZ, Rosa Maria. Derechos del niño y de la niña. **Equipo Nizkor**, 07 mar. 1997. Disponível em:
<http://www.derechos.org/nizkor/paraguay/ddhh1996/ninos.html>. Acesso em: 21 jul. 2001.

[136] *Lei 1.136/97 – Art. 6º. Poderão adotar as pessoas residentes no estrangeiro, sempre que reúnam os requisitos exigidos por esta lei.*
Deferir-se-á a adoção internacional excepcionalmente e na forma subsidiária da adoção nacional. Priorizar-se-á a adoção por nacionais ou estrangeiros com radicação definitiva no país em relação aos estrangeiros e nacionais residentes no exterior. (Tradução do autor)

[137] *Lei 8.069/90 – Art. 23. A falta ou a carência de recursos materiais não constitui motivo suficiente para a perda ou a suspensão do pátrio poder.*
Parágrafo único. Não existindo outro motivo que por si só autorize a decretação da medida, a criança ou o adolescente será mantido em sua família de origem, a qual deverá obrigatoriamente ser incluída em programas oficiais de auxílio.

[138] *Lei 1.136/97 – Art. 4º. A falta ou carência de recursos materiais da família biológica da criança e adolescente em nenhum caso constituirá motivo suficiente para a perda do direito de ser criado por ela.* (Tradução do autor).

A adoção, nos termos da lei que a regulamenta, é possível até a maior idade do adotando[139], salvo aqueles casos em que já tenha iniciado o processo de declaração de estado de adoção antes da mesma – art. 9º.

Os pretendentes à adoção deverão ter: a) no mínimo vinte e cinco anos de idade, b) no máximo cinqüenta anos de idade, salvo convivência prévia com o adotando de pelo menos um ano de duração e, c) uma diferença de idade com a pessoa que pretende adotar não menor de vinte cinco anos nem maior de cinqüenta. Sendo conjunta, a diferença será aferida pelo adotante mais jovem. Essas limitações de idade não se aplicam sendo o adotando filho ou filha do outro cônjuge ou convivente de mais de quatro anos de convivência ou de um parente consangüíneo até quarto grau – art. 11.

A adoção poderá ser realizada por pessoas de um ou de outro sexo, independentemente de seu estado civil. Será conjunta a adoção quando os pretendentes estão unidos por um casamento ou uma união estável, sendo ainda necessário estarem casados por três anos e que as uniões apresentem, no mínimo, quatro anos de vida em comum. Será singular a adoção quando uma única pessoa pretender adotar.

O capítulo III da Lei 1.136/97, em seus arts. 17 a 20, faz referência ao consentimento dos pais biológicos do adotando e dos adotantes. Os pais biológicos darão seu consentimento para a adoção, em ato formal, perante o juiz competente e de conformidade com o estabelecido no art. 21 da lei[140]. O adotando, a partir dos 12 anos, dará seu consentimento

---

[139] *Código Civil Paraguaio (Lei 1.183/85) – Art 36. La capacidad de hecho consiste en la aptitud legal de ejercer uno por sí mismo o por sí solo sus derechos. Este Código reputa plenamente capaz a todo ser humano que haya cumplido veinte años de edad y no haya sido declarado incapaz judicialmente.*

Art. 36. A capacidade de direito consiste na aptidão legal de exercer por si próprio ou por si mesmo seus direitos. Este código reputa plenamente capaz a todo ser humano que tenha cumprido vinte anos de idade e não tenha sido declarado incapaz judicialmente. (Tradução do autor).

[140] *Lei 1.136/97 – Art. 21. Los padres biológicos o sus familiares que manifiesten ante el juez competente su deseo de dar al niño o adolescente en adopción, deberán pasar obligatoriamente por un período durante el cual el juez impulsará todas las medidas necesarias para mantener el vínculo familiar con la familia nuclear o ampliada. Para este efecto podrá recurrir a las instituciones que considere pertinentes.*

Este período durará cuarenta y cinco días, que podrá ser prorrogado a criterio del juez.

Al término de este período los padres o familiares podrán ratificarse personalmente en su decisión inicial. Producida esa ratificación, el juez, previa intervención del fiscal del menor y del defensor del niño, declarará en estado de adopción. Los trámites ulteriores para la adopción se tramitarán ante el mismo juez.

No se requerirá este trámite para la adopción cuando el niño sea hijo del cónyuge o conviviente, haya estado acogido en guarda o tutela por más de dos años, o cuando sea pariente hasta el cuarto grado de consanguinidad de el o los adoptantes.

para a realização da adoção, mas, sendo menor, sua opinião será considerada de acordo com seu desenvolvimento e maturidade. Os adotantes deverão prestar, pessoalmente e ante o juiz competente seu consentimento para o ato.

Os processos pelos quais se declaram as crianças aptas à adoção são independentes dos pleitos para concretizá-la. A declaração do estado de adoção será determinada pelo juiz, em todos os casos, antes de iniciar o pleito de adoção, remetendo-se cópia da mesma ao centro de adoções – art. 23.

O Paraguai, após a adesão à Convenção Relativa à Proteção e à Cooperação em Matéria de Adoção Internacional, concluída em Haia, em 29.05.1993, criou, em cumprimento ao disposto no art. 6º da Convenção, o centro de adoções; autoridade administrativa central em matéria de adoções no país, entidade que estará a cargo de um Diretor Geral e de um Conselho Diretivo, assessorado por uma equipe técnica multidisciplinar e contando com uma secretaria permanente – art. 30. A Lei de adoção 1.136/97, no capítulo VI, arts. 28 a 32 disciplinaram a matéria pertinente à autoridade central. No entanto, o art. 1º das disposições transitórias da lei estabelece que: "*hasta tanto se promulgue el Código de la Infancia y de la adolescencia, el Centro de Adociones dependerá presupuestariamente del Ministério Público*"[141].

O terceiro informe sobre a situação dos direitos humanos no Paraguai[142], no capítulo VII (Direitos da Infância) comunica que lá existe

---

Lei 1.136/97 – Art. 21. *Os pais biológicos ou seus familiares que manifestem ante o juiz competente seu desejo de dar à criança ou adolescente em adoção, deverão passar obrigatoriamente por um período durante o qual o juiz tomará todas as medidas necessárias para manter o vínculo familiar nuclear ou ampliada. Para esse efeito poderá recorrer às instituições que considere pertinentes.*

Este período durará quarenta e cinco dias, que poderá ser prorrogado a critério do juiz.

No término deste período os pais ou familiares poderão ratificar, pessoalmente, sua decisão inicial. Produzida essa ratificação, o juiz, após prévia intervenção do fiscal do menor e do defensor da criança, declarará em sentença fundamentada, a perda do pátrio poder e declarará a criança em estado de adoção. Os trâmites ulteriores para a adoção tramitarão ante o mesmo juiz.

Não se requer este trâmite para a adoção quando a criança seja filho do cônjuge ou convivente, já estando convivendo na guarda ou tutela por mais de dois anos, ou quando seja parente até o quarto grau de consangüinidade do ou dos adotantes. (Tradução do autor).

[141] **Lei 1.136/97 – Disposições Transitórias – Art. 1º**. *Até que se promulgue o Código da Infância e da Adolescência, o Centro de Adoções dependerá supostamente do Ministério Público.* (Tradução do autor).

[142] OEA – **Terceiro informe sobre a situação dos direitos humanos**. OEA/Ser./L/VII.110, doc. 52 de 09 de mar. 2001. Disponível em: < http://www.cidh.oas.org/countryrep/Paraguay01sp/cap.7.htm>. Acesso em: 11 nov. 2001.

um projeto de Código da infância e da adolescência já aprovado, mas aguardando promulgação. Noticia o mesmo documento que: "*La sanción del Código figuró como parte del Programa de Gobierno del actual Presidente del Paraguay, doctor Luis González Macchi. Asimismo, durante la visita in loco de la Comisión, en julio de 1999, el Gobierno se comprometió a impulsar su aprobación. A febrero de 2001 dicho Código fue aprobado por el Congreso pero no ha sido promulgado*"[143].

O capítulo VI da Lei 1.136/97 apresenta três artigos que, em síntese, definem adoção internacional, salientam a sua excepcionalidade já referida no art. 6º da Lei, e, ainda, menciona que o adotado por pessoas não residentes no Paraguai gozará dos mesmos direitos que correspondam à adoção realizada no país dos adotantes.

Cabe ressaltar que o art. 25 da Lei de adoção paraguaia, além de definir a adoção internacional como aquela efetuada por pessoas residentes no exterior em favor de crianças e adolescentes domiciliados no Paraguai, destaca que: "*Sólo procederá la adopción internacional con aquellos países que hayan ratificado el Convenio de la Haya relativo a la protección del niño y a la cooperación en materia de adopción internacional*"[144]. Isso, certamente, deverá conduzir a uma adequação administrativa e jurídica para que possa ser aplicada a Convenção.

O procedimento para que seja efetivada a adoção internacional, no Paraguai, é estabelecido no capítulo VII da Lei de adoção. Nesse capítulo, os arts. 33 a 55 apresentam, detalhadamente, as fases a serem seguidas em uma adoção internacional, bem como os órgãos competentes para deferi-la.

As solicitações de adoções internacionais dar-se-ão, unicamente, na sede central do Centro de Adoções da capital, através das autoridades centrais do país dos adotantes – art. 33. Essas solicitações deverão ser acompanhadas de documentos e informações sobre as condições pessoais, antecedentes judiciais, familiares, sociais e meios de vida dos adotantes ou adotante – art. 34.

Compete ao Centro de Adoções a busca de famílias nacionais aptas para a adoção, justificando por escrito, pormenorizadamente, quando não as encontrar – art. 35, sendo competente para resolver os proces-

---

[143] "*A sanção do Código figura como parte do Programa de Governo do atual Presidente do Paraguai, Doutor Luis González Macchi. Mesmo assim, durante a visita in loco da Comissão, em julho de 1999, o Governo comprometeu-se a impulsionar sua aprovação. Em fevereiro de 2001, dito Código foi aprovado pelo Congresso, porém, não foi promulgado*". (Tradução do autor).

[144] "*Somente se procederá a adoção internacional com aqueles países que tenham ratificado a Convenção de Haia relativa à proteção da criança e à cooperação em matéria de adoção internacional.*" (Tradução do autor).

sos de adoção os juizados tutelares do domicílio da criança ou adolescente – art. 38.

As partes envolvidas no processo de adoção são o adotante, o seu defensor, os adotantes, o fiscal do menor e os pais biológicos no caso de adoção por cônjuge ou companheiro – art. 39.

O juiz iniciará o processo de adoção com a pretensão dos adotantes, acompanhada da proposta de adoção do Centro de Adoções e dará vistas ao agente fiscal de menores e defensor da criança. Aceita a proposta apresentada, o juiz marcará audiência para ouvir os adotantes certificando-se: a) da identidade dos adotantes; b) de que os pais adotantes são aptos e tenham cumprido com os requisitos de idoneidade exigidos; c) de que os adotantes tenham obtido acesso a todos os antecedentes conhecidos do adotando e qualquer outra informação que forma a sua identidade e a sua história pessoal; d) de que tenham contado com assessoramento prévio ao consentimento sobre as implicâncias e as responsabilidades da adoção; e) de que os adotantes permaneçam suficientemente informados sobre o seguimento de que serão objetos nos três anos posteriores à adoção – art. 40.

Conclui o artigo anteriormente citado que, para assegurar-se das informações obtidas ou outras que julgar pertinente, poderá o juiz, de ofício ou por solicitação das partes, ordenar investigações.

O juiz marcará audiência para ouvir o adotando (em estado de adoção), certificando-se: a) da identidade do adotando, podendo ordenar novas provas ou testemunhos quando houver alguma dúvida; b) de que o mesmo tenha passado pelo período de manutenção do vínculo familiar; c) de que as informações sobre sua identidade, origem e história pessoal e de seus ascendentes estejam corretamente descritas e detalhadas, segundo as possibilidades, seus aspectos físicos, médicos e psíquicos; d) de que sua opinião tenha sido e seja considerada de acordo com sua maturidade; e) de que seu consentimento, quando maior de doze anos, seja outorgado com prévio e adequado assessoramento, livre de pressões e compensação de gênero algum.

Avaliados pelo juiz o livre consentimento das pessoas envolvidas e a proposta de adoção e não havendo outras informações para obter, disporá o magistrado da guarda provisória que possibilita ao adotando uma convivência por um período não menor de trinta dias com o adotante ou adotantes. Esse período de guarda provisória será acompanhado pelo Departamento Técnico do Centro de Adoções que avaliará o processo de adaptação e apresentará um relatório ao juiz. Favorável o relatório, dar-se-á por concluído o período de convivência; sendo desfavorável, o juiz resolverá, imediatamente, se revoga a guarda provisória, comunicando a decisão ao Centro de Adoção, colocando a criança, provisoriamente, em uma entidade de abrigo – arts. 42 a 44.

Após a manifestação do fiscal e do defensor do adotando, o juiz chamará os autos para sentenciar se não houver provas a produzir. Havendo provas será concedido prazo de dez dias para a realização das mesmas para depois ser dada a sentença – arts. 45 e 46.

O art. 47 da Lei de adoções dispõe que:

En la misma sentencia que otorgue la adopción, el juez fijará el seguimiento, que durará tres años y será realizado por el Centro de Adopciones.

En caso de adopciones internacionales, el seguimiento se realizará a través de las autoridades centrales de los respectivos países de recepción.

El juez se cerciorará en todos los casos que la adopción no sea utilizada con fines de lucro indebido[145].

O dispositivo legal já mencionado, também foi adotado no Brasil, conforme verificou-se anteriormente no item 2.1.2 e tem sua origem nos arts. 9º e 20 da Convenção Relativa à Proteção e à Cooperação em Matéria de Adoção Internacional[146].

Cabe ainda destacar que, segundo a Lei de adoções 1.136/97, a adoção somente será outorgada por sentença definitiva, sujeitando-se ao recurso de apelação - arts. 48 e 51, devendo ser reservados todos os documentos e atuações administrativas e judiciais próprias do processo de

---

[145] *Lei 1.136/97 – Art. 47. Na mesma sentença que outorgar a adoção, o juiz fixará o seguimento, que durará três anos e será realizado pelo Centro de Adoções.*

Em caso de adoções internacionais, o seguimento se realizará através das autoridades centrais dos respectivos países de recepção.

O juiz se certificará, em todos os casos, de que a adoção não seja utilizada com fins de lucro indevido. (Tradução do autor).

[146] *Art. 9º. As Autoridades tomarão todas as medidas apropriadas, seja diretamente ou com a cooperação de Autoridades públicas ou outros organismos devidamente acreditados em seu Estado, em especial para:*

a) reunir, conservar e intercambiar as informações relativas à situação da criança e dos futuros pais adotivos, na medida do necessário para a realização da adoção;

b) facilitar, seguir e ativar o procedimento de adoção;

c) promover o desenvolvimento de organismos de assessoramento em matéria de adoção e de serviços para o acompanhamento das adoções em seus respectivos Estados;

d) intercambiar relatórios gerais de avaliação sobre as experiências em matéria de adoção internacional;

e) responder, na medida em que permite a lei do Estado requerido, às solicitações de informações motivadas a respeito de uma situação particular de adoção, formuladas por outras autoridades centrais ou por autoridades públicas.

Art. 20. As Autoridades Centrais se manterão informadas sobre o procedimento de adoção e as medidas adotadas para seu termo, assim como sobre o desenvolvimento do período probatório, se esse é requerido.

adoção – art. 55.

2.3 NA ARGENTINA

Os direitos da criança e do adolescente tratados em documentos internacionais estão, de certa forma, incorporados na legislação interna da Argentina, porém, no que se refere à adoção internacional o país fez certa reserva.

Tarcísio José Martins Costa salienta que "*a adoção de crianças argentinas por estrangeiros tem sido pouco expressiva nas últimas décadas*"[147]. Isso se deve ao fato de a Argentina ratificar a Convenção sobre os Direitos da Criança, aprovada pela Assembléia das Nações Unidas, em sua sessão de 20.11.1989, com reserva aos incisos *b, c, d* e *e*, do art. 21 da Convenção[148].

A Lei 23.849 de 16.10.1990, que ratificou a Convenção anteriormente referida, em seu art. 2º, faz reserva ao art. 21, incisos *b, c, d* e *e* do documento internacional, por entender que, para aplicar os dispositivos previstos no art. 21 da Convenção sobre os Direitos da Criança, deve

---

[147] COSTA, Tarcísio José Martins. *Op. cit.*, p. 278.
[148] ***Art. 21***. *Os Estados-Partes que reconhecem ou permitem o sistema de adoção atentarão para o fato de que a consideração primordial seja o interesse maior da criança. Dessa forma, atentarão para que:*

a) a adoção da criança seja autorizada apenas pelas autoridades competentes, as quais determinarão, consoante as leis e os procedimentos cabíveis e com base em todas as informações pertinentes e fidedignas, que a adoção é admissível em vista da situação jurídica da criança com relação a seus pais, parentes e representantes legais e que, caso solicitado, as pessoas interessadas tenham dado, com conhecimento de causa, seu consentimento à adoção, com base no assessoramento que possa ser necessário;

b) a adoção efetuada em outro país passa a ser considerada como outro meio de cuidar da criança, no caso em que a mesma não possa ser colocada em um lar de adoção ou entregue a uma família adotiva ou não logre atendimento adequado em seu país de origem;

c) a criança adotada em outro país goze de salvaguardas e normas equivalentes às existentes em seu país de origem com relação à adoção;

d) todas as medidas apropriadas sejam adotadas, a fim de garantir que, em caso de adoção em outro país, a colocação não permita benefícios financeiros indevidos aos que dela participarem;

e) quando necessário, promover os objetivos do presente artigo mediante ajustes ou acordos bilaterais que multilaterais, e envidarão esforços, nesse contexto, com vistas a assegurar que a colocação da criança em outro país seja levada a cabo por intermédio das autoridades ou organismos competentes.

contar previamente com um rigoroso mecanismo para sua proteção legal, em matéria de adoção internacional, a fim de impedir seu tráfico e venda.

O Serviço Social Internacional (SSI) revela em suas estatísticas que a Argentina apresenta apenas 13 casos de adoção internacional em 1979, 11 em 1981 e 11 em 1990[149], porém, diante do grande número de mecanismos e dispositivos de proteção instituídos pela Convenção Relativa à Proteção e à Cooperação em Matéria de Adoção Internacional, concluída em Haia, em 29.05.1993, renasce a esperança de reformas na sua legislação interna, uma vez que a reserva estabelecida no art. 2º da Lei 23.849/90 está sendo diluída, paulatinamente, com a aplicação da Convenção de 1993 pelos países que ratificaram o documento.

O instituto da adoção foi recentemente modificado pela legislação argentina, estando disciplinado pela Lei 24.779, promulgada em 26.03.1997, a qual em seu art. 1º incorpora no Título IV, da Secção Segunda, Livro Primeiro do Código Civil, o regime legal adotivo. Ressalta-se, porém, que as adoções internacionais de crianças argentinas ainda não são passíveis de concretização visto que o ordenamento jurídico do país não as regulamenta.

2.3.1 A Constituição Argentina

A Constituição Nacional Argentina incorpora em um de seus dispositivos legais, após a reforma de 1994, a Convenção sobre os Direitos da Criança que foi ratificada, com reserva, pela Lei 23.849 de 16.10.1990.

O art. 75, inc. 22, da Carta Constitucional Argentina menciona ser da competência do Congresso a aprovação dos tratados internacionais, tendo eles hierarquia superior às leis. Entre os tratados internacionais citados no artigo, encontra-se, após a reforma constitucional de 1994, a Convenção sobre os Direitos da Criança, que passa a ter hierarquia constitucional, somente podendo ser denunciado pelo Poder Executivo Nacional, após prévia aprovação das Câmaras que compõem o Congresso.

O art. 75, anteriormente citado, ao incluir em seu bojo a Convenção Sobre os Direitos da Criança (20.11.1989), confere aos seus dispositivos força constitucional, reforçando e incluindo, por conseqüência, no ramo constitucional, a reserva estabelecida pelo art. 2º da Lei 23.849/90, que aprovou dita Convenção.

A adoção internacional na Argentina, como se verificou, não é permitida atualmente e adquiriu ramo Constitucional. Assim, necessária

---

[149] GOLDSCHMIDT, W. I., *apud*, WILDE, Zulema D. **La adopción**: nacional e internacional. Buenos Aires: Abeledo-Perrot S.A. 1996, p. 19.

será uma reforma na legislação do país para que se torne possível a adoção de crianças e adolescentes argentinos por estrangeiros não residentes, bem como a adesão deste país a documentos internacionais como a Convenção Relativa à Proteção e à Cooperação em Matéria de Adoção Internacional. Tal documento não admite reservas e, em razão de seus dispositivos e mecanismos aptos a viabilizar a adoção internacional, com proteção à criança e ao adolescente, é capaz de suprir os motivos que ensejaram a aprovação da Convenção Sobre os Direitos da Criança com reservas a essa adoção.

2.3.2 A Lei 24.779, de 26.03.1997

A adoção, na Argentina, é regulamentada pela Lei 24.779/97, promulgada em 26.03.1997. Ela incorpora o regime legal adotivo ao Código Civil (Título IV, Secção Segunda, Livro Primeiro), especificamente os arts. 311 a 340.

O espaço que ocupa a adoção, nesta etapa transitória de sua incorporação ao Código Civil, é aceitável enquanto o legislador argentino prepara-se para ditar um Código específico à criança e ao adolescente[150].

A Lei 24.779/97, em seu art. 4º, deixa expressa a revogação da Lei 19.134/71 que regulamentava anteriormente o instituto, no entanto, manteve as duas classes de adoção contempladas pela lei revogada, ou seja, a adoção plena e a adoção simples. A primeira, por determinação do art. 1º da Lei 24.779/97, passa a ser regulamentada pelos arts. 323 a 328 do Código Civil Argentino. A segunda é regulamentada, também, pelo Código, mas nos arts. 329 a 336.

As duas modalidades de adoção, segundo o que se extrai dos arts. 311, 323 e 330 do Código Civil, podem ser aplicadas a crianças e adolescentes, sendo ambas conferidas através de uma sentença, porém somente a adoção plena é irrevogável.

As características e os efeitos da adoção plena são destacados pelos arts. 23 a 28 do Código Civil Argentino, que, em síntese, são: a) estabelecimento de vínculo mais profundo que os derivados da adoção simples; b) irrevogabilidade; c) desvinculação completa do adotado da sua família natural, criando, em seu lugar, um vínculo adotivo em que a criança ou adolescente que esteja nessa situação se una ao adotante e à família deste, na situação análoga à de qualquer outro filho; d) aplicação da medida, via de regra, aos menores sem filiação estabelecida ou abandonados, embora possa alcançar outras situações[151].

---

[150] D'ANTONIO, Daniel Hugo. *Op. cit.*, p. 12.
[151] D'ANTONIO, Daniel Hugo. *Op. cit.*, p. 152.

A adoção plena somente será conferida a menores: a) órfãos de pai e mãe; b) que não tenham filiação certa; c) quando se encontrarem em um estabelecimento assistencial e os pais tiverem se desligado totalmente do menor, durante um ano ou quando o desamparo moral ou material resulte evidente, manifesto e contínuo, e esta situação tenha sido comprovada pela autoridade judicial; d) quando os pais houverem sido privados do pátrio poder; e) quando os pais tiverem manifestado judicialmente sua expressa vontade de entregar o menor em adoção – art. 325 do Código Civil Argentino.

Os arts. 316, 317, 322 e 324 do Código Civil disciplinam a guarda que antecede as adoções. Os arts. 312 e 321 definem que a diferença de idade entre o adotante e o adotado é de 18 anos de idade, comportando exceção quando o cônjuge supérstite adota o filho adotado do falecido. A idade mínima do adotante é 30 anos – art. 315.

A adoção simples confere ao adotado a posição de filho biológico, mas não cria vínculo entre aquele e a família do adotante, podendo ser revogada sempre que ocorrer uma das hipóteses do art. 335, a saber: a) por haver incorrido o adotado ou adotante em causa que acarrete indignidade; b) por haver, uma das partes, negado alimentos ao outro sem causa justificada; c) por petição justificada do adotado maior de idade; d) por acordo entre as partes na via judicial, quando o adotado for maior de idade – art. 335. Nessa modalidade, a adoção somente será utilizada quando o juiz ou tribunal entender ser mais conveniente para o menor ou haver pedido da parte por motivos justificados – art. 330.

O Capítulo V, do Título IV do Código Civil Argentino, trata sobre os efeitos da adoção conferida no estrangeiro. O art. 339 estabelece que: *"La situación jurídica, los derechos y deberes del adoptante y adoptado entre sí, se regirán por la ley del domicilio del adoptado al tiempo de la adopción, cuando ésta hubiera sido conferida en el extranjero"*[152]. O art. 340 prevê que *"La adopción concedida en el extranjero de conformidad a la ley del domicilio del adoptado, podrá transformarse en el régimen de adopción plena en tanto se reúnan los requisitos establecidos en este Código, debiendo acreditar dicho vínculo y prestar su consentimiento adoptante y adoptado. Si este último fuese menor de edad deberá intervenir el Ministerio Público de Menores"*[153].

---

[152] *Código Civil Argentino – Art. 339*. A situação jurídica, os direitos e deveres do adotante e adotado entre si, reger-se-ão pela lei do domicílio do adotado ao tempo da adoção, quando esta houver sido conferida no estrangeiro. (Tradução do autor).

[153] *Código Civil Argentino – Art. 340*. A adoção concedida no estrangeiro, de conformidade com a lei de domicílio do adotado, poderá transformar-se no regime de adoção plena enquanto se reúnam os requisitos estabelecidos neste Código, devendo autorizar dito vínculo e prestar seu consentimento adotante e adotado. Se este último for menor de idade deverá intervir o Ministério Público de Menores. (Tradução do autor).

Os artigos acima citados, integrantes do capítulo V, deram nova redação ao disposto nos arts. 32 e 33 da revogada Lei 19.134/71, proporcionando, fundamentalmente, orientar e resguardar os direitos e deveres do adotado e adotante, sem perder de vista as diversas situações que se produzem quando os sujeitos da adoção pertencem a distintos países e quando seus efeitos, ou algum deles, venham a produzir efeitos no território argentino[154].

A legislação interna da Argentina, diante da reserva ao art. 21, incisos *b, c, d* e *e* da Convenção sobre os Direitos da Criança, aprovada pela Assembléia das Nações Unidas, em sua sessão de 20.11.1989, não disciplinou, até o momento, a adoção internacional, embora tenha incorporado vários dos dispositivos da Convenção em sua legislação. Entretanto, devemos crer que num futuro próximo, a Argentina, país integrante do Mercosul, passará a disciplinar a adoção internacional, momento em que deverá aderir à Convenção Relativa à Proteção e à Cooperação em Matéria de Adoção Internacional (29.05.1989). Somente através desses acordos encontraremos soluções harmônicas para resolver a falta de mecanismos que garantam ao adotado maior segurança nas adoções internacionais, afastando assim, definitivamente, o motivo[155] que levou este país do Mercosul a ratificar, com reservas, a Convenção Sobre os Direitos da Criança de 1989.

2.4 NO URUGUAI

A adoção internacional não é difundida na República Oriental do Uruguai. O país possui uma população reduzida[156] e, sendo extremamente nacionalista, busca, no âmbito da adoção, suprir suas necessidades através de adoções nacionais.

No Uruguai, são escassos os casos de adoção internacional. O antecedente sobre a matéria foi referido por Eduardo Vaz Ferreira no livro **Adopción internacional** onde ressalta o Tratado de Direito Civil de Montevidéu. O mesmo foi firmado em 1940, entre Uruguai e Argentina, com a finalidade de solucionar o conflito de leis decorrentes das adoções que se realizavam em um desses países, porém tendo como partes envol-

---

[154] D'ANTONIO, Daniel Hugo. *Op. cit.*, p. 229.
[155] Ver o art. 2º da Lei 23.849, de 16.10.1990.
[156] República Oriental do Uruguai – País localizado na América do Sul, com área de 176. 250 km2 e uma população de 3.151.662 habitantes, conforme apurado no último censo de 1996. Dados obtidos na **Nova Enciclopédia Barsa**. São Paulo: Encyclopaedia Britannica do Brasil Publicações, 2000, p. 251, 12 v., Datapéia.

vidas, adotante e adotado, com nacionalidade diversa, ou seja, argentina e uruguaia.

A República Oriental do Uruguai, com a Lei 16.137/90, aprova a Convenção das Nações Unidas sobre os Direitos da Criança (20.11.1989). Dessa forma, assume a nação o compromisso de adequar sua legislação interna aos termos do instrumento internacional acima mencionado, o qual não é regido pela "doutrina da situação irregular", mas pela "doutrina da proteção integral".

Com a orientação da "doutrina da proteção integral", o Uruguai já elaborou projeto e está para aprovar um novo Código de Menores, mas, atualmente, a adoção no país é disciplinada pelo *Código del Niño*, promulgado em 1934 e pela Lei 10.674, de 20.11.1945, modificada pela Lei 14.759, de 27.02.1978, que altera o art. 1º da Lei 10.674/45 e pela Lei 15.210, de 09.11.1981, que em 13 artigos estabelece normas tendentes a instrumentar o regime de integração do menor, a um núcleo familiar adequado. Portanto, de acordo com a legislação citada, no momento, há duas modalidades distintas de adoção no Uruguai: a) a legitimação adotiva e, b) a adoção simples. A primeira, semelhante à adoção plena, é irrevogável e aplicada em favor dos menores de 21 anos – art. 3º da Lei 10.674/45 e art. 1º da Lei 14.759/78. A segunda é revogável e se aplica aos menores de dois anos ou maiores, sempre que tenham 21 anos menos do que seus adotantes[157].

2.4.1 A Constituição da República Oriental do Uruguai

A Constituição uruguaia de 1997 apresenta, em sua II Seção (*Derechos, Deberes y Garantías*) o Capítulo II, o qual, juntamente com outros temas, faz referências específicas à família, à criança e ao adolescente.

O art. 40 dá início ao Capítulo II e destaca ser a família a base da sociedade uruguaia, devendo o Estado velar por sua estabilidade moral e material, para a melhor formação dos filhos dentro da sociedade.

Os arts. 41 e 42 *caput*, da Carta, apresentam, em seu bojo, mecanismos que protegem a integração da família e garantem, por conseqüência, a proteção da criança e do adolescente ao disporem que:

> ***Art. 41***. *El cuidado y educación de los hijos para que éstos alcancen su plena capacidad corporal, intelectual y social, es un deber y um derecho de los padres. Quienes tengan a su cargo numerosa prole tienen derecho a auxilios compensatorios, siempre que los necesiten.*

---

[157] COSTA. Tarcísio José Martins. *Op. cit.*, p. 295.

> *La ley dispondrá las medidas necesarias para que la infancia y juventud sean protegidas contra el abandono corporal, intelectual o moral de sus padres o tutores, así como contra la explotación y el abuso*[158].
>
> ***Art. 42****. Los padres tienen para con los hijos habidos fuera del matrimonio los mismos deberes que respecto a los nacidos en él*[159].

Os dispositivos acima mencionados demonstram a preocupação do legislador constituinte com a família, com a criança e com o adolescente, enaltecendo, ainda, o art. 44 da Constituição do país, que o Estado legislará em todas as questões relacionadas com a saúde e higiene públicas, procurando o aperfeiçoamento físico, moral e social de todos os habitantes.

O Uruguai, ratificando ou mesmo aderindo a acordos como a Convenção Interamericana sobre Tráfico Internacional de Menores – CIDIP V, México, 18.03.1994 (Lei 16.860/97), a Convenção sobre os Aspectos Civis do Rapto Internacional de Crianças – Haia, 25.10.1980 (Lei 17.109/99) e a Convenção sobre os Direitos da Criança – Assembléia-Geral das Nações Unidas, 20.11.1989 (Lei 16.137/90), direciona-se, juntamente com outros países, para uma harmonização nas legislações afetas à criança e ao adolescente, inclusive, no âmbito da adoção internacional.

Portanto, neste contexto em que as Convenções e Tratados passam a ser os meios jurídicos adequados para os países resolverem problemas, não apenas econômicos, mas sociais, destaca-se, para finalizar, a importância do art. 6º da Constituição da República Oriental do Uruguai, o qual determina que

> *en los tratados internacionales que celebre la República propondrá la cláusula de que todas las diferencias que surjan entre las partes contratantes, serán decididas por el arbitraje u otros medios pacíficos. La República procurará la integración social y económica de los Estados Latinoamericanos, especialmente en lo que se refiere a la defensa común de sus*

---

[158] **Constituição da República Oriental do Uruguai – Art. 41**. *O cuidado e educação dos filhos para que estes alcancem sua plena capacidade corporal, intelectual e social, é um dever e um direito dos pais. Quem possui a seu cargo numerosa prole tem direito a auxílios compensatórios, sempre que os necessitem.*

A lei disporá de medidas necessárias para que a infância e juventude sejam protegidas contra o abandono corporal, intelectual ou moral de seus pais ou tutores, assim como contra a exploração e o abuso. (Tradução do autor).

[159] **Constituição da República Oriental do Uruguai – Art. 42**, caput . *Os pais têm para com os filhos havidos fora do matrimônio os mesmos deveres conferidos aos nascidos no casamento.* (Tradução do autor).

productos y materias primas. Asimismo, propenderá a la efectiva complementación de sus servicios públicos[160].

2.4.2 A Lei 10.674, de 14.11.1945

A Lei 10.674/45 disciplina a legitimação adotiva, modalidade de adoção que, no país, mais se aproxima do real interesse da criança e do adolescente.

A legitimação adotiva, com a alteração dada ao art. 1º da Lei 10.674/45 pela Lei 14.759/78, dar-se-á em favor dos menores abandonados, dos órfãos de pai e mãe, dos pupilos do Estado, dos filhos de pais desconhecidos e do filho ou filhos reconhecidos por um dos legitimantes. Não podendo, entretanto, efetuar-se a legitimação quando o beneficiário for maior de idade. – art. 1º da Lei 14.759/78.

Os legitimantes deverão ser: a) cônjuges com cinco anos de casamento, viúvo, viúva e esposos divorciados, nos casos em que a guarda ou convivência do menor tenha começado durante o matrimônio e se completado depois; b) maiores de trinta anos e com quinze anos a mais que o menor e; c) quem tenha por período não inferior a um ano o menor sob sua guarda ou companhia – art. 1º da Lei 14.759/78.

Os interessados, quando residentes no país, recorrem ao Departamento de Legitimação Adotiva - Instituto Nacional do Menor (I.NA.ME), em Montevidéu, o qual solicitará a seguinte documentação: a) certidão de nascimento de cada cônjuge; b) certidão de casamento; c) certificado policial de boa conduta de cada cônjuge; d) certificado de saúde de cada cônjuge; e) certificado de trabalho ou ingresso de cada cônjuge.

O Departamento de Legitimação Adotiva realiza: estudo social (entrevista de diagnóstico, apoio e seguimento); estudo psicológico (entrevista de diagnóstico, apoio e seguimento); orientação e controle da criança durante o período de convivência.

Cônjuges com domicílio em outro país podem recorrer a um organismo oficial a fim de enviarem os informes técnicos requeridos acima, fazendo-os chegarem a Montevidéu. Se uma criança tiver sido entregue em tal situação, o mesmo organismo oficial deverá realizar os controles

---

[160] ***Art. 6º.*** *Nos tratados internacionais que celebre a República prevalecerá a cláusula de que todas as diferenças que surjam entre as partes contratantes, serão decididas pela arbitragem ou outros meios pacíficos. A República procurará a integração social e econômica dos Estados Latinoamericanos, especificamente no que se refere à defesa comum de seus produtos e matérias-primas. Do mesmo modo, prevalecerá a efetiva complementação de seus serviços públicos.* (Tradução do autor).

de seguimento, para enviá-los, periodicamente, ao Departamento de Legitimação adotiva em Montevidéu, no Uruguai.

A Legitimação adotiva, no entanto, somente poderá ser conduzida pelo Juizado Letrado de Menores, em Montevidéu, ou pelos juizados que tenham suas funções nos demais Departamentos. Ela deverá ocorrer quando há justo motivo e exista conveniência para o menor – art. 2º da Lei 10.674/45. É um processo de jurisdição voluntária. Exige, como estágio de convivência, o mínimo de um ano de guarda do menor[161]. A sentença confere ao legitimado os mesmos direitos e deveres conferidos aos filhos legítimos – art. 4º da Lei 10.674/45, bem como possibilita à parte solicitante, nos termos do art. 3º da mesma lei, efetuar a inscrição do menor no Registro Civil, como filho legítimo inscrito fora de prazo, não constando, na certidão, menção alguma do juízo.

Ressalta-se, por fim, que a legitimação adotiva, com convivência a cumprir fora do país, requer, conjuntamente, a autorização do Diretor do I.NA.ME. e do Juizado de Família de Turno.

---

[161] COSTA, Tarcísio José Martins. *Op. cit.*, p. 295.

3

PERSPECTIVAS PARA UMA HARMONIZAÇÃO DOS PROCEDIMENTOS LEGAIS DA ADOÇÃO INTERNACIONAL

3.1 AS POLÍTICAS DA INFÂNCIA E DA ADOLESCÊNCIA RELATIVAS À ADOÇÃO INTERNACIONAL E O MERCOSUL

As políticas da infância e da adolescência, com o passar do tempo, foram se transformando. Inicialmente, era apenas uma obrigação do Estado. Atualmente, ela é vista como preocupação de todos, porém, a história revela que nem sempre houve uma atenção exclusiva ao pequeno cidadão.

As políticas sociais básicas (educação, assistência social, saúde, profissionalização, cultura, lazer e articulação em rede) e políticas de reinserção social (hoje, medidas socio educativas) são exemplos de políticas relacionadas às crianças e adolescentes[162].

Na antigüidade, a preocupação com as crianças era insignificante. Estudos revelam que a infância era uma fase sem importância, um estágio da vida do ser humano em que poucos sobreviviam. Naquele período da história, o sentimento predominante era de que se geravam várias crianças para conservar apenas algumas, pois elas morriam em grande número,

---

[162] RIO GRANDE DO SUL. Assembléia Legislativa. Comissão de Cidadania e Direitos Humanos. **Relatório Azul** – garantias e violações dos direitos humanos; 1999/2000. Porto Alegre: Assembléia Legislativa, 2000, p. 36 e 37.

o que era natural nas condições demográficas da época. O grande número de crianças mortas leva à indiferença, torna-se uma banalidade, algo de que não fazia sentido guardar lembranças[163].

A criança, até o fim do século XIII, não era vista de forma particularizada, mas sim, como um homem de tamanho reduzido. O interesse por ela passa a ser significativo somente ao final do século XVI.

Philippe Ariès, em estudo sobre a infância, revela que "*a descoberta da infância começou sem dúvida no século XIII, e sua evolução pode ser acompanhada na história da arte e na iconografia dos séculos XV e XVI. Mas os sinais de seu desenvolvimento tornaram-se particularmente numerosos e significativos a partir do fim do século XVI e durante o século XVII*"[164].

Segundo esse mesmo autor, foi no fim do século XVI que uma mudança mais nítida teve lugar. Educadores que iriam, naquele período da história, adquirir autoridade, impondo suas concepções e escrúpulos, passaram a repudiar a entrega de livros duvidosos às crianças, surgindo assim, a idéia de fornecer as mesmas edições expurgadas de clássicos. É, portanto, dessa época que realmente podemos datar o respeito, bem como, o início de um novo sentimento pela infância[165].

A inexistência de sentimento pela fase da vida mencionada anteriormente, passa a se transformar e, já a partir do século XIV, é possível perceber na arte, na iconografia e na religião um novo sentimento que vem aflorando nas camadas superiores da sociedade do século XVI e XVII. Esse novo sentimento da infância, denominado "paparicação", destaca-se quando a criança passa a ser uma fonte de distração e relaxamento para o adulto, o qual, em virtude da inocência e graça, que são características marcantes nas crianças, retribui com afeto. No entanto, pela influência dos moralistas e educadores, no fim do século XVII, a "paparicação" começava a ser abandonada e substituída por um sentimento mais sério que, através do interesse psicológico e da preocupação moral, pretendia compreender, corrigir, preservar e disciplinar a criança, uma vez que viam nelas frágeis criaturas de Deus. No século XVIII, agregou-se a esses sentimentos a preocupação com a higiene e a saúde física[166].

Entretanto, para fazermos uma reflexão sobre as políticas da infância e da adolescência é necessário retroceder na história tendo como ponto de partida a cidadania, a qual tem como vertente a revolução fran-

---

[163] ARIÈS, Philippe. **História social da criança e da família**. Trad. de Dora Flaksman. Rio de Janeiro: Zahar, 1981, p. 56-57.
[164] ARIÈS, Philippe. *Op. cit.*, p. 65.
[165] ARIÈS, Philippe. *Op. cit.*, p. 135.
[166] ARIÈS, Philippe. *Op. cit.*, p. 156-164.

cesa, de 1789 e a americana de 1776. Essa cidadania se traduz, no século XVIII, nos direitos civis, no século XIX, nos direitos políticos e, no final deste, com continuidade no século XX, nos direitos sociais. O primeiro, direitos civis, ressalta o direito à liberdade e à igualdade formal perante a lei. O segundo, direitos políticos, traz em seu bojo o elemento político, teoricamente, direito de participar no exercício do poder político. O terceiro, direitos sociais, nas palavras de Antônio Carlos Gomes da Costa, expressa *"os deveres e obrigações do Estado para o cotidiano dos cidadãos, em termos de condições, de atendimento a suas necessidades básicas, o seu bem-estar, a seguridade"*[167].

O Estado é o grande agente, autor e ator das políticas sociais, porém deve ser observado de forma ampla, considerando a sua complexidade, pois, em seu interior, abriga forças convergentes e divergentes que o defendem colocando-o a serviço de todos ou apenas de alguns. Esse conflito de forças, quando observado, proporciona uma melhor compreensão sobre as possibilidades e impasses que surgem na evolução das políticas sociais[168].

As várias lutas pela cidadania foram modificando e ampliando conquistas no campo social. Os excluídos (mulheres, trabalhadores, as camadas mais pobres) foram os autores dessas lutas. Segundo Dalmo de Abreu Dallari, *"foram, até agora, duzentos anos de lutas, que já proporcionaram muitas vitórias, mas ainda falta caminhar bastante para que a cidadania seja, realmente, expressão dos direitos de todos e não privilégios dos setores mais favorecidos da sociedade"*[169].

Os direitos da criança e do adolescente, de forma específica, passaram a ser particularizados no cenário internacional, com a Declaração de Genebra, aprovada pela V Assembléia da Sociedade das Nações, em 26.09.1924, a qual passa a defender a necessidade de um amparo especial à criança. Essa proteção foi sendo firmada e difundida entre as nações através da Declaração Universal dos Direitos Humanos, de 10.12.1948; da Declaração dos Direitos da Criança, aprovada pela Assembléia-Geral, em 20.11.1959; do Pacto Internacional de Direitos Civis e Políticos (em particular arts. 23 e 24) e do Pacto Internacional de Direitos Econômicos, Sociais e Culturais (em particular art. 10) adotados pela XXI Sessão da Assembléia-Geral das Nações Unidas, em 19.12.1966, da Convenção Internacional dos Direitos da Criança, aprovada pela Assembléia-Geral das Nações Unidas, em 20.11.1989 e dos demais documentos que visam

---

[167] COSTA, Antônio Carlos Gomes da. A política das garantias no contexto da crise: a visão do Estado. *In* SIMONETTI, Cecília; BLECHER, Margaret; MENDEZ, Emílio Garcia. **Do avesso ao direito**. São Paulo: Malheiros, 1994, p. 83.
[168] COSTA, Antônio Carlos Gomes da. *Op. cit.*, p. 84.
[169] DALLARI, Dalmo de Abreu. **Direitos humanos e cidadania**. São Paulo: Moderna, 1998, p. 13.

ao bem-estar da criança.

A busca pela cidadania é um processo contínuo que acompanha a evolução histórica e certamente apresentará, além dos já iniciados, outros rumos que poderão conduzir para uma realidade de iguais. O desafio, atualmente, é desenvolver uma política que inclua, na condição de cidadão, toda a população, não apenas alguns que, por uma convenção arcaica, mas ainda existente, são "privilegiados" pela cor, posição social, religião, sexo e idade.

A política da infância e da adolescência é uma das tantas que, através de três grandes frentes de atuação, vai trilhando novos caminhos e conquistas em favor dos direitos da criança e do adolescente.

A primeira frente de atuação são as políticas públicas que vêm se transformando ao longo da história. Nos países do Mercosul, elas estão ligadas aos acontecimentos políticos mundiais e particulares de cada Estado, portanto, de modo geral, não apresentam grandes divergências. Inicialmente, ao abrigo de um Estado conservador, desenvolvia-se uma política de assistência ao menor que foi seguida, com o advento da crise de 1929 e de duas guerras mundiais, por uma política geral de bem-estar que passa a retroceder, diante da repressão estabelecida pela ditadura vigente no continente por vários anos, transformando os órgãos responsáveis por ela em instrumento de controle da sociedade civil. Atualmente, há uma constante luta pela mudança, no sentido de superar o assistencialismo que define o destinatário de tal política pelo ângulo da carência para torná-lo sujeito de direito, detentor de direitos exigíveis e, ainda, de substituir os modelos correcionais repressivos pelo das garantias[170].

Apesar da mudança de foco, ainda há outros aspectos que devem ser questionados. As desigualdades sociais são um exemplo. Elas, com o passar do tempo, tornam-se cada vez mais complexas, e o Estado, através das decisões políticas que, direta ou indiretamente, cristalizam tais diferenças, é um dos responsáveis pelo seu agravamento.

Os governantes, geralmente mais preocupados em manter o seu *status* do que com o interesse dos cidadãos, reformulam os programas que vinham sendo desenvolvidos pelos seus antecessores. Essa prática, infelizmente, revela uma imaturidade política e um prejuízo social e econômico a todos os integrantes da nação[171].

Enfatiza Josiane Rose Petry Veronese, ao referir-se às políticas públicas, que: *"Política pública não é sinônimo de assistencialismo e, muito menos, de paternalismo, antes é conjunto de ações, formando uma rede complexa endereçada sobre precisas questões de relevância social.*

---

[170] COSTA, Antônio Carlos Gomes da. *Op. cit.*, p. 87.
[171] VERONESE, Josiane Rose Petry. *Op. cit.*, p. 188.

São ações, enfim, que objetivam a promoção da cidadania"[172].

A segunda frente de atuação é o direito, porém, quando concebido numa visão crítica, contrária à do discurso liberal, para que se possa ajustá-lo à realidade dos fatos (cidadania que se busca) e seja abordado sem desprezar o contexto histórico.

O positivismo, corrente caracterizada pelo discurso liberal, está desajustado em relação aos anseios sociais da atualidade, sendo necessárias novas perspectivas que possam ir ao encontro dos reais interesses sociais e redefinir os horizontes. Surge, assim, a perspectiva do pensamento crítico[173] como forma de transformar esse discurso vazio e desatualizado em alternativa viável.

Nos últimos anos, um grande número de conquistas em favor da criança propiciou mudanças no âmbito do direito que passa a abandonar a doutrina da situação irregular para adotar a da proteção integral. A Convenção sobre os Direitos da Criança, aprovada pela Assembléia-Geral das Nações Unidas, em 20.11.1989, consolidou a moderna ordem legislativa supranacional de proteção integral à infância. Países do Mercosul e outros que já ratificaram ou aderiram à Convenção obrigam-se, por força do documento, a adequar sua legislação interna aos preceitos por ela impostos. Entretanto, ainda há um certo descompasso, que acreditamos ser temporário, entre a doutrina da proteção integral a ser adotada e a legislação interna dos países do Mercosul.

O direito é um instrumento que pode servir a diversos senhores. Ele pode ser útil à minoria, quando legítimo, e reproduz os interesses exclusivos da classe dominante, mas também o caminho para a transformação do sistema, quando trabalhado sua dimensão ético-política quanto à universalização dos direitos humanos e da cidadania, que se implementa através de dispositivos legais como os apresentados pela Convenção sobre os Direitos da Criança, aprovada em 20.11.1989 pela Assembléia-Geral das Nações Unidas.

A terceira frente de atuação são os movimentos sociais, os quais reagem em defesa da cidadania ameaçada pela omissão do sistema político ou quando presente uma política seletiva que, direta ou indiretamente, para favorecer grupos, exclui grande parte da população.

---

[172] VERONESE, Josiane Rose Petry. *Op. cit.*, p. 193.

[173] Segundo Antônio Carlos Wolkmer, *"Falar em um pensamento crítico nada mais é do que a tentativa de buscar uma outra direção ou um outro referencial epistemológico que atenda à modernidade presente, pois os paradigmas de fundamentação (tanto a nível das ciências Humanas quanto no da Teoria Geral do Direito) não acompanham as profundas transformações sociais e econômicas por que passam as modernas sociedades políticas industriais e pós-industriais."* – WOLKMER, Antônio Carlos. **Introdução ao pensamento jurídico crítico**. 2. ed. São Paulo: Acadêmica, 1995, p. 81

movimento social, em favor dos direitos da criança e do adolescente, surge, de forma expressiva, a partir da década de sessenta, período em que se dá início à crise fiscal do Estado que provoca o esvaziamento das políticas públicas. Esses movimentos, impulsionados por associações da sociedade civil, inicialmente reprimidos por governos ditatoriais da década de setenta, são agentes formadores da opinião pública que, de maneira crítica, tornam-se uma das formas de controle do poder, defendendo o interesse público e, indiretamente, influenciando na esfera pública.

Os movimentos sociais, com o passar do tempo, foram se organizando e adquirindo capacidade técnica suficiente para atuarem de forma globalizada e não apenas no plano local ou regional.

Na trajetória das lutas, os movimentos defensores dos direitos da criança, ao perceberem a importância e a necessidade de uma nova ordem jurídica que inclua a criança e o adolescente como sujeitos de direito, passou a exigir mudanças no plano jurídico. Essas transformações, quando ocorrem no plano legislativo, são insuficientes, mas demonstram o início de uma conscientização por parte dos governantes e da sociedade civil.

A articulação das três frentes de atuação, anteriormente referidas, torna-se crescente em torno dos direitos da infância, o que revela, na prática, um avanço significativo e paralelo de todas em benefício da criança e do adolescente.

Nesse contexto, no campo do direito, a adoção internacional, como forma alternativa de assegurar à criança o direito à convivência familiar, tornou-se uma realidade, embora ainda pouco difundida.

No Mercosul, apenas a Argentina não inclui a adoção internacional como uma medida de proteção viável à criança e ao adolescente que, por estarem em condições de abandono, aguardam uma família substituta. O Uruguai, embora não vede a medida, não apresenta, até o momento, uma legislação interna adequada para a realização de uma adoção internacional nos moldes propostos pelos documentos internacionais. O Brasil e o Paraguai, por sua vez, são os países integrantes do bloco que, na política de proteção especial à criança, acrescentaram e regulamentaram, nas suas legislações internas, a adoção internacional como uma das formas de colocá-las em família substituta. A inclusão da adoção internacional no rol de medidas de proteção à criança e ao adolescente representa, além de uma política de proteção especial ampla, uma esperança de convivência familiar para aquelas crianças que não encontraram no país de origem pretendente à adoção.

As políticas relacionadas à criança e à adolescência encontram-se impulsionadas por um conjunto de ações públicas e por uma participação ativa da sociedade civil que criou os seus mecanismos e seus entes garantistas, os quais são representados por diversos setores da sociedade, organizados em nível local, regional ou internacional. Entre esses setores destacamos, acompanhando o rol apresentado por Antônio Carlos Gomes da Costa, os movimentos que não fazem atendimento direto, mas que lutam por direitos da criança e do adolescente abandonado[174].

Quanto ao conjunto de políticas públicas encontraremos: as políticas sociais básicas que representam tudo aquilo que é direito de todos e dever do Estado; as políticas de assistência social que se destinam, apenas, à parte da população que se encontra em estado de necessidade, seja por vulnerabilidade socioeconômica, seja por outro acontecimento qualquer, porém, mesmo que prestada a assistência pelo Estado, não se trata de um dever, mas sim, de uma complementação estendida, individualmente ou em conjunto com outros assistentes, a uma população necessitada; e, as políticas de proteção especial cujo destinatário é específico, pois se dirigem àqueles que estão em circunstâncias especialmente difíceis, singularizadas em uma situação de risco pessoal e social[175]. São exemplos para esta última, crianças e adolescentes que, por motivos diversos, encontram-se sem a proteção devida, seja ela material, intelectual ou moral.

O Mercosul, personalidade jurídica de direito internacional[176], atribui ao Conselho deste Mercado, (CMC), órgão superior deste Mercado, a sua condução política e a tomada de decisões para assegurar o cumprimento dos objetivos e prazos estabelecidos para a constituição definitiva do Mercado Comum – art. 10 do Tratado de Assunção. Atribuições essas estão redefinidas pelo art. 8º do Protocolo de Ouro Preto[177], que

---

[174] COSTA, Antônio Carlos Gomes da. *Op. cit.*, p. 90.
[175] COSTA, Antônio Carlos Gomes da. *Op. cit.*, p. 89.
[176] *Protocolo de Ouro Preto, de 16.12.1994 – Art. 34. O Mercosul terá personalidade jurídica de Direito Internacional.*
[177] *Protocolo de Ouro Preto, de 16.12.1994 – Art. 8. São funções e atribuições do Conselho do Mercado Comum:*
I - Velar pelo cumprimento do Tratado de Assunção, de seus protocolos e dos acordos firmados em seu âmbito;
II - Formular políticas e promover as ações necessárias à conformação do mercado comum;
III - Exercer a titularidade da personalidade jurídica do Mercosul;
IV - Negociar e firmar acordos em nome do Mercosul com terceiros países, grupos de países e organizações internacionais. Estas funções podem ser delegadas ao Grupo Mercado Comum por mandato expresso nas condições estipuladas no inc. VII do art. 14;
V - Manifestar-se sobre as propostas que lhe sejam elevadas pelo Grupo Mercado Comum;
VI - Criar reuniões de Ministros e pronunciar-se sobre os acordos que lhe sejam remetidos pelas mesmas;

também menciona em seu art. 9º que "o Conselho do Mercado Comum manifestar-se-á mediante decisões, as quais serão obrigatórias para os Estados-Partes". Todavia, para atingir os objetivos da integração, o órgão vem realizando anualmente reuniões ordinárias, mas seu processo de integração ainda é incipiente no que se refere às políticas comuns relacionadas à criança e ao adolescente.

Em 2000, na XVIII reunião ordinária do Conselho do Mercado Comum que se realizou na cidade de Buenos Aires, na Argentina, nos dias 29 e 30 do mês de junho daquele ano, foi abordada, em comunicado conjunto dos presidentes dos Estados-Partes do Mercosul, especificamente, no item vinte e três do documento, a importância da opinião da sociedade civil para o processo de integração, seja no plano econômico seja no social. Na mesma oportunidade, um documento denominado "Carta de Buenos Aires sobre Compromisso Social no Mercosul, Bolívia e Chile" (ANEXO F) foi firmado pelos representantes dos Estados que compõem o Mercosul e os outros países. O documento, entre outras considerações, demonstra o convencimento dos representantes desses Estados, de que o crescimento econômico é uma condição necessária, porém, não suficiente para alcançar uma melhor qualidade de vida, erradicar a pobreza e eliminar a discriminação e a exclusão social. Assim, resolvem, entre outras medidas propostas: a) reconhecer a responsabilidade primordial do Estado na formulação de políticas destinadas a combater a pobreza e outros flagelos sociais e aprovar as ações da sociedade civil dirigidas ao mesmo objetivo; b) assegurar a efetiva vigência dos princípios superiores orientados à proteção integral à infância e à adolescência e estimular a formulação de políticas específicas em seu favor, que contemplem sua problemática e o contexto familiar e comunitário, dando prioridade por igual aos aspectos preventivos e corretivos. Mas, para que isso ocorra, decidem: a) instruir as respectivas autoridades nacionais competentes a fortalecer o trabalho conjunto entre os seis países, assim como intercâmbio de experiências e informações a fim de contribuir para a superação dos problemas sociais mais agudos que os afetam e a definição dos temas ou áreas onde seja viável uma ação coordenada ou complementar destinada a sua solução; b) acordar que o Foro de Consulta e Concentração Política do Mercosul, Bolívia e Chile, efetue o seguimento das orientações e linhas de ações constantes na presente Carta, promovendo a institucionalização

---

VII - Criar os órgãos que estime pertinentes, assim como modificá-los ou extinguí-los;
VIII - Esclarecer, quando estime necessário, o conteúdo e o alcance de suas decisões;
IX - Designar o Diretor da Secretaria Administrativa do Mercosul;
X - Adotar decisões em matéria financeira e orçamentária;
XI - Homologar o Regimento Interno do Grupo Mercado Comum.

de uma reunião das autoridades responsáveis em matéria de desenvolvimento social[178].

Em atenção às determinações da Carta de Buenos Aires, adotada por ocasião da XVIII reunião do Conselho do Mercado Comum, em 14.12.2000, na cidade de Florianópolis, através da Decisão 61 do Conselho do Mercado Comum, cria-se a Reunião de Ministros e Autoridades de Desenvolvimento Social do Mercosul, que terá como função propor ao referido CMC, por meio do Grupo do Mercado Comum (GMC), medidas tendentes à coordenação de políticas e à concepção de ações conjuntas voltadas para a promoção social dos Estados-Partes – art. 1º. A mesma decisão define que o Foro de Consulta e Concentração Política do Mercosul efetuará o seguimento dos trabalhos da reunião de Ministros e Autoridades de Desenvolvimento Social do Mercosul, bem como esclarece que a referida decisão não necessita ser incorporada ao ordenamento jurídico dos Estados-Partes, por regulamentar aspectos de organização ou funcionamento do Mercosul – arts. 2º e 3º.

O primeiro passo para a adoção de uma política comum de proteção especial à criança e ao adolescente já foi dado pelos países do Mercosul ao criarem a Reunião de Ministros e Autoridades de Desenvolvimento Social, todavia, há algumas divergências entre os países integrantes do bloco, no que se refere à inclusão da adoção internacional como política de atendimento aos "menores abandonados", uma vez que a Argentina, um dos países que compõem o Mercado Comum, até o presente momento, reluta em deferir a adoção a estrangeiros não residentes no país do adotando, por entender que os mecanismos para o controle de tais adoções são insuficientes para assegurar, de forma plena, os direitos do adotado.

A recusa, por parte da Argentina, em estender a utilização do instituto da adoção aos estrangeiros não residentes deverá ser contornada diante das constantes ratificações e adesões de países a convenções internacionais e acordos que garantem ao país de origem do adotado, informações posteriores à concessão da adoção e mecanismos jurídicos aptos a assegurar os direitos do adotado, ainda que este se encontre fora da jurisdição da autoridade que deferiu a adoção.

A adoção internacional, com as recentes modificações já implementadas em diversos países por imposição de Convenções e outros documentos internacionais, tende a tornar-se mais segura e atraente, no entanto, embora possa amparar diversas crianças, está longe de ser, como deduzem os menos informados, uma solução para diminuir o número de infantes carentes que se encontram nas ruas das cidades.

---

[178] MERCOSUL. Conselho Mercado Comum. Administrativo. **Ata da XVIII Reunião do Conselho do Mercado Comum.** Disponível em: <http://www.mre.gov.br/unir/Webunir/BILA/26/3-%20MercosulCMC.html. >. Acesso em: 28 dez. 2001.

Esclarece Moacir Guimarães que "*a população de menores que se constitui na clientela dos Juizados de Menores e órgãos assistenciais, pode ser dividida em dois grandes grupos: a) menores carentes; b) menores abandonados*"[179]. Os primeiros, conclui o autor: "*formam a esmagadora maioria*"[180].

É fácil verificar, então, que o número de crianças e adolescentes sujeitos à adoção é inferior ao de crianças e adolescentes carentes, os quais, mesmo sujeitos a uma precária qualidade de vida imposta pela situação de pobreza de seus pais, não estão sujeitos aos programas de adoção, o que leva a concluir que a adoção internacional é necessária, porém, deve ser inserida em uma política comum de proteção especial à criança e ao adolescente para o Mercosul, agregada a outras que visem a proporcionar à população de todos os países integrantes do bloco, uma qualidade de vida melhor, pois somente assim, sem descartar as alternativas existentes, será possível reduzir, de forma efetiva e prudente, não apenas o número mas também o sofrimento das crianças carentes e abandonadas.

As políticas de proteção à criança e ao adolescente nos países do Mercosul, a exemplo do que vem ocorrendo em temas relacionados à mulher, deverão tornar-se comuns e expressivas, uma vez que são crescentes as reivindicações dos movimentos sociais, às modificações do Direito interno dos Estados, por imposição de Convenções internacionais sobre o assunto, e as políticas públicas desenvolvidas, as quais, como já foi mencionado, são juntamente com as demais, as três frentes de atuação que impulsionam a política da infância e da adolescência.

A constatação desse fato poderá levar o Grupo do Mercado Comum, por força do art. 14, inc. V, do Protocolo de Ouro Preto, a criar subgrupos de trabalho e reuniões especializadas sobre a infância e a adolescência, o que tornará possível uma análise detalhada sobre a política de proteção especial à criança e ao adolescente adotada em cada país signatário do Tratado de Assunção e o início de um trabalho consistente, conjunto e especializado que, além de propiciar o intercâmbio de experiências e informações capazes de contribuir para a superação dos problemas comuns, possa oferecer subsídios necessários a um debate produtivo e formador de uma política comum de proteção especial à criança e ao adolescente a ser adotada no âmbito do Mercosul.

Um tema a ser debatido, na hipótese da criação de um subgrupo de trabalho ou reunião especializada sobre a infância e a adolescência, é a adoção internacional que, pelo desconhecimento das reais dimensões do instituto e dos mecanismos de controle, colocados à disposição pelas

---

[179] GUIMARÃES, Moacir. O direito da criança e do adolescente. **Revista Jurídica da UEPG**. Disponível em: <http://www.uepg.br/rj/a1v1cf1.htm>. Acesso em: 28 dez. 2001.

[180] GUIMARÃES, Moacir. O direito da criança e do adolescente. **Revista Jurídica da UEPG**. Disponível em: <http://www.uepg.br/rj/a1v1cf1.htm>. Acesso em: 28 dez. 2001.

Convenções Internacionais, conduz a opinião pública a manifestações radicais, sejam elas favoráveis ou não ao uso do instituto pelo estrangeiro.

Opiniões simplistas de que a solução para o problema das crianças e adolescentes que vivem na rua é a adoção, devem ser afastadas, uma vez que demonstram uma análise limitada e distorcida do instituto, sem considerar o contexto que gera o problema. O radicalismo e as manifestações nacionalistas devem ser atenuados diante de um interesse que, se para alguns não é maior, é, no mínimo, melhor para o adotando. A adoção, realizada por nacionais ou estrangeiros não residentes, deve ser analisada como forma excepcional e alternativa de colocação de crianças e adolescentes em família substituta e como tal deve ser utilizado o instituto, sob pena de corroborar com opiniões simplistas que defendem a sua utilização apenas por acreditarem ser esta a única solução viável para retirá-los das ruas e das instituições, desconsiderando as causas que contribuem para o crescente exército de excluídos, do qual fazem parte também essas crianças.

Outro aspecto a ser considerado em um debate, que vise a impulsionar uma política comum de proteção à infância e à adolescência na esfera do Mercosul, é a mudança de velhos paradigmas como, por exemplo: a) a substituição da idéia do menor carente pela de cidadão detentor de direitos exigíveis; b) a passagem de um modelo correcional e repressivo, típico do período das ditaduras, para o modelo das garantias; c) a substituição de uma política centralizada, emanada do poder do Estado, por uma descentralizada em que haja a participação da sociedade civil.

A implementação de uma política comum de proteção especial à criança e ao adolescente pelos países do Mercosul será, como se pode constatar, uma questão de tempo, e, certamente, com pesquisa, planejamento e formulação coordenada, a adoção internacional, já adotada por alguns dos países do bloco, fará parte dessa política comum de proteção especial, até porque, no Brasil, a adoção de crianças e adolescentes por estrangeiros não residentes já se encontra devidamente regulamentada de acordo com as convenções internacionais, conforme foi verificado no capítulo anterior. Ademais, esse também é o caminho que vem sendo percorrido pelo Paraguai e avaliado pelos demais países do Mercosul, inclusive a Argentina, o que demonstra a semelhança dos problemas sociais existentes nesses países e a necessidade de encontrar alternativas para solucionar ou abrandar o sofrimento dos excluídos, sobretudo, quando se trata de crianças e adolescentes.

3.2 O MERCOSUL E A IMPORTÂNCIA DA HARMONIZAÇÃO DA LEGISLAÇÃO SOBRE A ADOÇÃO INTERNACIONAL

A verificação da importância da harmonização da legislação sobre a adoção internacional, no Mercosul, exige, em princípio, considerando a afinidade contextual, uma abordagem, ainda que superficial, sobre a globalização e os blocos regionais, o processo de integração do Mercosul e a harmonização de legislações.

Inicialmente, cabe mencionar que os termos globalização e regionalização, embora apresentem estreitas ligações, são fenômenos diferentes. Esclarece Rodrigo Ramatis Luorenço que "*a globalização conduz a idéia de um movimento, cujo 'campo de ação' é todo o planeta. Já a regionalização mostra uma tendência em atuar em determinada área do planeta, em uma escala mais reduzida. É o trabalho conjunto desenvolvido por um grupo de países, que integram uma região ou contam com uma proximidade geográfica*"[181].

Lizst Vieira, após fazer uma análise da dimensão econômica, política, social, cultural e ambiental do processo de globalização, conclui que: "*apesar de ainda ser vista por alguns como mera ideologia, a globalização é um processo real, de caráter multifacetado e contraditório*"[182].

A globalização normalmente está agregada ao desenvolvimento econômico e ao processo de internacionalização da economia. Contudo, outras alterações, juntamente com esse fenômeno, ocorrem em todo o planeta, e não são apenas os padrões econômicos que se tornam globalizados, mas também os sociais e os políticos. A política interna de um Estado, com a globalização, sujeita-se, com maior facilidade, a modificações externas, principalmente, no campo econômico. Os padrões sociais, por sua vez, transformam-se seguindo a nova ordem mundial de acúmulo de capital, de domínio da tecnologia e informações que, por conseqüência, aumentam o contingente de excluídos.

A exclusão social é um dos aspectos negativos da globalização. Ela parece alimentar a miséria, mas, por outro lado, também apresenta aspectos positivos, muitas vezes, utilizados para instituir mecanismos de defesa aos próprios efeitos negativos do processo. A universalização de valores e medidas comuns que visam à proteção da criança e do adolescente são, entre outros, exemplos desse aspecto positivo proporcionado por essa nova ordem mundial vigente.

Mariana Isabel Medeiros Klaes, reforçando a idéia de globalização e suas diversas dimensões, menciona que: "*a globalização apresenta-se como um fenômeno de porte único, que há muito tempo transcendeu os limites da economia mundial, marco de sua gênese, tornando-se presente e determinante em todas as áreas em que o conhecimento e o desenvol-*

---

[181] LOURENÇO, Rodrigo Ramatis. Contratos internacionais no Mercosul. *In* FERRARI, Regina Maria Macedo Nery (Org.). **O Mercosul e as ordens jurídicas de seus Estados-Membros**. Curitiba: Juruá Editora, 1999 p. 269.

[182] VIEIRA, Liszt. **Cidadania e globalização**. 2. ed. Rio de Janeiro: Record. 1998, p. 133.

vimento humano se processam"[183].

Na verdade, a globalização iniciada com a internacionalização do comércio é uma revolução em curso que, com o passar dos anos, estabelecerá novos rumos à humanidade, impondo regras comuns e redefinindo os conceitos de soberania, cidadania, sociedade civil e desenvolvimento econômico e social.

Com a globalização, surge a formação de blocos regionais, que nas palavras de Liszt Vieira *"tem sido interpretada como uma regionalização da economia, oposta à mundialização"*[184]. Todavia, a regionalização não deve ser analisada apenas como uma forma de proteção ao mercado globalizado, uma vez que ela também é meio eficaz de os países unirem forças para solucionar ou amenizar problemas sociais comuns.

A regionalização surge como resposta a um princípio decadencial do Estado independente, tradicional e soberano, representando, num contexto geral, uma fase evolutiva de um processo de globalização progressiva que tende a ser mais unificador do que separatista. O Mercosul é um exemplo desses blocos regionais que, assim como outros, são formados para atender às exigências do mercado econômico e amenizar as dificuldades enfrentadas pelos Estados em um cenário globalizado.

O processo de integração que se efetiva entre o Brasil, a Argentina, o Uruguai e o Paraguai, denominado "Mercado Comum do Sul" (Mercosul), reporta-se ao Tratado de Assunção, o qual foi impulsionado pela "Ata de Iguaçu".

Segundo Jaime de Mariz Maia, *"a célula mater do Mercosul foi a Ata de Iguaçu, assinada pelo Brasil e a Argentina em novembro de 1985. Nesta época eram presidentes do Brasil e da Argentina, José Sarney e Raúl Alfonsín. O objetivo dessa iniciativa era aumentar as relações comerciais através da complementação industrial e da cooperação tecnológica"*[185].

A história do Mercosul pode ser dividida em duas fases. A primeira, tendo como marco a Declaração de Iguaçu, que se deu graças aos esforços de aproximação levados a efeito entre a Argentina e o Brasil, após o fim dos regimes militares em ambos os países. A segunda, de cunho econômico, se deu com a crise da economia latino-americana do período e o crescimento descontrolado das dívidas interna e externa somadas à inoperância do Estado interventor, sem resultados satisfatórios,

---

[183] KLAES, Mariana Isabel Medeiros. O fenômeno da globalização e seus reflexos no campo jurídico. *In* OLIVEIRA, Odete Maria de (Coord.). **Relações internacionais & globalização**: grandes desafios. Ijuí: Unijuí, 1997, p. 177.

[184] VIEIRA, Liszt. *Op. cit.*, p. 83.

[185] MAIA, Jayme de Mariz. **Economia internacional e comércio exterior**. 3. ed. São Paulo: Atlas, 1997, p. 131.

nos setores da sociedade e da economia.

Levados pelos acontecimentos históricos e pela vontade política, Brasil, Argentina, Paraguai e Uruguai firmam, em 26.03.1991, o Tratado de Assunção que entra em vigor internacionalmente, em 29.11.1991, dando origem ao Mercosul.

Os processos de integração de mercados podem ter inúmeros objetivos. As metas traçadas demonstram a intenção da integração, em geral, de aumentar ou de diminuir algo. No Tratado de Assunção, que visa à integração do Mercosul, a questão da harmonização foi inserida como um dos objetivos, uma vez que os Estados-Partes, por força do art. 1º do Tratado, assumem, entre outros compromissos, o de harmonizar suas legislações nas áreas pertinentes para lograr o fortalecimento do processo integracionista.

Assim, como a harmonização compõe um dos objetivos do processo de integração do Mercosul, é necessário compreender a proposta de formação do bloco e os órgãos encarregados de tomar decisões que o impulsionam.

Quanto ao processo de integração do Mercosul, frisa Ricardo Seitenfus que:

> malgrado a sua denominação, Mercado Comum do Sul, o Mercosul – ao ser esboçado pelo Tratado de Assunção – mescla três distintas situações de aproximação econômica entre países, segundo a teoria da integração. Em primeiro lugar, refere-se à criação de uma Zona de Livre Comércio (Z.L.C.) na região, tal como indica a eliminação de tarifas alfandegárias e não alfandegárias. Em segundo momento, ambiciona sustentar uma política comercial externa unificada, com relação a outros países, estabelecendo uma Tarifa Externa Comum (T.E.C.), o que caracteriza uma união aduaneira. Finalmente objetiva alcançar o patamar superior e derradeiro, da formação de todo o Mercado Comum, com a livre circulação dos bens, do capital, do trabalho e do conhecimento[186].

O Tratado de Assunção estabelecia a data de 31.12.1994 para o início do Mercado Comum do Sul, mas isso não foi possível e nos encontramos, em virtude da recente formação do bloco, na segunda fase integracionista, conhecida como união aduaneira e, portanto, os países estão mais envolvidos com questões econômicas e comerciais.

Havia, porém, uma previsão prudente estabelecida no art. 18 do Tratado que instituiu o Mercosul, prevendo que: "antes do estabelecimento do Mercado Comum, a 31.12.1994, os Estados-Partes convocarão

---

[186] SEITENFUS, Ricardo Antônio Silva. **Manual das organizações internacionais**. Porto Alegre: Livraria do Advogado, 1997. p. 215.

uma reunião extraordinária com o objetivo de determinar a estrutura institucional definitiva dos órgãos de administração do Mercado Comum, assim como as atribuições específicas de cada um deles e seu sistema de tomada de decisões".

Para dar cumprimento ao art. 18 do Tratado de Assunção, realizou-se em 17.12.1994, na cidade de Ouro Preto-MG, a VII Reunião do Conselho do Mercado Comum que ensejou o protocolo adicional ao Tratado de Assunção sobre a estrutura do Mercosul, conhecido como Protocolo de Ouro Preto, o qual estabelece as normas definitivas para o Mercado Comum do Sul.

Das novidades da Reunião de Ouro Preto, destacamos, além da estrutura institucional do Mercosul prevista no art. 1º do Protocolo, os órgãos com capacidade decisória que decidem por representação dos Estados.

Os órgãos com capacidade decisória estão previstos no art. 2º do Protocolo: O Conselho do Mercado Comum, O Grupo Mercado Comum e a Comissão de Comércio do Mercosul. A capacidade decisória tem natureza intergovernamental na qual *"todas as decisões, no âmbito do Mercosul, serão necessariamente tomadas por consenso, assim como todas as representações nos órgãos são paritárias. Isso quer dizer que o Brasil e o Paraguai, para efeitos de decisão possuem rigorosamente o mesmo peso"*[187].

Outro grande passo dado pelo Protocolo de Ouro Preto foi o de conferir ao Mercosul Personalidade Jurídica de Direito Internacional, conforme prevêem os seus arts. 34 e 35.

Florisbal de Souza Del'Omo destaca que: *"anteriormente ao Protocolo de Ouro Preto havia dúvidas quanto à obrigatoriedade das normas emanadas pelos órgãos com capacidade decisória (Conselho e Grupo de Mercado Comum), posto que o Tratado de Assunção não dispunha taxativamente quanto à obrigatoriedade das Decisões e Resoluções"*[188].

As decisões, resoluções e diretrizes emanadas dos órgãos com capacidade decisória, referidos no art. 2º do Protocolo, tornar-se-ão obrigatórias para os Estados-Partes, por determinação dos arts. 9º, 15 e 20 do documento e, quando necessário, deverão ser incorporadas aos ordenamentos jurídicos nacionais mediante os procedimentos previstos pela legislação de cada país – art. 42. Porém, nem sempre há cumprimento às determinações dos órgãos com capacidade decisória. A inexistência de

---

[187] VENTURA, Deisy de Freitas Lima. **A Ordem jurídica do Mercosul**. Porto Alegre: Livraria do Advogado, 1996, p. 58.
[188] DEL'OMO, Florisbal de Souza. **Direito internacional privado**: abordagens fundamentais, legislação, jurisprudência. Rio de Janeiro: Forense, 1999, p. 157.

um Tribunal como órgão supranacional, que garanta a eficácia das normas comunitárias, é um dos fatores que compromete a obrigatoriedade dessas leis. Outro fator é o fato de o Brasil ser o único integrante do Mercosul a não contemplar, expressamente, em sua Constituição Federal, a superioridade hierárquica dos tratados em relação ao ordenamento interno, o que, além da possibilidade da revogação por normas internas conflitantes com as do tratado, compromete a formação do pretendido Mercado Comum, em que seja livre a circulação de pessoas, bens, serviços e capitais.

São necessárias mudanças para que se possa atingir as metas traçadas para o processo de integração do Mercosul. O primeiro passo, segundo Eduardo Pereira de Oliveira Mello:

> *é a reforma constitucional no sentido de conferir aos tratados firmados pelo Brasil um tratamento hierárquico superior ao do ordenamento jurídico interno. Essa reforma, a exemplo da Argentina, do Paraguai e do Uruguai, deverá ser implementada o mais urgente possível. Caso contrário, salvo as opiniões dos defensores da teoria monista, o Tratado de Assunção está fadado ao gradativo desaparecimento*[189].

O Mercosul, em síntese, é um processo de integração que tem como proposta um Mercado Comum, mas se encontra, como já foi ressaltado, em uma fase de simples união aduaneira entre Estados Federados. O Tratado de Assunção, ao instituir o Mercosul, espelhou-se na integração européia, porém, quando comparado com ela, atualmente denominada União Européia pelo Tratado de Maastricht, de 07.02.1992, verificamos que o Mercosul está num estágio embrionário, cuja realidade é diferente da dos países que integram o bloco modelo. Contudo, o Mercosul já apresentou significativos avanços, e, mesmo diante de crises políticas atuais que envolvem os Estados-Partes, o bloco que adquiriu, após o Protocolo de Ouro Preto, personalidade jurídica de Direito Internacional, busca, de forma prudente, a integração pretendida, novas alternativas de integração e, ainda, alianças econômicas que o viabilizem com uma maior inserção no mercado internacional.

Como se vê, os acontecimentos revelam que a globalização, como processo inevitável na atualidade, estimula a criação de blocos regionais organizados, com personalidade jurídica própria e capacidade de decisão. Esses fenômenos, por sua vez, provocam, em seu percurso, cedo ou tarde, um ajuste imperativo ou espontâneo nas legislações internas dos países partícipes.

As modificações econômicas, sociais e culturais de um povo

---

[189] MELLO, Eduardo Pereira de Oliveira. A hierarquia normativa dos tratados no ordenamento jurídico nacional. *In* FERRARI, Regina Maria Macedo Nery (Org.). **O Mercosul e as ordens jurídicas de seus Estados-Membros**. Curitiba: Juruá Editora, 1999, p. 92.

ocorrem com maior facilidade diante da globalização e da regionalização e, por conseqüência, propiciam a criação de uma nova realidade jurídica.

O instituto da adoção, nesse contexto, em termos de alterações jurídicas e ideológicas, foi promissor. A adoção internacional que antes era realidade jurídica para um número reduzido de países, passa a ser mais debatida e a fazer, de forma gradativa, parte da legislação de outros.

No Mercosul, não foi diferente o questionamento sobre o tema, e as modificações vêm ocorrendo juntamente com os debates que se tornaram freqüentes, uma vez que a adoção internacional, quando possível, requer, para que seja preservado o real interesse da criança e do adolescente, uma legislação semelhante entre o país de origem do adotado e a do receptor, bem como mecanismos comuns, aptos a assegurarem os direitos do adotando.

Essa semelhança pretendida na legislação não é recente e não se limita à adoção internacional, pois, em diversos setores, se faz necessária. Antes mesmo do processo de integração, hoje em plena vigência, havia a aspiração à uniformização, principalmente em razão da origem comum dos preceitos básicos do regime jurídico de determinado grupo de Estados e, de outro lado, em face da facilidade que tal unificação proporciona às sociedades humanas, quer do ponto de vista social, quer do ponto de vista econômico.

Várias, porém, foram as causas que deram motivo à postergação desse objetivo, tanto no aspecto temporal e histórico, como nos concernentes às instituições envolvidas com a metauniformização, estas geralmente de natureza privada, movidas por interesses imediatistas e utilitaristas.

Para Haroldo Pabst, *"a uniformização **lato sensu**, em geral, é utópica"*[190], e *"o sucesso ou o fracasso de certas tentativas de uniformização, muitas vezes, dependem de uma assimilação dos princípios que a inspiram nos meios universitários, da advocacia e da magistratura"*[191].

É necessário esclarecer que o tema da aproximação das legislações entre os países de uma região é muito amplo e, de acordo com Ferreira e Oliveira[192], pode dar-se em distintos níveis, ou seja: unificação, harmonização e aproximação.

A aproximação seria uma solução mínima e pouco satisfatória para o nível de integração pretendido em um Mercado Comum. É um critério de uniformização mais modesto.

---

[190] PABST, Haroldo. **Mercosul**: direito da integração. Rio de Janeiro: Forense, 1998, p. 19.
[191] PABST, Haroldo. *Op. cit.*, p. 30.
[192] FERREIRA, Maria Carmem; e OLIVEIRA, Júlio Ramos. **Mercosul, enfoque laboral**. 2. ed. Montevidéo: Fundación de Cultura Universitaria, 1994, p. 37.

Unificação e harmonização, por sua vez, são duas palavras que têm significados diferentes *stricto sensu*. A unificação é realizada através de normas supranacionais com vigência nos Estados-Partes, enquanto a harmonização corresponde à adaptação das legislações internas a uma diretriz comum estabelecida externamente[193].

Na análise das modalidades de unificação, em sentido amplo, Marc Ancel destaca que, "*a unificação, quanto à sua extensão, pode ser: bilateral, quando realizada entre dois Estados e multilateral abrangendo todos os Estados signatários, estabelecida sobre a base de uma regulamentação internacional uniforme*"[194].

Ainda quanto à extensão da unificação, assevera o autor acima citado, ser preciso distinguir a unificação regional da universal, pois salienta o mesmo que:

A primeira se realiza entre países vizinhos ou reunidos em agrupamentos político-econômicos limitados. A segunda abrange, ao revés, países distintos e tem por particularidade ser aberta a Estados com sistemas diferentes. A unificação escandinava é um exemplo típico de unificação regional, enquanto que as convenções de Haia são, ao contrário, exemplos de convenção com extensão universal[195].

O termo "harmonização", mais adequado ao sistema integracionista do Mercosul, surge em oposição a uma unificação radical. Utilizado primeiramente por René David na Universidade de Paris, significou toda e qualquer alternativa ao apático sistema de lei uniforme supranacional[196]. Todavia, compete à comunidade econômica, diante de seus objetivos, optar pela unificação ou harmonização de sua legislação. A primeira implica transferir maior soberania ao ente jurídico comum encarregado de coordenar a comunidade. A segunda, embora ocorra a transferência de soberania ao ente jurídico comum, coordenador dos interesses da comunidade, é menor a perda de soberania do Estado-Parte.

Constata-se, pelo exposto, que a busca de uma aproximação ou modificação no ordenamento jurídico vai surgindo, em regra, para os Estados juntamente com algum processo de integração de mercados. Essa integração, mesmo sendo lenta em determinadas situações, vem demonstrando, em face do crescente número de relações, principalmente comerciais, a necessidade de se harmonizar a legislação dos Estados-membros para que estes possam empregar mecanismos e medidas comuns a fim de

---

[193] PABST, Haroldo. *Op. cit.*, p. 1.
[194] ANCEL, Marc. **Utilidade e métodos do direito comparado**. Trad. de Sérgio José Porto. Porto Alegre: Fabris, 1980, p. 95.
[195] ANCEL, Marc. *Op. cit.*, p. 95.
[196] PABST, Haroldo. *Op. cit.*, p. 35.

realizar os objetivos visados pelos tratados.

Nas palavras de Maria Elisa Meira "*A integração de Mercados é um processo de maior complexidade, que tem a ver com o desenvolvimento econômico e social a nível global e, por isso mesmo, tem de responder a uma diversidade maior de interesses dos países envolvidos*"[197].

Verificada a questão da globalização, da regionalização, do processo de integração do Mercosul e da harmonização da legislação, a importância da harmonização da legislação sobre adoção internacional, nos países do Mercosul, torna-se evidente, mas não tão previsível.

O Mercosul, na fase de integração em que se encontra, não dispõe, no momento, de nenhuma normativa comum que obrigue os Estados-Partes a inserirem em sua legislação interna a adoção internacional como uma medida de proteção à criança e ao adolescente, tampouco, a adotar procedimentos comuns para que esta se realize.

Todavia, outras medidas para reduzir o tráfico de crianças, já foram determinadas por órgão com capacidade decisória no Mercosul, especificamente, pelo Conselho do Mercado Comum, em sua Decisão de 7, de 29.06.2000, que trata da complementação do plano geral de cooperação e coordenação recíproca para a segurança regional em matéria de tráfico de menores entre o Mercosul, a República da Bolívia e a do Chile. A decisão de tornar obrigatório aos Estados-Partes e Associados que ainda não ratificaram a Convenção sobre os Direitos da Criança e da Convenção Interamericana sobre Restituição Internacional de Menores, obriga a realização de ações internas para ratificar e dar vigência a esses documentos internacionais.

A aproximação que já ocorreu entre a legislação brasileira e a paraguaia sobre a adoção internacional, abordada no capítulo anterior, é espontânea e decorrente de documentos internacionais como a Convenção Relativa à Proteção e à Cooperação em Matéria de Adoção Internacional.

Ademais, sendo a adoção internacional um ato jurídico realizado no país onde reside o adotando, mas que envolve partes residentes em países diversos, requer regulamentação semelhante para ser um ato eficaz em ambos os Estados. A eficácia do ato é primordial, mas insuficiente para assegurar ao adotado um convívio digno de pai e filho com o adotante ou a aplicação imediata de uma medida de proteção que resguarde o direito da criança, quando violado. Para isso, requer-se, segundo propõe a Convenção, um procedimento comum para as adoções internacionais, em que possa haver, através de mecanismos semelhantes, um maior controle após o deferimento da adoção, por parte das autoridades do país de ori-

---

[197] MEIRA, Maria Elisa; SCHROEDER, Osni; PINTO, Valeska Peres; BIMBI, Eduardo. **O Mercosul no contexto da integração continental**. Porto Alegre: CONFEA, CIAM: Comitê Executivo – Brasil, CREA/RS, 1997, p. 32.

gem do adotante e, também, um comprometimento da autoridade competente do país receptor, em garantir as informações necessárias ao controle e à aplicação de medidas aptas à proteção do adotado.

A Convenção Relativa à Proteção e à Cooperação em Matéria de Adoção Internacional deixa implícita, em seus objetivos, a necessidade de uma harmonização legislativa sobre o tema ao mencionar no art. 1º do documento que:

A presente convenção tem por objetivo:

a) estabelecer garantias para que as adoções internacionais sejam feitas segundo o interesse superior da criança e com respeito aos direitos fundamentais que lhe reconhece o direito internacional;

b) instaurar um sistema de cooperação entre os Estados Contratantes que assegure o respeito à mencionadas garantias e, em conseqüência, previna o seqüestro, a venda ou o tráfico de crianças;

c) assegurar o reconhecimento nos Estados Contratantes das adoções realizadas segundo a Convenção.

Com a ratificação e adesão crescente de países a um documento internacional, elaborado ao longo de um período de três anos de debates e negociações, envolvendo mais de setenta países, cinco organizações intragovernamentais e doze organismos não-governamentais (ONGs), evidencia-se, diante da classificação anteriormente apresentada por Marc Ancel, que a harmonização da legislação pertinente à adoção internacional tende a ser, quanto à sua extensão, mais universal do que regional, o que não retira a importância da harmonização desta última, principalmente nos países do Mercosul, onde já há Estado-Parte que inclui a adoção internacional como uma medida de proteção especial à criança e ao adolescente. O Brasil, por exemplo, já regulamentou o instituto e dispõe, atualmente, de mecanismos que proporcionam, quer seja antes, quer seja depois da adoção, um maior controle e segurança nas conferidas a estrangeiros não residentes.

A harmonização da legislação sobre a adoção internacional, estimulada basicamente por documentos internacionais e movimentos sociais, é importante para o Mercosul, uma vez que, daí advêm, entre outros, os seguintes aspectos positivos: a) fortalecimento das medidas de proteção com vistas a obstar o tráfico de menores; b) possibilidade de uma maior integração, onde a troca de experiência será contínua e fundamental para a aproximação dos países e a implementação do instituto; c) aumento da expectativa de se encontrar uma família a crianças e adolescentes que não têm essa oportunidade em seu país de origem; d) diminuição, no âmbito do Mercosul, da participação indesejada de intermediários inescrupulosos em processos de adoção internacional e dos riscos de abusos contra o adotado; e) redução, embora distante de uma solução, do expressivo número de crianças abandonadas nas ruas e instituições públicas; f) adoção de uma política comum de proteção especial à criança e ao adolescente pelos Estados-Partes ao debaterem problemas comuns.

Os aspectos positivos levantados são apenas exemplificativos, embora não sejam todos hipotéticos. Os países que incluem a adoção internacional, em seu ordenamento jurídico, de conformidade com os documentos internacionais, já revelaram alguns desses aspectos positivos. No Brasil, por exemplo, logo após a ratificação da Convenção Relativa à Proteção e à Cooperação em Matéria de Adoção Internacional em 1999, a imprensa noticiava que: *"os técnicos do Governo que atuam na área de adoção acreditam que as novas regras deverão diminuir os riscos para crianças adotadas e levadas para o exterior, pois há registros de abuso sexual contra menores. O Governo também espera que não sejam registrados novos casos de 'devolução' de crianças adotadas"*[198].

A Convenção anteriormente referida chama a atenção dos Estados e de toda a comunidade internacional para a necessidade de prever medidas comuns para as adoções internacionais, com o objetivo de evitar o seqüestro, a venda ou o tráfico de crianças que, muitas vezes, ocorre através de adoções fraudulentas, fatos que a realidade confirma. Esses acontecimentos e a Convenção mencionada, por si só, sustentam a importância de uma harmonização da legislação sobre a adoção internacional que deverá advir de forma organizada entre os Estados em que ela ocorre ou é necessária.

Cabe lembrar, também, ser notório que as crianças adotadas por estrangeiros não residentes, em regra, são oriundas de países subdesenvolvidos como os que compõem o Mercosul. Dessa forma, é prudente que, na esfera regional, esse bloco, por intermédio de um de seus órgãos de decisão, possibilite o debate e recomende a ratificação do documento internacional pelos países que o integram.

Diante dessas colocações, entende-se que a adoção internacional, em um contexto mais atual e globalizado, requer uma legislação harmonizada, que proporcione resguardo absoluto ao melhor interesse da criança ou adolescente adotado. Essa harmonização, com certeza, será facilitada pelos surpreendentes avanços obtidos nos meios de comunicação, pela flexibilização das fronteiras e pelo constante deslocamento de pessoas entre os países e pelos demais efeitos decorrentes dos processos de globalização e integração regional.

---

[198] A GAZETA. **Governo tornará rígida adoção internacional**. Disponível em: <file://A:\Terra - Gazeta On Line - Jornal A Gazeta - A GAZETA.htm>. Acesso em: 15 jul. 2001.

3.3 MERCOSUL E O PROCESSO DE HARMONIZAÇÃO DA LEGISLAÇÃO SOBRE A ADOÇÃO INTERNACIONAL

A harmonização da legislação sobre a adoção internacional, nos países do Mercosul, apresenta-se em constante processo de formação, estimulado por um conjunto de documentos internacionais e pelas legislações internas dos países-membros que estenderam o instituto da adoção a estrangeiros não residentes.

As inovações ao instituto estão ocorrendo de forma gradativa e, nos países do Mercosul, o Brasil e o Paraguai já aproximaram suas legislações. O primeiro país integrante do bloco a adotar uma legislação sobre a adoção internacional, mais adequada à moderna ordem legislativa supranacional, foi o Brasil. O Paraguai segue os passos do Brasil, editando lei semelhante para regulamentar a utilização do instituto por estrangeiro e, assim como o Uruguai, aguarda a edição de um novo Código sobre a infância e a adolescência.

Os esforços para uma harmonização legislativa na seara dos direitos da criança, no âmbito internacional, parte, principalmente, de dois grandes organismos internacionais; a Organização dos Estados Americanos (OEA) e a Organização das Nações Unidas (ONU). A primeira é uma organização internacional criada pelos Estados deste hemisfério a fim de conseguir, de acordo com seus propósitos essenciais, uma ordem de paz e de justiça, promover sua solidariedade e defender sua soberania, sua integridade territorial e sua independência. Na busca de seus objetivos, essa organização, instituiu, além de outros órgãos, os Organismos Especializados Interamericanos, que são entidades com funções específicas em matérias técnicas de interesse comum para os Estados americanos. Há, atualmente, seis organismos especializados e, entre eles, o Instituto Interamericano da Criança[199] que é uma agência especializada da OEA fundada em 1927, com o encargo de promover entre os Estados-Membros da organização o desenvolvimento de políticas e programas relacionados às crianças. A segunda é uma organização internacional fundada em 1945 com o propósito de manter a paz e a segurança internacionais; estabelecer relações cordiais entre as nações do mundo, obedecendo aos princípios da igualdade de direitos e da autodeterminação dos povos e incentivar a cooperação internacional na resolução de problemas econômicos, sociais, culturais e humanitários. Essa organização internacional, assim como a primeira, através de seus órgãos, não tem medido esforços para ampliar a

---

[199] UNIVERSIDADE DE SÃO PAULO. Sistema Interamericano de direitos humanos. **Biblioteca Virtual de Direitos Humanos da Universidade de São Paulo.** Disponível em: <http://www.direitoshumanos.usp.br/docum...americanos.html> . Acesso em: 11 nov. 2001.

rede de proteção à criança e ao adolescente, criando instrumentos eficientes de proteção ao seu bem-estar.

Tarcísio José Martins Costa, juiz da infância e da juventude de Belo Horizonte e tesoureiro da Associação Internacional Mercosul dos Juízes da Infância e da Juventude (AIMJIJ), destaca, ao referir-se aos avanços produzidos na proteção internacional da criança e sua incorporação ao direito positivo brasileiro e latino-americano, que:

> *muitos progressos foram alcançados nas últimas duas décadas, no campo do direito interno – nacional e internacional privado – dos diferentes países, bem assim do direito convencionado, com especial ênfase nas correntes de codificação americana e européia, impulsionadas pela Conferência Especializada Interamericana de Direito Internacional Privado – CIDIP e pela Conferência de Haia de Direito Internacional Privado, que há muitos anos incursionam em temas da criança e da família, já tendo firmado importantes Convenções a respeito*[200].

No âmbito da integração do Mercosul, há um tímido desenvolvimento nesse sentido, uma vez que o bloco ainda não dispõe de um subgrupo de trabalho, específico para formação de uma política comum voltada para a proteção integral da criança e do adolescente, o que acredita-se poder acontecer dentro de pouco tempo, no percurso do processo de integração.

O Tratado de Assunção, ao ser firmado, não cria o Mercado Comum do Sul (Mercosul). Ele somente será efetivo após o cumprimento de determinados estágios. Etapas em que o próprio tratado delineou para, no futuro, haver entre os quatro Estados-Partes (Brasil, Argentina, Uruguai e Paraguai) um Mercado Comum.

No processo formativo de blocos econômicos há um cumprimento gradativo de etapas, adotando-se inicialmente medidas de cooperação entre os Estados-membros para, posteriormente, entrar em um processo efetivo de integração. As etapas, como já foi dito anteriormente, são quatro: a) a formação de uma Zona de Livre-Comércio em que os Estados-Partes buscam a redução e eliminação de barreiras alfandegárias e não tarifárias; b) a formação de uma União Aduaneira em que se busca sustentar com uma política comercial externa unificada, uma Tarifa Externa Comum (T.E.C), aplicável às importações de qualquer país que não faça parte do grupo; c) a formação de um Mercado Comum em que se acrescentam as etapas anteriores à busca pela livre circulação de bens, pessoas, serviços e capitais e; d) a formação da União Econômica e Polí-

---

[200] COSTA, Tarcísio José Martins. **Adoção internacional**: aspectos jurídicos, políticos e sócios-culturais. Disponível em: < http://www.tjmg.gov.br/jij/adoção.html >. Acesso em: 15 jul. 2001.

tica para manter um mercado comum[201].

O Mercosul, conforme já enfocado, encontra-se na segunda etapa e para chegar a uma efetiva integração, que é o mercado comum, deverá ultrapassar primeiro a zona de livre-comércio e união aduaneira, que são estágios anteriores para uma integração mais efetiva.

No momento, obstáculos como a morosidade do próprio processo integracionista, a crise que se instalou na política argentina e deflagrou o caos na economia do país, na virada do ano de 2001, a ausência de uma entidade supranacional e a hierarquia dos tratados diante do ordenamento jurídico interno brasileiro contribuem para o descrédito do processo de integração do bloco e o crescente número de opiniões que, como a de Adriana Pucci, defendem a continuidade do Mercosul como simples União Aduaneira[202], mas acredita-se não ser esse o destino do Mercosul.

Como o próprio Tratado de Assunção já adiantou[203], o prazo necessário à formação de um Mercado Comum poderá ser até previsível, mas como já se constatou no cumprimento do art. 18 do mesmo Tratado, é falível. Dessa forma, devemos trabalhar por etapas, onde cada uma trará suas dificuldades peculiares, discussões e debates que anteciparão ou dilatarão o prazo de sua concretização. As dificuldades que surgem são inevitáveis a qualquer processo de integração, portanto, os Estados-Partes devem, com serenidade, contorná-las e unir forças para atingir o propósito inicialmente almejado, ou seja, a formação de um Mercado Comum.

O Mercosul, atualmente, embora mais voltado para problemas econômicos, apresenta avanços que entendemos consideráveis para um desenvolvimento social da comunidade que faz parte do mesmo. Um deles foi a criação da Reunião de Ministros e Autoridades de Desenvolvimento Social do Mercosul, a qual, mencionada em item anterior, representa uma expectativa de harmonização da legislação sobre a adoção internacional nos países do bloco. Essa harmonização da legislação seria favorecida com a criação de um subgrupo de trabalho voltado para a proteção integral da criança. Esse subgrupo, ao proporcionar o debate e a troca de experiências entre países-membros que já incorporaram, em seu ordenamento jurídico, a adoção internacional, levaria a uma política comum de proteção à criança e ao adolescente, incluindo a adoção interna-

---

[201] LOURENÇO, Rodrigo Ramatis. Contratos internacionais no Mercosul. *In* FERRARI, Regina Maria Macedo Nery (Org.). **O Mercosul e as ordens jurídicas de seus Estados-Membros**. Curitiba: Juruá Editora, 1999, p. 270 e 271.

[202] MELLO, Eduardo Pereira de Oliveira. A hierarquia normativa dos tratados no ordenamento jurídico nacional. *In* FERRARI, Regina Maria Macedo Nery (Org.). **O Mercosul e as ordens jurídicas de seus Estados-Membros**. Curitiba: Juruá Editora, 1999, p. 92.

[203] **Tratado de Assunção – Art. 1º**. *Os Estados-Partes decidem constituir um Mercado Comum, que deverá estar estabelecido em 31.12.1994, e que se denominará "Mercado Comum do Sul" (MERCOSUL).*

cional, ainda que seja ela uma medida excepcional de colocação em família substituta.

Doutrinadores oriundos de países-membros que ainda não inseriram a adoção internacional em sua legislação interna ou estão em processo de inclusão, antes mesmo de um debate coordenado pelo Mercosul, já debatem o tema e citam a legislação brasileira como modelo[204].

Dificuldades e problemas que eventualmente surgem associados à adoção internacional levam alguns países a não estenderem o instituto a estrangeiros não residentes, porém, entende-se que alternativas para amenizar os problemas e contornar as dificuldades que persistem, mesmo sem a regulamentação da adoção internacional, devem ser uma preocupação de todos e não é proibindo a utilização do instituto da adoção por estrangeiros que encontraremos a solução para reduzir o seqüestro, a venda ou o tráfico de crianças.

A adoção internacional, muitas vezes, está associada a escândalos justamente por não haver uma legislação que propicie maior proteção às adoções internacionais. A Convenção Relativa à Proteção e à Cooperação em Matéria de Adoção Internacional, concluída no dia 29.05.1993, no âmbito da 17ª Conferência de Direito Internacional Privado, é um dos documentos que visa a amenizar esses problemas com a implementação de mecanismos comuns de proteção e uma cooperação conjunta entre os Estados. Ocorre que, até o presente momento, entre os países do Mercosul, apenas o Brasil ratificou, e o Paraguai aderiu à Convenção.

No entanto, o Mercosul, através da Decisão do Conselho Mercado Comum 7, de 29.06.2000, mostrou-se consciente da luta contra todas as formas de ação criminal, que tem gerado e adquirido uma crescente dimensão transnacional a partir do fenômeno da globalização e do processo de integração regional. O Conselho Mercado Comum, em sua Decisão, convoca os Estados-Partes e Associados para que realizem todas as ações necessárias ao efetivo cumprimento das disposições da Convenção sobre os Direitos da Criança e da Convenção Interamericana sobre Restituição Internacional de Menores, ratificando-as se ainda não o fizerem.

Igual procedimento pode ser adotado em relação à Convenção Relativa à Proteção e à Cooperação em Matéria de Adoção Internacional, se debatida em uma Reunião de Ministros do Interior do Mercosul e resultar em acordo, uma vez que ela também visa a combater o seqüestro, a venda ou o tráfico de crianças. Ademais, a Decisão 7 do Conselho Mercado Comum considerou necessário continuar com o desenho, incorporação e implementação de novas ações operacionais.

A adoção internacional encontra-se desatrelada das normativas do Mercosul. Entretanto, ela poderá ser inserida através dos meios que aca-

---

[204] WILDE, Zulema D. *Op. cit.*, p. 120.

bamos de mencionar, dependendo da vontade política dos Estados que compõem o bloco econômico e dos movimentos sociais formadores da opinião pública.

A reestruturação dos órgãos dependentes do Grupo Mercado Comum (GMC) que ocorreu com a Decisão do Conselho do Mercado Comum (CMC) 59, de 14.12.2000, transformou grupos *Ad Hoc* em subgrupos de trabalho, o que demonstra a crescente progressão integracionista do bloco em determinados temas afins.

Com a Decisão 59 do Conselho Mercado Comum, o Grupo Mercado Comum passa a ter em sua estrutura os Subgrupos de Comunicações (SGT-1), de Aspectos Institucionais (SGT-2), de Regulamentos Técnicos e Avaliação de Conformidade (SGT-3), de Assuntos Financeiros (SGT-4), de Transportes (SGT-5), de Meio Ambiente (SGT-6), de Indústria (SGT-7), de Agricultura (SGT-8), de Energia e Mineração (SGT-9), de Assuntos laborais, Emprego e Seguridade Social (SGT-10), de Saúde (SGT-11), de Investimento (SGT-12), de Comércio Eletrônico (SGT-13), de Acompanhamento da Conjuntura Econômica e Comercial (SGT-14) e, ainda, as seguintes Reuniões Especializadas: da Mulher, da Ciência e Tecnologia, da Comunicação Social, do Turismo, da Promoção Comercial, dos Municípios/Intendências do Mercosul e da Infra-estrutura da Integração.

A nova estrutura do Grupo Mercado Comum não incluiu um Subgrupo de Trabalho sobre a proteção integral à criança e ao adolescente ou Reunião Especializada, embora acredita-se ser isso possível, até porque o art. 6º da Decisão deixa claro que a atual estrutura poderá ser posteriormente modificada.

Há de se pensar, portanto, ante a ausência de uma coordenação da matéria afeta à criança e ao adolescente, para o processo de integração do Mercosul, na necessidade de um Subgrupo de Trabalho ou Reunião Especializada que aproxime as legislações internas dos Estados-Partes, de forma coordenada, propiciando o debate e trocas de experiências sobre temas diretamente relacionados à proteção integral da criança e do adolescente, como é o caso da adoção internacional.

A criação desse Subgrupo de Trabalho impulsionará, na esfera do Mercosul, uma política comum de proteção especial às crianças e adolescentes, bem como, um número crescente de acordos que objetivem a ratificação de Convenções relacionadas à sua proteção e, com certeza, uma medida comum a ser adotada nas adoções internacionais que não seja exclusivamente oriunda de documentos internacionais, mas sim, de um conjunto de medidas e mecanismos de proteção à criança, já implementado em alguns Estados-Partes por ser mais adequado à realidade regional.

Há, ainda, outros aspectos importantes para impulsionar a harmonização da legislação sobre a criança e o adolescente nos países do

Mercosul e, por conseqüência, a adoção internacional, quais sejam; a conscientização crescente da sociedade civil regional e a ratificação espontânea de Convenções internacionais que visem à proteção integral da criança e do adolescente.

    A união de todos os meios disponíveis para a realização de estudos especializados, com o objetivo de amenizar os problemas sociais que envolvem a criança e o adolescente nos Estados-Partes do Mercosul, é fundamental, mas, para haver um avanço nesse aspecto, a situação requer a criação de um órgão que coordene os trabalhos e apresente projetos para aprovação do Conselho Mercado Comum, pois somente assim seria possível uma harmonização diretamente gerada por órgãos que integram o bloco.

CONCLUSÃO

A adoção internacional é uma realidade que, apesar das inconveniências surgidas pelos conflitos de cultura e do próprio idioma, ainda se faz necessária. Inicialmente, ela surgiu com o objetivo de socorrer crianças vítimas da guerra consolidando-se como alternativa encontrada para reduzir o sofrimento e o número das que são abandonadas nas ruas e instituições de abrigo dos países que não encontram, em seu território, pretendentes à adoção.

A freqüência de adoções que envolvem países com legislações e culturas diferentes conduz a uma redefinição de conceitos que envolvem o instituto. A adoção, quando tem como adotante pessoa de nacionalidade diversa do adotado e com residência em outro país, é vista como internacional. Nesse caso, o adotado é aquele que, além de estar abandonado, não encontra em seu país de origem uma família substituta, ao passo que o adotante, agente habilitado e provocador do ato, é aquele que reside em determinado país e realiza a adoção de criança ou adolescente de nacionalidade diversa da sua em outro Estado.

O processo de adoção internacional, por envolver pessoas residentes em Estados diferentes e com legislações diversas, levou, diante da necessidade de dar uma maior proteção ao adotado, a uma progressiva busca de acordos internacionais sobre o tema, pois a adoção por estrangeiros não residentes sempre foi uma preocupação constante para as autoridades e pessoas que defendem o melhor interesse da criança e do adolescente. Ligada a escândalos, e não havendo mecanismos suficientes por parte da autoridade que deferiu a adoção, ou um comprometimento significativo do Estado de acolhida que garantisse os direitos do adotado em seu novo país, o uso do instituto por estrangeiros não residentes caiu no descrédito. Alguns países, em face das irregularidades e escassez de mecanismos de proteção nas adoções internacionais, de forma temporária ou permanente, tomaram medidas drásticas quanto ao uso do instituto por estrangeiros. O Paraguai, diante do grande número de escândalos existentes no país sobre essas adoções, proibiu em seu território, nos anos de 1995 a 1997, através da Lei 678, o uso do instituto por estrangeiro. Igual medida foi adotada pela Argentina quando, pela Lei 23.849 de 16.10.1990, ratificou com reservas a Convenção sobre os Direitos da Criança, aprovada em 20.11.1989 pela Assembléia das Nações Unidas.

Para mudar esse quadro negativo e, principalmente, com o objetivo de proporcionar uma maior proteção à criança e ao adolescente, são firmadas, entre diversos países, Convenções para assegurar direitos, inibir as adoções internacionais fraudulentas, o tráfico e a venda de crianças.

As Convenções trazem, em seu bojo, um conjunto de medidas e procedimentos que, paulatinamente, com a sua ratificação ou adesão, é incorporado na legislação dos Estados. Elas representam, atualmente, de forma ampla, uma perspectiva de convergência de legislações internas que garantem ao adotado por estrangeiros não residentes direitos e garantias iguais ou semelhantes as que encontraria em seu país de origem.

O momento é de transição, pois não são todos os países que aderiram ou ratificaram os documentos que tratam da adoção internacional. Entretanto, vislumbra-se, na pesquisa realizada, a formação de uma crescente rede de proteção à criança e ao adolescente adotado, envolvendo a participação conjunta de Estados, organismos internacionais e sociedade civil.

No Mercosul, foco da presente pesquisa, constata-se que apenas o Brasil e o Paraguai possuem uma legislação que regulamenta, de forma específica, a adoção internacional de conformidade com a nova ordem legislativa supranacional de proteção integral à criança e ao adolescente.

Os procedimentos legais utilizados para a adoção internacional no Paraguai e no Brasil são semelhantes em diversos aspectos, principalmente nos que se referem às fases a serem seguidas em tal caso, bem como à necessidade de essa adoção ser outorgada por sentença definitiva. O estágio de convivência, a troca de informações sobre a adaptação do adotado após a adoção, a manifestação do adotando quando maior de 12 anos e a participação da autoridade central na realização da adoção, também são pontos convergentes.

No Uruguai, a adoção internacional não é expressiva sendo raros os casos em que é utilizado o instituto por estrangeiros não residentes, entretanto, para que isso ocorra é necessário que os interessados, através de um organismo oficial, recorram ao Departamento de Legitimação Adotiva – Instituto Nacional do Menor (I.NA.ME), em Montevidéu. Apresentada a documentação exigida pelo Departamento de Legitimação Adotiva e havendo criança em condições de ser adotada, será efetuado um estudo social (entrevista de diagnóstico, apoio e seguimento); estudo psicológico (entrevista de diagnóstico, apoio e seguimento), orientação e controle da criança durante o período de convivência. Será deferida a legitimação adotiva, com convivência a cumprir fora do país, somente com a autorização do Diretor do I.NA.ME. e do Juizado de Família de Turno.

Na Argentina, o instituto da adoção é vedado aos estrangeiros não residentes. O motivo de não se permitir a adoção por estrangeiros não residentes ficou expresso no art. 2º da Lei 23.849, de 16.10.1990. No entanto, os procedimentos para a adoção por pessoas residentes no país encontram-se na Lei 24.779/97 que incorpora o regime legal adotivo ao Código Civil Argentino.

A harmonização dos procedimentos legais da adoção internacional poderá ocorrer entre os países do Mercosul influenciados por Convenções internacionais e por uma série de fatores convergentes, próprios da integração do bloco. Entre esses fatores encontra-se a importância da harmonização das legislações para o processo de integração do Mercosul e as políticas da infância e da adolescência que já estão sendo objeto de debate no âmbito do referido bloco regional.

Nesse contexto, são os movimentos de regionalização (blocos econômicos formados por países geograficamente próximos e com objetivos comuns), impulsionados pela globalização da economia, quando dotados de vontade política e uma participação ativa da sociedade civil regional, importantes para difundir, de forma semelhante à Organização das Nações Unidas (ONU) e à Organização dos Estados Americanos (OEA), a necessidade de uma maior aproximação das legislações sobre adoções internacionais entre seus Estados-Partes. Todavia, o processo de integração do bloco revela, com a criação da Reunião de Ministros e Autoridades de Desenvolvimento Social do Mercosul pelo Conselho Mercado Comum, haver possibilidade de uma harmonização dessa legislação, não apenas por Convenções internacionais oriundas de outros organismos internacionais, mas também por documentos ajustados às necessidades regionais, provenientes do próprio bloco econômico.

A elaboração de documentos para a aceitação de uma medida comum às adoções internacionais realizadas nos Estados-Partes dependerá de avanços. O Mercosul, embora em uma fase embrionária e mais voltado para a solução de problemas econômicos, também já apresentou conquistas no campo social como anteriormente mencionado, o que estimulará, em breve, por parte do Grupo Mercado Comum, a criação de uma reunião especializada ou de um Subgrupo de Trabalho que trate da proteção integral à criança e ao adolescente.

Com a concretização de um Subgrupo de Trabalho ou Reunião Especializada, temas como a adoção internacional serão questionados. Os países-membros, ao debaterem conjuntamente a matéria analisando as vantagens que trará uma legislação semelhante a ser aplicada nas adoções internacionais, envolvendo crianças e adolescentes do Mercosul, implementarão um ordenamento jurídico similar único, nos moldes das legislações dos Estados-Partes que já a regulamentaram.

Considerando as possibilidades destacadas no decorrer da pesquisa, acredita-se que a harmonização da legislação sobre a adoção internacional, entre os países do Mercosul, será influenciada por documentos internacionais e legislações internas dos Estados-Membros que já a regulamentaram, mas dependerá, principalmente, da ratificação de Convenções internacionais, bem como da criação de um Subgrupo de Trabalho ou Reunião Especializada sobre a proteção integral à criança e ao adolescente e, ainda, da participação mais efetiva da sociedade civil regional, motivando os debates sobre políticas relacionadas à infância, adoção internacional e outros temas que, de forma conjunta com os subgrupos mencionados, facilitará na busca de alternativas concretas para contornar ou solucionar esse problema social com o qual todos convivem.

LISTA DOS ANEXOS

ANEXO A - Convenção sobre os Direitos da Criança (Assembléia Geral das Nações Unidas, em 20.11.1989).

ANEXO B - Convenção Relativa à Proteção e à Cooperação em Matéria de Adoção Internacional (Haia, em 29.05.1993).

ANEXO C - Decreto 3.087, de 21.06.1999 (Promulga a Convenção Relativa à Proteção das Crianças e à Cooperação em Matéria de Adoção Internacional, concluída na Haia, em 29.05.1993).

ANEXO D - Decreto 3.174, de 16.09.1999 (Designa as Autoridades Centrais encarregadas de dar cumprimento às obrigações impostas pela Convenção Relativa à Proteção das Crianças e à Cooperação em Matéria de Adoção Internacional, institui o Programa Nacional de Cooperação em Adoção Internacional e cria o Conselho das Autoridades Centrais Administrativas Brasileiras).

ANEXO E - Recomendações Apresentadas pelo Conselho de Autoridades Centrais brasileiras às CEJAs" (Diário Oficial Da União - D.O. U. 23.04.2001).

ANEXO F - Carta de Buenos Aires sobre Compromisso Social en el Mercosur, Bolivia y Chile.

ANEXO A

"CONVENÇÃO SOBRE OS DIREITOS DA CRIANÇA"
(Assembléia Geral das Nações Unidas, em 20.11.1989)

PREÂMBULO

Os Estados-Partes da presente Convenção,

Considerando que, de acordo com os princípios proclamados na Carta das Nações Unidas, a liberdade, a justiça e a paz no mundo se fundamentam no reconhecimento da dignidade inerente e dos direitos iguais e inalienáveis de todos os membros da família humana;

Tendo em conta que os povos das Nações Unidas reafirmaram na Carta sua fé nos direitos fundamentais do homem e na dignidade e no valor da pessoa humana e que decidiram promover o progresso social e a elevação do nível de vida com mais liberdade;

Reconhecendo que as Nações Unidas proclamaram e acordaram na Declaração Universal dos Direitos Humanos e nos Pactos Internacionais de Direitos Humanos que toda pessoa possui todos os direitos e liberdades neles enunciados, sem distinção de qualquer natureza, seja de raça, cor, sexo, idioma, crença, opinião política ou de outra índole, origem nacional ou social, posição econômica, nascimento ou qualquer outra condição;

Recordando que na Declaração Universal dos Direitos Humanos as Nações Unidas proclamaram que a infância tem direito a cuidados e assistências especiais;

Convencidos de que a família, como grupo fundamental da sociedade e ambiente natural para o crescimento e bem-estar de todos os seus membros, e em particular das crianças, deve receber a proteção e assistência necessárias a fim de poder assumir plenamente suas responsabilidades dentro da comunidade;

Reconhecendo que a criança, para o pleno e harmonioso desenvolvimento de sua personalidade, deve crescer no seio da família, em um ambiente de felicidade, amor e compreensão;

Considerando que a criança deve estar plenamente preparada para uma vida independente na sociedade e deve ser educada de acordo com os ideais proclamados na Carta das Nações Unidas, especialmente com espírito de paz, dignidade, tolerância, liberdade, igualdade e solidariedade;

Tendo em conta que a necessidade de proporcionar à criança uma proteção especial foi enunciada na Declaração de Genebra de 1924 sobre os Direitos da Criança e na Declaração dos Direitos da Criança adotada pela Assembléia Geral em 20.11.1959, e reconhecida pela Declaração Universal dos Direitos Humanos, no Pacto Internacional de Direitos Civis e Políticos (em particular nos artigos 23 e 24), no Pacto Internacional de Direitos Econômicos, Sociais e Culturais (em particular no artigo 10) e nos estatutos e instrumentos pertinentes das Agências Especializadas e das organizações internacionais que se interessam pelo bem-estar da criança;

Tendo em conta que, conforme assinalado na Declaração dos Direitos da Criança, "a criança, em virtude de sua falta de maturidade física e mental, necessita proteção e cuidados especiais, inclusive a devida proteção legal, tanto antes quanto após seu nascimento";

Lembrando o estabelecido na Declaração sobre os Princípios Sociais e Jurídicos Relativos à Proteção e ao Bem-Estar das Crianças, especialmente com Referência à Adoção e à Colocação em Lares de Adoção, nos Planos Nacional e Internacional; as Regras Mínimas das Nações Unidas para a Administração da Justiça (Regras de Pequim); e a Declaração sobre a Proteção da Mulher e da Criança em Situação de Emergência ou de Conflito Armado;

Reconhecendo que em todos os países do mundo existem crianças vivendo sob condições excepcionalmente difíceis e que essas crianças necessitam consideração especial;

Tomando em devida conta a importância das tradições e dos valores culturais de cada povo para a proteção e o desenvolvimento harmonioso da criança;

Reconhecendo a importância da cooperação internacional para a melhoria das condições de vida das crianças em todos os países, especialmente nos países em desenvolvimento;

Acordam o seguinte:

PARTE I

Art. 1. Para efeitos da presente Convenção considera-se como criança todo ser humano com menos de dezoito anos de idade, a não ser que, em conformidade com a lei aplicável à criança, a maioridade seja alcançada antes.

Art. 2. - 1. Os Estados-Partes respeitarão os direitos enunciados na presente Convenção e assegurarão sua aplicação a cada criança sujeita `a sua jurisdição, sem distinção alguma, independentemente de raça, cor, sexo, idioma, crença, opinião política ou de outra índole, origem nacional, étnica ou social, posição econômica, deficiências físicas, nascimento ou qualquer outra condição da criança, de seus pais ou de seus representantes legais.

2. Os Estados-Partes tomarão todas as medidas apropriadas para assegurar a proteção da criança contra toda forma de discriminação ou castigo por causa da condição, das atividades, das opiniões manifestadas ou das crenças de seus pais, representantes legais ou familiares.

Art. 3. - 1. Todas as ações relativas às crianças, levadas a efeito por instituições públicas ou privadas de bem-estar social, tribunais, autoridades administrativas ou órgãos legislativos, devem considerar, primordialmente, o interesse maior da criança.

2. Os estados-Partes se comprometem a assegurar à criança a proteção e o cuidado que sejam necessários para seu bem-estar, levando em consideração os direitos e deveres de seus pais, tutores ou outras pessoas responsáveis por ela perante a lei e, com essa finalidade, tomarão todas as medidas legislativas e administrativas adequadas.

3. Os Estados-Partes se certificarão de que as instituições, os serviços e os estabelecimentos encarregados do cuidado ou da proteção das crianças cumpram com os padrões estabelecidos pelas autoridades competentes, especialmente no que diz respeito à segurança e à saúde das crianças, ao número e à competência de seu pessoal e à existência de supervisão adequada.

Art. 4. Os Estados-Partes adotarão todas as medidas administrativas, legislativas e de outra índole com vistas à implementação dos direitos reconhecidos na presente Convenção. Com relação aos direitos econômicos, sociais e culturais, os Estados-Partes adotarão essas medidas utilizando ao máximo os recursos disponíveis e, quando necessário, dentro de um quadro de cooperação internacional.

Art. 5. Os Estados-Partes respeitarão as responsabilidades, os direitos e os deveres dos pais ou, onde for o caso, dos membros da família ampliada ou da comunidade, conforme determinem os costumes locais, dos tutores ou de outras pessoas legalmente responsáveis, de proporcionar à criança instrução e orientação adequadas e acordes com a evolução de sua capacidade no exercício dos direitos reconhecidos na presente Convenção.

Art. 6. - 1. Os Estados-Partes reconhecem que toda criança tem o direito inerente à vida.

2. Os Estados-Partes assegurarão ao máximo a sobrevivência e o desenvolvimento da criança.

Art. 7. - 1. A criança será registrada imediatamente após seu nascimento e terá direito, desde o momento em que nasce, a um nome, a uma nacionalidade e, na medida do possível, a conhecer seus pais e a ser cuidada por eles.

2. Os Estados-Partes zelarão pela aplicação desses direitos de acordo com sua legislação nacional e com as obrigações que tenham assumido em virtude dos instrumentos internacionais pertinentes, sobretudo se, de outro modo, a criança se tornaria apátrida.

ART. 8. - 1. Os Estados-Partes se comprometem a respeitar o direito da criança de preservar sua identidade, inclusive a nacionalidade, o nome e as relações familiares, de acordo com a lei, sem interferências ilícitas.

2. Quando uma criança se vir privada ilegalmente de algum ou de todos os elementos que configuram sua identidade, os Estados-Partes deverão prestar

assistência e proteção adequadas com vistas a restabelecer rapidamente sua identidade.

Art. 9. - 1. Os Estados-Partes deverão zelar para que a criança não seja separada dos pais contra a vontade dos mesmos, exceto quando, sujeita à revisão judicial, as autoridades competentes determinarem, em conformidade com a lei e os procedimentos legais cabíveis, que tal separação é necessária ao interesse maior da criança. Tal determinação pode ser necessária em casos específicos, por exemplo, nos casos em que a criança sofre maus-tratos ou descuido por parte de seus pais ou quando estes vivem separados e uma decisão deve ser tomada a respeito do local da residência da criança.

2. Caso seja adotado qualquer procedimento em conformidade com o estipulado no parágrafo 1 do presente artigo, todas as Partes interessadas terão a oportunidade de participar e de manifestar suas opiniões.

3. Os Estados-Partes respeitarão o direito da criança que esteja separada de um ou de ambos os pais de manter regularmente relações pessoais e contato direto com ambos, a menos que isso seja contrário ao interesse maior da criança.

4. Quando essa separação ocorrer em virtude de uma medida adotada por um Estado Parte, tal como detenção, prisão, exílio, deportação ou morte (inclusive falecimento decorrente de qualquer causa enquanto a pessoa estiver sob a custódia do Estado) de um dos pais da criança, ou de ambos, ou da própria criança, o Estado Parte, quando solicitado, proporcionará aos pais, à criança ou, se for o caso, a outro familiar, informações básicas a respeito do paradeiro do familiar ou familiares ausentes, a não ser que tal procedimento seja prejudicial ao bem-estar da criança. Os Estados-Partes se certificarão, além disso, de que a apresentação de tal petição não acarrete, por si só, conseqüências adversas para a pessoa ou pessoas interessadas.

Art. 10. - 1. De acordo com a obrigação dos Estados-Partes estipulada no parágrafo 1 do artigo 9, toda solicitação apresentada por uma criança, ou por seus pais, para ingressar ou sair de um Estado Parte com vistas à reunião da família, deverá ser atendida pelos Estados-Partes de forma positiva, humanitária e rápida. Os Estados-Partes assegurarão, ainda, que a apresentação de tal solicitação não acarretará conseqüências adversas para os solicitantes ou para seus familiares.

2. A criança cujos pais residam em Estados diferentes terá o direito de manter, periodicamente, relações pessoais e contato direto com ambos, exceto em circunstâncias especiais. Para tanto, e de acordo com a obrigação assumida pelos Estados-Partes em virtude do parágrafo 2 do artigo 9, os Estados-Partes respeitarão o direito da criança e de seus pais de sair de qualquer país, inclusive do próprio, e de regressar no seu próprio país. O direito de sair de qualquer país estará sujeito, apenas, às restrições determinadas pela lei que sejam necessárias para proteger a segurança nacional, a ordem pública, a saúde ou a moral públicas ou os direitos e as liberdades de outras pessoas e que estejam acordes com os demais direitos reconhecidos pela presente Convenção.

Art. 11. - 1. Os Estados-Partes adotarão medidas a fim de lutar contra a transferência ilegal de crianças para o exterior e a retenção ilícita das mesmas fora do país.

2. Para tanto, os Estados-Partes promoverão a conclusão de acordos bilaterais ou multilaterais ou a adesão a acordos já existentes.

Art. 12. - 1. Os Estados-Partes assegurarão à criança que estiver capacitada a formular seus próprios juízos o direito de expressar suas opiniões livremente sobre todos os assuntos relacionados com a criança, levando-se devidamente em consideração essas opiniões, em função da idade e maturidade da criança.

2. Com tal propósito, se proporcionará à criança, em particular, a oportunidade de ser ouvida em todo processo judicial ou administrativo que afete a mesma, quer diretamente quer por intermédio de um representante ou órgão apropriado, em conformidade com as regras processuais da legislação nacional.

Art. 13. - 1. A criança terá direito à liberdade de expressão. Esse direito incluirá a liberdade de procurar, receber e divulgar informações e idéias de todo tipo, independentemente de fronteiras, de forma oral, escrita ou impressa, por meio das artes ou por qualquer outro meio escolhido pela criança.

2. O exercício de tal direito poderá estar sujeito a determinadas restrições, que serão unicamente as previstas pela lei e consideradas necessárias:

a) Para o respeito dos direitos ou da reputação dos demais; ou

b) Para a proteção da segurança nacional ou da ordem pública, ou para proteger a saúde e a moral públicas.

Art. 14. - 1. Os Estados-Partes respeitarão os direitos da criança à liberdade de pensamento, de consciência e de crença.

2. Os Estados-Partes respeitarão os direitos e deveres dos pais e, se for o caso, dos representantes legais, de orientar a criança com relação ao exercício de seus direitos de maneira acorde com a evolução de sua capacidade.

3. A liberdade de professar a própria religião ou as próprias crenças estará sujeita, unicamente, às limitações prescritas pela lei e necessárias para proteger a segurança, a ordem, a moral, a saúde pública ou os direitos e liberdades fundamentais dos demais.

Art. 15. - 1. Os Estados-Partes reconhecem os direitos da criança à liberdade de associação e à liberdade de realizar reuniões pacíficas.

2. Não serão impostas restrições ao exercício desses direitos, a não ser as estabelecidas em conformidade com a lei e que sejam necessárias numa sociedade democrática, no interesse da segurança nacional ou pública, da ordem pública, da proteção à saúde ou à moral públicas ou da proteção aos direitos e liberdades dos demais.

Art. 16. - 1. Nenhuma criança será objeto de interferências arbitrárias ou ilegais em sua vida particular, sua família, seu domicílio ou sua correspondência, nem de atentados ilegais à sua honra e à sua reputação.

2. A criança tem direito à proteção da lei contra essas interferências ou atentados.

Art. 17. Os Estados-Partes reconhecem a função importante desempenhada pelos meios de comunicação e zelarão para que a criança tenha acesso a informações e materiais procedentes de diversas fontes nacionais e internacionais, especialmente informações e materiais que visem a promover seu bem-estar social, espiritual e moral e sua saúde física e mental. Para tanto, os Estados-Partes:

a) Incentivarão os meios de comunicação a difundir informações e materiais de interesse social e cultural para a criança, de acordo com o espírito do artigo 29;

b) Promoverão a cooperação internacional na produção, no intercâmbio e na divulgação dessas informações e desses materiais procedentes de diversas fontes culturais, nacionais e internacionais;

c) Incentivarão a produção e difusão de livros para crianças;

d) Incentivarão os meios de comunicação no sentido de, particularmente, considerar as necessidades lingüísticas da criança que pertença a um grupo minoritário ou que seja indígena;

e) Promoverão a elaboração de diretrizes apropriadas a fim de proteger a criança contra toda informação e material prejudiciais ao seu bem-estar, tendo em conta as disposições dos artigos 13 e 18.

Art. 18. - 1. Os Estados-Partes envidarão os seus melhores esforços a fim de assegurar o reconhecimento do princípio de que ambos os pais têm obrigações comuns com relação à educação e ao desenvolvimento da criança. Caberá aos pais ou, quando for o caso, aos representantes legais, a responsabilidade primordial pela educação e pelo desenvolvimento da criança. Sua preocupação fundamental visará ao interesse maior da criança.

2. A fim de garantir e promover os direitos enunciados na presente Convenção, os Estados-Partes prestarão assistência adequada aos pais e aos representantes legais para o desempenho de suas funções no que tange à educação da criança e assegurarão a criação de instituições, instalações e serviços para o cuidado das crianças.

3. Os Estados-Partes adotarão todas as medidas apropriadas a fim de que as crianças cujos pais trabalhem tenham direito a beneficiar-se dos serviços de assistência social e creches a que fazem jus.

Art. 19. - 1. Os Estados-Partes adotarão todas as medidas legislativas, administrativas, sociais e educacionais apropriadas para proteger a criança contra todas as formas de violência física ou mental, abuso ou tratamento negligente, maus-tratos ou exploração, inclusive abuso sexual, enquanto a criança estiver sob a custódia dos pais, do representante legal ou de qualquer outra pessoa responsável por ela.

2. Essas medidas de proteção deveriam incluir, conforme apropriado, procedimentos eficazes para a elaboração de programas sociais capazes de proporcionar uma assistência adequada à criança e às pessoas encarregadas de seu cuidado, bem como para outras formas de prevenção, para a identificação, notificação, transferência a uma instituição, investigação, tratamento e acompanhamento posterior dos casos acima mencionados de maus-tratos à criança e, conforme o caso, para a intervenção judiciária.

Art. 20. - 1. As crianças privadas temporárias ou permanentemente do seu meio familiar, ou cujo interesse maior exija que não permaneçam nesse meio, terão direito a proteção e assistência especiais do Estado.

2. Os Estados-Partes garantirão, de acordo com suas leis nacionais, cuidados alternativos para essas crianças.

3. Esses cuidados poderiam incluir, *inter alia*, a colocação em lares de adoção, a *kafalah* do direito islâmico, a adoção ou, caso necessário, a colocação em instituições adequadas de proteção para as crianças. Ao serem consideradas as soluções, deve-se dar especial atenção à origem étnica, religiosa, cultural e lingüística da criança, bem como à conveniência da continuidade de sua educação.

Art. 21. Os Estados-Partes que reconhecem ou permitem o sistema de adoção atentarão para o fato de que a consideração primordial seja o interesse maior da criança. Dessa forma, atentarão para que:

a) A adoção da criança seja autorizada apenas pelas autoridades competentes, as quais determinarão, consoante as leis e os procedimentos cabíveis e com base em todas as informações pertinentes e fidedignas, que a adoção é admissível em vista da situação jurídica da criança com relação a seus pais, parentes e representantes legais e que, caso solicitado, as pessoas interessadas tenham dado, com conhecimento de causa, seu consentimento à adoção, com base no assessoramento que possa ser necessário;

b) A adoção efetuada em outro país possa ser considerada como outro meio de cuidar da criança, no caso em que a mesma não possa ser colocada em um lar de adoção ou entregue a uma família adotiva ou não logre atendimento adequado em seu país de origem;

c) A criança adotada em outro país goze de salvaguardas e normas equivalentes às existentes em seu país de origem com relação à adoção;

d) Todas as medidas apropriadas sejam adotadas, a fim de garantir que, em caso de adoção em outro país, a colocação não permita benefícios financeiros indevidos aos que dela participarem;

e) Quando necessário, promover os objetivos do presente artigo mediante ajustes ou acordos bilaterais ou multilaterais, e envidarão esforços, nesse contexto, com vistas a assegurar que a colocação da criança em outro país seja levada a cabo por intermédio das autoridades ou organismos competentes.

Art. 22. - 1. Os Estados-Partes adotarão medidas pertinentes para assegurar que a criança que tente obter a condição de refugiada, ou que seja considerada como refugiada de acordo com o direito e os procedimentos internacionais ou internos aplicáveis, receba, tanto no caso de estar sozinha como acompanhada por seus pais ou por qualquer outra pessoa, a proteção e a assistência humanitária adequadas a fim de que possa usufruir dos direitos enunciados na presente Convenção e em instrumentos internacionais de direitos humanos ou de caráter humanitário dos quais os citados Estados sejam parte.

2. Para tanto, os Estados-Partes cooperarão, da maneira como julgarem apropriada, com todos os esforços das Nações Unidas e demais organizações intergovernamentais competentes, ou organizações não-governamentais que cooperem com as Nações Unidas, no sentido de proteger e ajudar a criança refugiada, e de localizar seus pais ou outros membros de sua família a fim de obter informações necessárias que permitam sua reunião com a família. Quando não for possível localizar nenhum dos pais ou membros da família, será concedida à criança a mesma proteção outorgada a qualquer outra criança privada permanentemente ou temporariamente de seu ambiente familiar, seja qual for o motivo, conforme o estabelecido na presente Convenção.

Art. 23. - 1. Os Estados-Partes reconhecem que a criança portadora de deficiências físicas ou mentais deverá desfrutar de uma vida plena e decente em condições que garantam sua dignidade, favoreçam sua autonomia e facilitem sua participação ativa na comunidade.

2. Os Estados-Partes reconhecem o direito da criança deficiente de receber cuidados especiais e, de acordo com os recursos disponíveis e sempre que a criança ou seus responsáveis reúnam as condições requeridas, estimularão e assegurarão a prestação da assistência solicitada, que seja adequada ao estado da criança e às circunstâncias de seus pais ou das pessoas encarregadas de seus cuidados.

3. Atendendo às necessidades especiais da criança deficiente, a assistência prestada, conforme disposto no parágrafo segundo do presente artigo, será gratuita sempre que possível, levando-se em consideração a situação econômica dos pais ou das pessoas que cuidem da criança, e visará a assegurar à criança deficiente o acesso efetivo à educação, à capacitação, aos serviços de saúde, aos serviços de reabilitação, à preparação para o emprego e às oportunidades de lazer, de maneira que a criança atinja a mais completa integração social possível e o maior desenvolvimento individual factível, inclusive seu desenvolvimento cultural e espiritual.

Os Estados-Partes promoverão, com espírito de cooperação internacional, um intercâmbio adequado de informações nos campos da assistência médica preventiva e do tratamento médico, psicológico e funcional das crianças deficientes, inclusive a divulgação de informações a respeito dos métodos de reabilitação e dos serviços de ensino e formação profissional, bem como o acesso a essa informação, a fim de que os Estados-Partes possam aprimorar sua capacidade e seus conhecimentos e ampliar sua experiência nesses campos. Nesse sentido, serão levadas especialmente em conta as necessidades dos países em desenvolvimento.

Art. 24. - 1. Os Estados-Partes reconhecem o direito da criança de gozar do melhor padrão possível de saúde e dos serviços destinados ao tratamento das doenças e à recuperação da saúde. Os Estados-Partes envidarão esforços no sentido de assegurar que nenhuma criança se veja privada de seu direito de usufruir desses serviços sanitários.

2. Os Estados-Partes garantirão a plena aplicação desse direito e, em especial, adotarão as medidas apropriadas com vistas a:

a) mreduzir a mortalidade infantil;

b) assegurar a prestação de assistência médica e cuidados sanitários necessários a todas as crianças, dando ênfase aos cuidados básicos de saúde;

c) combater as doenças e a desnutrição dentro do contexto dos cuidados básicos de saúde mediante, *inter alia*, a aplicação de tecnologia disponível e o fornecimento de alimentos nutritivos e de água potável, tendo em vista os perigos da poluição ambiental;

d) assegurar às mães adequadas assistência pré-natal e pós-natal;

e) assegurar que todos os setores da sociedade, e em especial os pais e as crianças, conheçam os princípios básicos de saúde e nutrição das crianças, as vantagens da amamentação, da higiene e do saneamento ambiental e das medidas de prevenção de acidentes, e tenham acesso à educação pertinente e recebam apoio para a aplicação desses conhecimentos;

f) desenvolver a assistência médica preventiva, a orientação aos pais e a educação e serviços de planejamento familiar.

3. Os Estados-Partes adotarão todas as medidas eficazes e adequadas para abolir práticas tradicionais que sejam prejudiciais à saúde da criança.

4. Os Estados-Partes se comprometem a promover e incentivar a cooperação internacional com vistas a lograr, progressivamente, a plena efetivação do direito reconhecido no presente artigo. Nesse sentido, será dada atenção especial às necessidades dos países em desenvolvimento.

Art. 25. Os Estados-Partes reconhecem o direito de uma criança que tenha sido internada em um estabelecimento pelas autoridades competentes, para fins de atendimento, proteção ou tratamento de saúde física ou mental a um exame periódico de avaliação do tratamento ao qual está sendo submetida e de todos os demais aspectos relativos à sua internação.

Art. 26. - 1. Os Estados-Partes reconhecerão a todas as crianças o direito de usufruir da previdência social, inclusive do seguro social, e adotarão as medidas necessárias para lograr a plena consecução desse direito, em conformidade com sua legislação nacional.

2. Os benefícios deverão ser concedidos, quando pertinentes, levando-se em consideração os recursos e a situação da criança e das pessoas responsáveis pelo seu sustento, bem como qualquer outra consideração cabível no caso de uma solicitação de benefícios feita pela criança ou em seu nome.

Art. 27. - 1. Os Estados-Partes reconhecem o direito de toda criança a um nível de vida adequado ao seu desenvolvimento físico, mental, espiritual, moral e social.

2. Cabe aos pais, ou a outras pessoas encarregadas, a responsabilidade primordial de propiciar de acordo com suas possibilidades e meios financeiros, as condições de vida necessárias ao desenvolvimento da criança.

3. Os Estados-Partes, de acordo com as condições nacionais e dentro de suas possibilidades, adotarão medidas apropriadas a fim de ajudar os pais e outras pessoas responsáveis pela criança a tornar efetivo esse direito e, caso necessário, proporcionarão assistência material e programas de apoio, especialmente no que diz respeito à nutrição, ao vestuário e à habitação.

4. Os Estados-Partes tomarão todas as medidas adequadas para assegurar o pagamento da pensão alimentícia por parte dos pais ou de outras pessoas financeiramente responsáveis pela criança, quer residam no Estado Parte quer no exterior. Nesse sentido, quando a pessoa que detém a responsabilidade financeira pela criança residir em Estado diferente daquele onde mora a criança, os Estados-Partes promoverão a adesão a acordos internacionais ou a conclusão de tais acordos, bem como a adoção de outras medidas apropriadas.

Art. 28. - 1. Os Estados-Partes reconhecem o direito da criança à educação e, a fim de que ela possa exercer progressivamente e em igualdade de condições esse direito, deverão especialmente:

a) tornar o ensino primário obrigatório e disponível gratuitamente para todos;

b) estimular o desenvolvimento do ensino secundário em suas diferentes formas, inclusive o ensino geral e profissionalizante, tornando-o disponível e acessível a todas as crianças, e adotar medidas apropriadas tais como a implantação do ensino gratuito e a concessão de assistência financeira em caso de necessidade;

c) tornar o ensino superior acessível a todos com base na capacidade e por todos os meios adequados;

d) tornar a informação e a orientação educacionais e profissionais disponíveis e acessíveis a todas as crianças;

e) adotar medidas para estimular a freqüência regular às escolas e a redução do índice de evasão escolar.

2. Os Estados-Partes adotarão todas as medidas necessárias para assegurar que a disciplina escolar seja ministrada de maneira compatível com a dignidade humana da criança e em conformidade com a presente Convenção.

3. Os Estados-Partes promoverão e estimularão a cooperação internacional em questões relativas à educação, especialmente visando a contribuir para a eliminação da ignorância e do analfabetismo no mundo e facilitar o acesso aos conhecimentos científicos e técnicos e aos métodos modernos de ensino. A esse respeito, será dada atenção especial às necessidades dos países em desenvolvimento.

Art. 29. - 1. Os Estados-Partes reconhecem que a educação da criança deverá ser orientada no sentido de:

a) desenvolver a personalidade, as aptidões e a capacidade mental e física da criança em todo o seu potencial;

b) imbuir na criança o respeito aos direitos humanos e as liberdades fundamentais, bem como aos princípios consagrados na Carta das Nações Unidas;

c) imbuir na criança o respeito aos seus pais, à sua própria identidade cultural, ao seu idioma e seus valores, aos valores nacionais do país em que reside, aos do eventual país de origem, e aos das civilizações diferentes da sua;

d) preparar a criança para assumir uma vida responsável numa sociedade livre, com espírito de compreensão, paz, tolerância, igualdade de sexos e amizade entre todos os povos, grupos étnicos, nacionais e religiosos e pessoas de origem indígena;

e) imbuir na criança o respeito ao meio ambiente.

2. Nada do disposto no presente artigo ou no artigo 28 será interpretado de modo a restringir a liberdade dos indivíduos ou das entidades de criar e dirigir instituições de ensino, desde que sejam respeitados os princípios enunciados no parágrafo primeiro do presente artigo e que a educação ministrada em tais instituições esteja acorde com os padrões mínimos estabelecidos pelo Estado.

Art. 30. Nos Estados-Partes onde existam minorias étnicas, religiosas ou lingüísticas, ou pessoas de origem indígena, não será negado a uma criança que pertença a tais minorias ou que seja indígena o direito de, em comunidade com os demais membros de seu grupo, ter sua própria cultura, professar e praticar sua própria religião ou utilizar seu próprio idioma.

Art. 31. - 1. Os Estados-Partes reconhecem o direito da criança ao descanso e ao lazer, ao divertimento e às atividades recreativas próprias da idade, bem como à livre participação na vida cultural e artística.

2. Os Estados-Partes respeitarão e promoverão o direito da criança de participar plenamente da vida cultural e artística e encorajarão a criação de oportunidades adequadas, em condições de igualdade, para que participem da vida cultural, artística, recreativa e de lazer.

Art. 32. - 1. Os Estados-Partes reconhecem o direito da criança de estar protegida contra a exploração econômica e contra o desempenho de qualquer trabalho que possa ser perigoso ou interferir em sua educação, ou que seja nocivo para sua saúde ou para seu desenvolvimento físico, mental, espiritual, moral ou social.

2. Os Estados-Partes adotarão medidas legislativas, administrativas, sociais e educacionais com vistas a assegurar a aplicação do presente artigo. Com tal propósito, e levando em consideração as disposições pertinentes de outros instrumentos internacionais, os Estados-Partes, deverão, em particular:

a) estabelecer uma idade ou idades mínimas para a admissão em empregos;

b) estabelecer regulamentação apropriada relativa a horários e condições de emprego;

c) estabelecer penalidades ou outras sanções apropriadas a fim de assegurar o cumprimento efetivo do presente artigo.

Art. 33. Os Estados-Partes adotarão todas as medidas apropriadas, inclusive medidas legislativas, administrativas, sociais e educacionais, para proteger a criança contra o uso ilícito de drogas e substâncias psicotrópicas descritas nos tratados internacionais pertinentes e para impedir que sejam utilizadas na produção e no tráfico ilícito dessas substâncias.

Art. 34. Os Estados-Partes se comprometem a proteger a criança contra todas as formas de exploração e abuso sexual. Nesse sentido, os Estados-Partes tomarão, em especial, todas as medidas de caráter nacional, bilateral e multilateral que sejam necessárias para impedir:

a) o incentivo ou a coação para que uma criança se dedique a qualquer atividade sexual ilegal;

b) a exploração da criança na prostituição ou outras práticas sexuais ilegais;

c) a exploração da criança em espetáculos ou materiais pornográficos.

Art. 35. Os Estados-Partes tomarão todas as medidas de caráter nacional e multilateral que sejam necessárias para impedir o seqüestro, a venda ou o tráfico de crianças para qualquer fim ou sob qualquer forma.

Art. 36. Os Estados-Partes protegerão a criança contra todas as demais formas de exploração que sejam prejudiciais para qualquer aspecto de seu bem-estar.

Art. 37. Os Estados-Partes zelarão para que:

a) nenhuma criança seja submetida a tortura nem a outros tratamentos ou penas cruéis, desumanos ou degradantes. Não será imposta a pena de morte nem prisão perpétua sem possibilidade de livramento por delitos cometidos por menores de dezoito anos de idade;

b) nenhuma criança seja privada de sua liberdade de forma ilegal ou arbitrária. A detenção, a reclusão ou a prisão de uma criança será efetuada em conformidade com a lei e apenas como último recurso, e durante o mais breve período de tempo que for apropriado;

c) toda criança privada da liberdade seja tratada com humanidade e o respeito que merece a dignidade inerente à pessoa humana, e levando-se em consideração as necessidades de uma pessoa de sua idade. Em especial, toda criança privada de sua liberdade ficará separada dos adultos, a não ser que tal fato seja considerado contrário aos melhores interesses da criança, e terá direito a manter contato com sua família por meio de correspondência ou de visitas, salvo em circunstâncias excepcionais;

d) toda criança privada de sua liberdade tenha direito a rápido acesso a assistência jurídica e a qualquer outra assistência adequada, bem como direito a impugnar a legalidade da privação de sua liberdade perante um tribunal ou outra autoridade competente, independente e imparcial e a uma rápida decisão a respeito de tal ação.

Art. 38. - 1. Os Estados-Partes se comprometem a respeitar e a fazer com que sejam respeitadas as normas do direito humanitário internacional aplicáveis em casos de conflito armado no que digam respeito às crianças.

2. Os Estados-Partes adotarão todas as medidas possíveis a fim de assegurar que todas as pessoas que ainda não tenham completado quinze anos de idade não participem diretamente de hostilidades.

3. Os Estados-Partes abster-se-ão de recrutar pessoas que não tenham completado quinze anos de idade para servir em suas forças armadas. Caso recrutem pessoas que tenham completado quinze anos mas tenham menos de dezoito anos, deverão procurar dar prioridade aos de mais idade.

4. Em conformidade com suas obrigações de acordo com o direito humanitário internacional para proteção da população civil durante os conflitos armados, os Estados-Partes adotarão todas as medidas necessárias a fim de assegurar a proteção e o cuidado das crianças afetadas por um conflito armado.

Art. 39. Os Estados-Partes adotarão todas as medidas apropriadas para estimular a recuperação física e psicológica e a reintegração social de toda criança vítima de: qualquer forma de abandono, exploração ou abuso; tortura ou outros tratamentos ou penas cruéis, desumanos ou degradantes; ou conflitos armados. Essa preocupação e reintegração serão efetuadas em ambiente que estimule a saúde, o respeito próprio e a dignidade da criança.

Art. 40. - 1. Os Estados-Partes reconhecem o direito de toda criança a quem se alegue ter infringido as leis penais ou a quem se acuse ou declare culpada de ter infringido as leis penais de ser tratada de modo a promover e estimular seu sentido de dignidade e de valor e a fortalecer o respeito da criança pelos direitos humanos e pelas liberdades fundamentais de terceiros, levando em consideração a idade da criança e a importância de se estimular sua reintegração e seu desempenho construtivo na sociedade.

2. Nesse sentido, e de acordo com as disposições pertinentes dos instrumentos internacionais, os Estados-Partes assegurarão, em particular:

a) que não se alegue que nenhuma criança tenha infringido as leis penais, nem se acuse ou declare culpada nenhuma criança de ter infringido essas leis, por atos ou omissões que não eram proibidos pela legislação nacional ou pelo direito internacional no momento em que foram cometidos;

b) que toda criança de quem se alegue ter infringido as leis penais ou a quem se acuse de ter infringido essas leis goze, pelo menos, das seguintes garantias:

i) ser considerada inocente enquanto não for comprovada sua culpabilidade conforme a lei;

ii) ser informada sem demora e diretamente ou, quando for o caso, por intermédio de seus pais ou de seus representantes legais, das acusações que pesam contra ela, e dispor de assistência jurídica ou outro tipo de assistência apropriada para a preparação e apresentação de sua defesa;

iii) ter a causa decidida sem demora por autoridade ou órgão judicial competente, independente e imparcial, em audiência justa conforme a lei, com assistência jurídica ou outra assistência e, a não ser que seja considerado contrário aos melhores interesses da criança, levando em consideração especialmente sua idade ou situação e a de seus pais ou representantes legais;

iv) não ser obrigada a testemunhar ou a se declarar culpada, e poder interrogar ou fazer com que sejam interrogadas as testemunhas de acusação bem como poder obter a participação e o interrogatório de testemunhas em sua defesa, em igualdade de condições;

v) se for decidido quem infringiu as leis penais, ter essa decisão e qualquer medida imposta em decorrência da mesma submetidas a revisão por autoridade ou órgão judicial superior competente, independente e imparcial, de acordo com a lei;

vi) contar com a assistência gratuita de um intérprete caso a criança não compreenda ou fale o idioma utilizado;

vii) ter plenamente respeitada sua vida privada durante todas as fases do processo.

3. Os Estados-Partes buscarão promover o estabelecimento de leis, procedimentos, autoridades e instituições específicas para as crianças de quem se alegue ter infringido as leis penais ou que sejam acusadas ou declaradas culpadas de tê-las infringido, e em particular:

a) o estabelecimento de uma idade mínima antes da qual se presumirá que a criança não tem capacidade para infringir as leis penais;

b) a adoção sempre que conveniente e desejável, de medidas para tratar dessas crianças sem recorrer a procedimentos judiciais, contanto que sejam respeitados plenamente os direitos humanos e as garantias legais.

4. Diversas medidas, tais como ordens de guarda, orientação e supervisão, aconselhamento, liberdade vigiada, colocação em lares de adoção, programas de educação e formação profissional, bem como outras alternativas à internação em instituições, deverão estar disponíveis para garantir que as crianças

sejam tratadas de modo apropriado ao seu bem-estar e de forma proporcional às circunstâncias e ao tipo de delito.

Art. 41. Nada do estipulado na presente Convenção afetará disposições que sejam mais convenientes para a realização dos direitos da criança e que podem constar:

a) das leis de um Estado Parte;

b) das normas de direito internacional vigentes para esse Estado.

PARTE II

Art. 42. Os Estados-Partes se comprometem a dar aos adultos e às crianças amplo conhecimento dos princípios e disposições da Convenção, mediante a utilização de meios apropriados e eficazes.

Art. 43. - 1. A fim de examinar os progressos realizados no cumprimento das obrigações contraídas pelos Estados-Partes na presente Convenção, deverá ser estabelecido um Comitê para os Direitos da Criança que desempenhará as funções a seguir determinadas.

2. O Comitê estará integrado por dez especialistas de reconhecida integridade moral e competência nas áreas cobertas pela presente Convenção. Os membros do Comitê serão eleitos pelos Estados-Partes dentre seus nacionais e exercerão suas funções a título pessoal, tomando-se em devida conta a distribuição geográfica eqüitativa bem como os principais sistemas jurídicos.

3. Os membros do Comitê serão escolhidos, em votação secreta, de uma lista de pessoas indicadas pelos Estados-Partes. Cada Estado Parte poderá indicar uma pessoa dentre os cidadãos de seu país.

4. A eleição inicial para o Comitê será realizada, no mais tardar, seis meses após a entrada em vigor da presente Convenção e, posteriormente, a cada dois anos. No mínimo quatro meses antes da data marcada para cada eleição, o Secretário-Geral das Nações Unidas enviará uma carta aos Estados-Partes convidando-os a apresentar suas candidaturas num prazo de dois meses. O Secretário-Geral elaborará posteriormente uma lista da qual farão parte, em ordem alfabética, todos os candidatos indicados e os Estados-Partes que os designaram, e submeterá a mesma aos Estados-Partes presentes à Convenção.

5. As eleições serão realizadas em reuniões dos Estados-Partes convocadas pelo Secretário-Geral na Sede das Nações Unidas. Nessas reuniões, para as quais o *quorum* será de dois terços dos Estados-Partes, os candidatos eleitos para o Comitê serão aqueles que obtiverem o maior número de votos e a maioria absoluta de votos dos representantes dos Estados-Partes presentes e votantes.

6. Os membros do Comitê serão eleitos para um mandato de quatro anos. Poderão ser reeleitos caso sejam apresentadas novamente suas candidaturas. O mandato de cinco membros eleitos na primeira eleição expirará ao término de dois anos; imediatamente após ter sido realizada a primeira eleição, o Presidente da reunião na qual a mesma se efetuou escolherá por sorteio os nomes desses cinco membros.

7. Caso um membro do Comitê venha a falecer ou renuncie ou declare que por qualquer outro motivo não poderá continuar desempenhando suas funções, o Estado Parte que indicou esse membro designará outro especialista, dentre seus cidadãos, para que exerça o mandato até seu término, sujeito à aprovação do Comitê.

8. O Comitê estabelecerá suas próprias regras de procedimento.

9. O Comitê elegerá a Mesa para um período de dois anos.

10. As reuniões do Comitê serão celebradas normalmente na Sede das Nações Unidas ou em qualquer outro lugar que o Comitê julgar conveniente. O Comitê se reunirá normalmente todos os anos. A duração das reuniões do Comitê será determinada e revista, se for o caso, em uma reunião dos Estados-Partes da presente Convenção, sujeita à aprovação da Assembléia Geral.

11. O Secretário-Geral das Nações Unidas fornecerá o pessoal e os serviços necessários para o desempenho eficaz das funções do Comitê de acordo com a presente Convenção.

12. Com prévia aprovação da Assembléia Geral, os membros do Comitê estabelecido de acordo com a presente Convenção receberão emolumentos provenientes dos recursos das Nações Unidas, segundo os termos e condições determinados pela Assembléia.

Art. 44. - 1. Os Estados-Partes se comprometem a apresentar ao Comitê, por intermédio do Secretário-Geral das Nações Unidas, relatórios sobre as medidas que tenham adotado com vistas a tornar efetivos os direitos reconhecidos na Convenção e sobre os progressos alcançados no desempenho desses direitos;

a) num prazo de dois anos a partir da data em que entrou em vigor para cada Estado Parte a presente Convenção;

b) a partir de então, a cada dois anos.

2. Os relatórios preparados em função do presente artigo deverão indicar as circunstâncias e as dificuldades, caso existam, que afetam o grau de cumprimento das obrigações derivadas da presente Convenção. Deverão, também, conter informações suficientes para que o Comitê compreenda, com exatidão, a implementação da Convenção no país em questão.

3. Um Estado Parte que tenha apresentado um relatório inicial ao Comitê não precisará repetir, nos relatórios posteriores a serem apresentados conforme o estipulado no subitem b do parágrafo primeiro do presente artigo, a informação básica fornecida anteriormente.

4. O Comitê poderá solicitar aos Estados-Partes maiores informações sobre a implementação da Convenção.

5. A cada dois anos, o Comitê submeterá relatórios sobre suas atividades à Assembléia Geral das Nações Unidas, por intermédio do Conselho Econômico e Social.

6. Os Estados-Partes tornarão seus relatórios amplamente disponíveis ao público em seus respectivos países.

Art. 45. A fim de incentivar a efetiva implementação da Convenção e estimular a cooperação internacional nas esferas regulamentadas pela Convenção:

a) os organismos especializados, o Fundo das Nações Unidas para a Infância e outros órgãos das Nações Unidas terão o direito de estar representados quando for analisada a implementação das disposições da presente Convenção que estejam compreendidas no âmbito de seus mandatos. O Comitê poderá convidar as agências especializadas, o Fundo das Nações Unidas para a Infância e outros órgãos competentes que considere apropriados a fornecer assessoramento especializado sobre a implementação da Convenção em matérias correspondentes a seus respectivos mandatos. O Comitê poderá convidar as agências especializadas, o Fundo das Nações Unidas para a Infância e outros órgãos das Nações Unidas a apresentarem relatórios sobre a implementação das disposições da presente Convenção compreendidas no âmbito de suas atividades;

b) conforme julgar conveniente, o Comitê transmitirá às agências especializadas, ao Fundo das Nações Unidas para a Infância e a outros órgãos competentes quaisquer relatórios dos Estados-Partes que contenham um pedido de assessoramento ou de assistência técnica, ou nos quais se indique essa necessidade, juntamente com as observações e sugestões do Comitê, se as houver, sobre esses pedidos ou indicações;

c) o Comitê poderá recomendar à Assembléia Geral que solicite ao Secretário-Geral que efetue, em seu nome, estudos sobre questões concretas relativas aos direitos da criança;

d) o Comitê poderá formular sugestões e recomendações gerais com base nas informações recebidas nos termos dos artigos 44 e 45 da presente Convenção. Essas sugestões e recomendações gerais deverão ser transmitidas aos Estados-Partes e encaminhadas à Assembléia Geral, juntamente com os comentários eventualmente apresentados pelos Estados-Partes.

PARTE III

Art. 46. A presente Convenção está aberta à assinatura de todos os Estados.

Art. 47. A presente Convenção está sujeita a ratificação. Os instrumentos de ratificação serão depositados junto ao Secretário-Geral das Nações Unidas.

Art. 48. A presente Convenção permanecerá aberta à adesão de qualquer Estado. Os instrumentos de adesão serão depositados junto ao Secretário-Geral das Nações Unidas.

Art. 49. - 1. A presente Convenção entrará em vigor no trigésimo dia após a data em que tenha sido depositado o vigésimo instrumento de ratificação ou de adesão junto ao Secretário-Geral das Nações Unidas.

2. Para cada Estado que venha a ratificar a Convenção ou a aderir após ter sido depositado o vigésimo instrumento de ratificação ou de adesão, a Convenção entrará em vigor no trigésimo dia após o depósito, por parte do Estado, de seu instrumento de ratificação ou de adesão.

Art. 50. - 1. Qualquer Estado Parte poderá propor uma emenda e registrá-la com o Secretário-Geral das Nações Unidas. O Secretário-Geral comunicará a emenda proposta aos Estados-Partes, com a solicitação de que estes o notifiquem caso apóiem a convocação de uma Conferência de Estados-Partes com o propósito de analisar as propostas e submetê-las à votação. Se, num prazo de quatro meses a partir da data dessa notificação, pelo menos um terço dos Estados-Partes se declarar favorável a tal Conferência, o Secretário-Geral convocará Conferência, sob os auspícios das Nações Unidas. Qualquer emenda adotada pela maioria de Estados-Partes presentes e votantes na Conferência será submetida pelo Secretário-Geral à Assembléia Geral para sua aprovação.

2. Uma emenda adotada em conformidade com o parágrafo e do presente artigo entrará em vigor quando aprovada pela Assembléia Geral das Nações Unidas e aceita por uma maioria de dois terços de Estados-Partes.

3. Quando uma emenda entrar em vigor, ela será obrigatória para os Estados-Partes que as tenham aceito, enquanto os demais Estados-Partes permanecerão obrigados pelas disposições da presente Convenção e pelas emendas anteriormente aceitas por eles.

Art. 51. - 1. O Secretário-Geral das Nações Unidas receberá e comunicará a todos os Estados-Partes o texto das reservas feitas pelos Estados no momento da ratificação ou da adesão.

2. Não será permitida nenhuma reserva incompatível com o objetivo e o propósito da presente Convenção.

3. Quaisquer reservas poderão ser retiradas a qualquer momento mediante uma notificação nesses sentido dirigida ao Secretário-Geral das Nações Unidas, que informará a todos os Estados. Essa notificação entrará em vigor a partir da data de recebimento da mesma pelo Secretário-Geral.

Art. 52. Um Estado Parte poderá denunciar a presente Convenção mediante notificação feita por escrito ao Secretário-Geral das Nações Unidas. A denúncia entrará em vigor um ano após a data em que a notificação tenha sido recebida pelo Secretário-Geral.

Art. 53. Designa-se para depositário da presente Convenção o Secretário-Geral das Nações Unidas.

Art. 54. O original da presente Convenção, cujos textos em árabe, chinês, espanhol, francês, inglês e russo são igualmente autênticos, será depositado em poder do Secretário-Geral das Nações Unidas.

Em fé do que, os Plenipotenciários abaixo assinados, devidamente autorizados por seus respectivos Governos, assinaram a presente Convenção.

ANEXO B

"CONVENÇÃO RELATIVA À PROTEÇÃO E À COOPERAÇÃO EM MATÉRIA DE ADOÇÃO INTERNACIONAL"

(Haia, em 29.05.1993)

Os Estados signatários da presente Convenção,

Reconhecendo que, para o desenvolvimento harmonioso de sua personalidade a criança deve crescer em um meio familiar, em um clima de felicidade, de amor e de compreensão;

Recordando que cada país deve tomar, com caráter prioritário, medidas adequadas para permitir a manutenção da criança em sua família de origem;

Reconhecendo que a adoção internacional pode apresentar a vantagem de dar uma família permanente a uma criança que não encontra a família conveniente em seu país de origem;

Convencidos da necessidade de prever medidas para garantir que as ações internacionais devem ser feitas no interesse superior da criança e com respeito a seus direitos fundamentais, assim como para prevenir o seqüestro, a venda ou o tráfico de crianças; e

Desejando estabelecer para esse efeito disposições comuns que tomem em consideração os princípios reconhecidos por instrumentos internacionais, em particular a Convenção das Nações Unidas sobre os Direitos da Criança, de 20.11.1989, e pela Declaração das Nações Unidas sobre os princípios sociais e jurídicos aplicáveis à proteção e ao bem-estar das crianças, com especial referência às práticas em matéria de adoção e de colocação familiar nos planos nacional e internacional (Resolução da Assembléia Geral 41/85, de 03.12.1986);

Acordam as seguintes disposições:

CAPÍTULO I - CAMPO DE APLICAÇÃO DA CONVENÇÃO

Art. 1. A presente Convenção tem por objeto:

a) estabelecer garantias para que as adoções internacionais sejam feitas levando em consideração o interesse superior da criança e com respeito aos direitos fundamentais, que lhes reconhece o direito internacional;

b) instaurar um sistema de cooperação entre os Estados contratantes que assegure o respeito as ditas garantias e em conseqüência, previna o seqüestro, a venda ou o tráfico de crianças;

c) assegurar o reconhecimento nos Estados contratantes das adoções realizadas segundo a Convenção.

Art. 2. - 1. A Convenção aplica-se quando uma criança com residência habitual em um Estado contratante ("O Estado de origem") tenha sido, é, ou deva ser deslocada para outro Estado contratante ("O Estado de acolhida"), seja após sua adoção no Estado de origem pelos cônjuges ou por uma pessoa residente habitualmente no Estado de acolhida, bem como se essa adoção será realizada, após o deslocamento, no Estado de acolhida ou no Estado de origem.

2. A Convenção somente abrange as adoções que estabeleçam um vínculo de filiação.

Art. 3. A Convenção deixa de ser aplicável, se as aprovações previstas no art. 17, letra "c" não foram dadas antes que a criança atinja a idade de dezoito anos.

CAPÍTULO II - REQUISITOS PARA AS ADOÇÕES INTERNACIONAIS

Art. 4. As adoções abrangidas por esta Convenção só podem ter lugar quando as Autoridades competentes no Estado de Origem:

a) tenham estabelecido que a criança é adotável;

b) tenham constatado, depois de haver examinado adequadamente as possibilidades de colocação da criança em seu Estado de origem, que uma adoção internacional responde ao interesse superior da criança;

c) tenham assegurado que:

1) as pessoas, instituições e autoridades, cujo consentimento se requeira para a adoção, tenham sido convenientemente instruídas e devidamente informadas das conseqüências de seu consentimento, em particular das conseqüências em relação a manutenção ou a ruptura, em virtude da adoção, dos vínculos jurídicos entre a criança e sua família de origem;

2) estas pessoas, instituições e autoridades tenham dado seu consentimento livremente, na forma legalmente prevista e que este consentimento tenha sido manifestado ou constatado por escrito;

3) os consentimentos não tenham sido obtidos mediante pagamento ou compensação de qualquer espécie e que tais consentimentos não tenham sido revogados; e

4) o consentimento da mãe, se ele é exigido, não foi expressado após o nascimento da criança;

d) tenham assegurado, observada a idade e o grau de maturidade da criança, que:

1) tenha sido esta convenientemente instruída e devidamente informada sobre as conseqüências da adoção e de seu consentimento à adoção, quando este é exigido;

2) tenham sido tomados em consideração os desejos e as opiniões da criança;

3) o consentimento da criança à adoção, quando exigido, tenha sido dado livremente, na forma prevista, e que este consentimento tenha sido manifestado ou constatado por escrito;

4) o consentimento não tenha sido obtido mediante pagamento ou compensação de qualquer espécie.

Art. 5. As adoções abrangidas por essa Convenção só podem ter lugar quando as Autoridades competentes do Estado de acolhida:

a) tenham constatado que os futuros pais adotivos são habilitados e aptos para adotar;

b) tenham se assegurado de que os futuros pais adotivos tenham sido convenientemente instruídos;

c) tenham constatado que a criança foi ou poderá ser autorizada a entrar e a residir permanentemente no Estado de acolhida.

CAPÍTULO III - AUTORIDADES CENTRAIS E ORGANISMOS AUTORIZADOS

Art. 6. - 1. Todo Estado contratante designará uma Autoridade Central encarregada de dar cumprimento às obrigações que a presente Convenção impõe.

2. Um Estado federal, um Estado no qual vigoram diversos sistemas jurídicos ou um Estado com unidades territoriais autônomas, pode designar mais de uma Autoridade Central e especificar a extensão territorial e pessoal de suas funções. O Estado que faça uso dessa faculdade designará a Autoridade Central a quem pode ser dirigida toda comunicação para sua retransmissão à Autoridade Central competente dentro desse Estado.

Art. 7. - 1. As Autoridades Centrais deverão cooperar entre si e promover a colaboração entre as Autoridades competentes de seus respectivos Estados para assegurar a proteção das crianças e alcançar os demais objetivos da Convenção.

2. As Autoridades Centrais tomarão, diretamente, todas as medidas para:

a) proporcionar informações sobre a legislação de seus Estados em matéria de adoção internacional e outras informações gerais, tais como estatísticas e formulários;

b) informar-se mutuamente sobre o funcionamento da Convenção e, na medida do possível, suprimir os obstáculos para sua aplicação.

Art. 8. As Autoridades tomarão, diretamente ou com a cooperação de autoridades públicas, todas as medidas apropriadas para prevenir benefícios materiais indevidos em virtude de uma adoção e para impedir toda prática contrária aos objetivos da Convenção.

Art. 9. As Autoridades tomarão todas as medidas apropriadas, seja diretamente ou com a cooperação de Autoridades públicas ou outros organismos devidamente acreditados em seu Estado, em especial para:

a) reunir, conservar e intercambiar as informações relativas à situação da criança e dos futuros pais adotivos, na medida do necessário para a realização da adoção;

b) facilitar, seguir e ativar o procedimento de adoção;

c) promover o desenvolvimento de organismos de assessoramento em matéria de adoção e de serviços para o acompanhamento das adoções em seus respectivos Estados;

d) intercambiar relatórios gerais de avaliação sobre as experiências em matéria de adoção internacional;

e) responder, na medida em que permite a lei do Estado requerido, às solicitações de informações motivadas a respeito de uma situação particular de adoção formuladas por outras autoridades centrais ou por autoridades públicas.

Art. 10. Somente podem obter e conservar o acreditamento ("*agrement*") e conservá-lo os organismos que demonstrarem sua aptidão para cumprir corretamente as funções, que puderem lhe ser conferidas.

Art. 11. Um organismo acreditado deve:

a) perseguir unicamente fins não lucrativos, nas condições e dentro dos limites fixados pelas Autoridades competentes do Estado que o tenham acreditado;

b) ser dirigido e administrado por pessoas qualificadas por sua integridade moral e por sua formação ou experiência para atuar em matéria de adoção internacional;

c) estar submetidos ao controle das Autoridades competentes de dito Estado, no que se refere à sua composição, funcionamento e situação financeira.

Art. 12. Um organismo acreditado em um Estado contratante somente poderá atuar em outro Estado contratante, se foi autorizado pelas Autoridades competentes de ambos os Estados.

Art. 13. A designação das Autoridades Centrais e, quando o caso, a extensão de suas funções, assim como os nomes e endereços dos organismos acreditados, devem ser comunicados para cada Estado contratante ao Bureau Permanente da Conferência de Haia de Direito Internacional Privado.

CAPÍTULO IV - REQUISITOS DE PROCEDIMENTO PARA A ADOÇÃO INTERNACIONAL

Art. 14. As pessoas com residência habitual em um Estado contratante, que desejem adotar uma criança, cuja residência habitual seja em outro Estado contratante, deverão dirigir-se à Autoridade Central do Estado de sua residência habitual.

Art. 15. - 1. Se a Autoridade Central do Estado de acolhida considera que os solicitantes são habilitados e aptos para adotar, prepara um relatório que contenha informações sobre a identidade, capacidade jurídica dos solicitantes para adotar, sua situação pessoal, familiar e médica, seu meio social, os motivos que os anima, sua aptidão para assumir uma adoção internacional, assim como sobre as crianças que eles estariam em condições de cuidar.

2. A Autoridade Central do Estado de acolhida transmitirá o relatório à Autoridade Central do Estado de origem.

Art. 16. - 1. Se a Autoridade Central do Estado de origem considera que a criança é adotável:

a) preparará um relatório que contenha informações sobre a identidade da criança, sua adotabilidade, seu meio social, sua evolução pessoal e familiar, sua história médica e de sua família, assim como sobre suas necessidades particulares;

b) levará em conta as condições de educação da criança, assim como sua origem étnica, religiosa e cultural;

c) assegurar-se-á que os consentimentos foram obtidos de acordo com o Artigo 5; e

d) constatará, baseando-se especialmente nos relatórios relativos à criança e aos futuros pais adotivos, se a colocação prevista obedece ao interesse superior da criança.

2. A Autoridade Central transmite à Autoridade Central do Estado de acolhida seu relatório sobre a criança, a prova dos consentimentos requeridos e as razões que informam a colocação, cuidando para não revelar a identidade da mãe ou do pai, caso o Estado de origem não permita a divulgação dessas identidades.

Art. 17. Toda decisão de confiar uma criança aos futuros pais adotivos somente pode ser tomada no Estado de origem se:

a) a Autoridade Central do Estado de origem tenha se assegurado de que os futuros pais adotivos manifestaram seu acordo;

b) a Autoridade Central do Estado de acolhida tenha aprovado tal decisão, quando esta aprovação é requerida pela lei do Estado de acolhida ou pela Autoridade Central do Estado de origem;

c) as Autoridades Centrais de ambos os Estados estão de acordo que se prossiga com a adoção; e

d) se tenha constatado, de acordo com o Artigo 5, que os futuros pais adotivos são habilitados e aptos a adotar e que a criança tenha sido ou será autorizada a entrar e residir permanentemente no Estado de acolhida.

Art. 18. As Autoridades Centrais dos dois Estados tomarão as medidas necessárias para que a criança receba a autorização de saída do Estado de origem, assim como aquela de entrada e de permanência definitiva no Estado de acolhida.

Art. 19. - 1. O deslocamento da criança para o Estado de acolhida só pode ocorrer quando se tenham observado os requisitos do Artigo 17.

2. As Autoridades Centrais dos dois Estados devem assegurar que o deslocamento se realize com toda a segurança, em condições adequadas e, quando possível, em companhia dos pais adotivos ou futuros pais adotivos.

3. Se o deslocamento da criança não se efetua, os relatórios a que se referem os Artigos 15 e 16, serão devolvidos às Autoridades que os tenham expedido.

Art. 20. As Autoridades Centrais se manterão informadas sobre o procedimento de adoção e as medidas adotadas para seu termo, assim como sobre o desenvolvimento do período probatório, se esse é requerido.

Art. 21. Se a adoção deve ter lugar no Estado de acolhida, após o deslocamento da criança, e a Autoridade Central de dito Estado considera que a manutenção da criança na família de acolhida já não responde ao seu interesse superior, esta Autoridade Central tomará as medidas necessárias para a proteção da criança, especialmente para:

a) retirar a criança das pessoas que desejavam adotá-la e prover, provisoriamente, seu cuidado;

b) em consulta com a Autoridade Central do Estado de origem, assegura, sem demora, uma nova colocação com vistas a sua adoção ou, em sua falta, uma colocação alternativa de caráter duradouro. Uma nova adoção da criança somente poderá ter lugar se a Autoridade Central do Estado de origem tenha sido devidamente informada sobre os novos pais adotivos;

c) como último recurso, assegurar o retorno da criança ao Estado de origem, se assim exige o interesse da criança.

Art. 22. - 1. As funções conferidas à Autoridade Central pelo presente capítulo podem ser exercidas por Autoridades Públicas ou por organismos acreditados, em conformidade com o capítulo III, e sempre na medida prevista pela lei deste Estado.

2. Um Estado contratante pode declarar ante o depositário da Convenção que as funções conferidas à Autoridade Central pelos Artigos 15 e 21 poderão também ser exercidas neste Estado, dentro dos limites permitidos pela lei e sob o controle das autoridades competentes desse Estado, por pessoas e organismos que:

a) cumpram as condições de integridade moral, de competência profissional, experiência e responsabilidade exigidas por dito Estado;

b) são qualificadas por seus padrões éticos e sua formação e experiência para atuar em matéria de adoção internacional.

3. O Estado contratante que efetue esta declaração, prevista no parágrafo segundo, informará com regularidade ao Bureau Permanente da Conferência

de Haia de Direito Internacional Privado os nomes e endereço destes organismos e pessoas.

4. Não obstante toda declaração efetuada de acordo com o parágrafo segundo, os relatórios previstos pelos artigos 15 e 16 são, em todos os casos, elaborados sob a responsabilidade da Autoridade Central ou por autoridades ou organismos, em conformidade com o parágrafo primeiro.

5. Um Estado contratante pode declarar ante o depositário da Convenção que as adoções de crianças, cuja residência habitual esteja situada em seu território, somente poderão ter lugar se as funções conferidas às Autoridades Centrais são exercidas de acordo com o parágrafo primeiro.

CAPÍTULO V - RECONHECIMENTO E EFEITOS DA ADOÇÃO

Art. 23. - 1. Uma adoção certificada como conforme à Convenção por uma autoridade competente do Estado onde teve lugar será reconhecida de pleno direito pelos demais Estados contratantes. O certificado deve especificar quando e quem outorgou o assentimento previsto no art. 17, letra *c*.

2. Todo Estado contratante, no momento da assinatura, da ratificação, aceitação, aprovação ou adesão, notificará ao depositário da Convenção a identidade e as funções da autoridade ou autoridades, as quais neste Estado são competentes para elaborar esta certificação, bem como notificará, igualmente, qualquer modificação na designação dessas autoridades.

Art. 24. O reconhecimento de uma adoção só pode ser recusado por um Estado contratante, se esta adoção é manifestamente contrária à sua ordem pública, tomando em consideração o interesse superior da criança.

Art. 25. Todo Estado contratante pode declarar ante o depositário da Convenção que não reconhecerá as adoções feitas conforme um acordo concluído com base no artigo 39, parágrafo 2 desta Convenção.

Art. 26. - 1. O reconhecimento da adoção implica no reconhecimento:

a) do vínculo de filiação entre a criança e seus pais adotivos;

b) da responsabilidade paterna dos pais adotivos a respeito da criança;

c) da ruptura de filiação preexistente entre a criança e sua mãe ou pai, se a adoção produz efeito no Estado contratante em que teve lugar.

2. Se a adoção tem como efeito a ruptura do vínculo preexistente de filiação, a criança gozará, no Estado de acolhida e em todo outro Estado contratante, no qual se reconheça a adoção, de direitos equivalentes aos que resultam de uma adoção, que produza tal efeito em cada um desses Estados.

3. Os parágrafos precedentes não impedirão a aplicação de disposições mais favoráveis à criança, em vigor nos Estados contratantes em que se reconheça a adoção.

Art. 27. - 1. Se uma adoção realizada em um Estado de origem não tem como efeito a ruptura do vínculo preexistente de filiação, o Estado de acolhida, que reconhece a adoção, em conformidade com a Convenção, poderá convertê-la em uma adoção que produza tal efeito, se:

a) a lei do Estado de acolhida permite; e

b0 os consentimentos exigidos no artigo 4, letra "*e*" e "*d*", tenham sido ou são outorgados para tal adoção.

2. O artigo 23 aplicar-se-á à decisão sobre a conversão.

CAPÍTULO VI - DISPOSIÇÕES GERAIS

Art. 28. A Convenção não derroga nenhuma lei de um Estado de origem, o qual requeira que a adoção de uma criança residente habitualmente nesse Estado tenha lugar nesse Estado, ou que proíba a colocação da criança no Estado de acolhida ou seu deslocamento ao Estado de acolhida antes da adoção.

Art. 29. Não haverá nenhum contato entre os futuros pais adotivos e os pais da criança ou qualquer outra pessoa que detenha a sua guarda até que se tenham cumprido as condições do artigo 4, letras "*a*", "*c*" e do artigo 5, letra "*a*", salvo os casos em que a adoção seja efetuada entre membros de uma mesma família ou se as condições fixadas pela autoridade competente do Estado de origem forem cumpridas.

Art. 30. - 1. As autoridades competentes de um Estado contratante conservarão as informações que disponham relativamente à origem da criança, em particular a informação a respeito da identidade de seus pais, assim como a história médica da criança e de sua família.

2. Estas autoridades assegurarão o acesso, com o devido assessoramento, da criança ou de seu representante legal a estas informações, na medida em que o permita a lei de dito Estado.

Art. 31. Sem prejuízo do estabelecido no artigo 30, os dados pessoais que se obtenham ou transmitam conforme a Convenção, em particular aqueles a que se referem os artigos 15 e 16, não poderão ser utilizados para fins distintos daqueles para os quais foram obtidos ou transmitidos.

Art. 32. - 1. Ninguém pode obter benefícios financeiros indevidos em razão de uma intervenção em uma adoção internacional.

2. Somente se pode reclamar e pagar custos e gastos, incluindo os honorários profissionais razoáveis das pessoas que tenham intervindo na adoção.

3. Os dirigentes, administradores e empregados dos organismos intervenientes em uma adoção não podem receber remuneração desproporcional em relação aos serviços prestados.

Art. 33. Toda Autoridade competente que constate que uma disposição da Convenção não foi respeitada ou existe risco manifesto de que não venha a sê-lo, informará imediatamente a Autoridade Central de seu Estado. Esta Autoridade Central terá a responsabilidade de assegurar que se tomem as medidas adequadas.

Art. 34. Se a autoridade competente do Estado destinatário de um documento requer que se faça deste uma tradução certificada, esta deverá ser produzida; salvo dispensa, os custos de tais traduções correrão a cargo dos futuros pais adotivos.

Art. 35. As autoridades competentes dos Estados contratantes atuarão com celeridade nos procedimentos de adoção.

Art. 36. Em relação a um Estado que possua, em matéria de adoção, dois ou mais sistemas jurídicos aplicáveis em diferentes unidades territoriais:

a) toda referência à residência habitual neste Estado entender-se-á como referindo-se à residência habitual em uma unidade territorial de dito Estado;

b) toda referência à lei deste Estado entender-se-á como referindo-se à lei vigente na correspondente unidade territorial;

c) toda referência às autoridades competentes ou às autoridades públicas deste Estado entender-se-á como referindo-se às autoridades autorizadas para atuar na correspondente unidade territorial;

d) toda referência aos organismos autorizados de dito Estado entender-se-á como referindo-se aos organismos autorizados na correspondente unidade territorial.

Art. 37. Em relação a um Estado que possua, em matéria de adoção, dois ou mais sistemas jurídicos aplicáveis a categorias diferentes de pessoas, toda referência à lei deste Estado entender-se-á como referindo-se ao sistema jurídico indicado pela lei de dito Estado.

Art. 38. Um Estado em que distintas unidades territoriais possuam próprias regras de direito em matéria de adoção não estará obrigado a aplicar a Convenção quando um Estado com sistema jurídico unitário não estaria obrigado a fazê-lo.

Art. 39. - 1. A Convenção não derroga aos instrumentos internacionais em que os Estados contratantes sejam partes e que contenham disposições materiais reguladas pela presente Convenção, salvo declaração em contrário dos Estados vinculados por ditos instrumentos internacionais.

2. Todo Estado contratante poderá concluir com um ou mais Estados contratantes acordos para favorecer a aplicação da Convenção em suas relações recíprocas. Estes acordos somente poderão derrogar as disposições contidas nos artigos 14 a 16 e 18 a 21. Os Estados que concluam tais acordos transmitirão uma cópia dos mesmos ao depositário da presente Convenção.

Art. 40. Nenhuma reserva é admitida à Convenção.

Art. 41. A Convenção aplicar-se-á às solicitações formuladas conforme o artigo 14 e recebidas depois da entrada em vigor da Convenção no Estado de origem e no Estado de acolhida.

Art. 42. O Secretário-Geral da Conferência de Haia de Direito Internacional Privado convocará, periodicamente, uma comissão especial para examinar o funcionamento prático da Convenção.

CAPÍTULO VIII - CLÁUSULAS FINAIS

Art. 43. - 1. A Convenção estará aberta a assinatura dos Estados que eram membros da Conferência de Haia de Direito Internacional Privado quando se celebrou sua décima-sétima Sessão e aos demais Estados participantes da referida Sessão.

2. Ela será ratificada, aceita ou aprovada e os instrumentos de ratificação, aceitação ou aprovação depositar-se-ão no Ministério de Assuntos Exteriores do Reino dos Países Baixos, depositário da Convenção.

Art. 44. - 1. Qualquer outro Estado poderá aderir à Convenção depois de sua entrada em vigor, em virtude do artigo 46, parágrafo 1.

2. O instrumento de adesão será depositado em poder do depositário da Convenção.

3. A adesão somente surtirá efeitos nas relações entre o Estado aderente e os Estados contratantes que não tenham formulado objeção à adesão nos seis meses seguintes à recepção da notificação a que se refere o artigo 48, letra *b*. Poderá assim mesmo formular uma objeção a respeito de qualquer Estado no momento da ratificação, aceitação ou aprovação da Convenção posterior à adesão. Ditas objeções serão notificadas ao depositário.

Art. 45. - 1. Quando um Estado compreenda duas ou mais unidades territoriais nas quais se apliquem sistemas jurídicos diferentes, no que se refere a questões reguladas pela presente Convenção, poderá declarar, no momento da assinatura, ratificação, aceitação, aprovação ou adesão que dita Convenção aplicar-se-á a todas as suas unidades territoriais ou somente a uma ou várias delas e poderá em qualquer momento modificar esta declaração fazendo outra nova.

2. Toda declaração desta natureza será notificada ao depositário e nesta se indicarão expressamente as unidades territoriais às quais a Convenção será aplicável.

3. Em caso de um Estado não formular nenhuma declaração conforme este artigo, a Convenção aplicar-se-á à totalidade do território do referido Estado.

Art. 46. - 1. A Convenção entrará em vigor no dia primeiro do mês seguinte à expiração de um período de três meses depois do depósito do terceiro instrumento de ratificação, de aceitação ou de aprovação previsto no artigo 43.

2. Posteriormente, a Convenção entrará em vigor:

a) para cada Estado que a ratifique, aceite ou aprove posteriormente, ou apresente adesão à mesma no primeiro dia do mês seguinte à expiração de um período de três meses depois do depósito de seu instrumento de ratificação, aceitação, aprovação ou adesão;

b) para as unidades territoriais às quais se tenha feito extensiva a aplicação da Convenção, conforme o disposto no artigo 45, no primeiro dia do mês seguinte à expiração de um período de três meses depois da notificação prevista em dito artigo.

Art. 47. - 1. Todo Estado-Parte nesta Convenção pode denunciá-la mediante notificação por escrito dirigida ao depositário.

2. A denúncia surtirá efeito no primeiro dia do mês seguinte à expiração de um período de doze meses da data da recepção da notificação pelo depositário. Caso a notificação fixe um período maior para que a denúncia surta efeito, esta terá efeito quando transcorrer referido período, o qual se contará da data da recepção da notificação.

Art. 48. O depositário notificará aos Estados-membros da Conferência de Haia de Direito Internacional Privado assim como aos demais Estados participantes da décima-sétima Sessão e aos Estados que tenham aderido de conformidade com o disposto no artigo 44:

a) as assinaturas, ratificações e aprovações a que se refere o artigo 43;

b) as adesões e as objeções as mesmas a que se refere o artigo 44;

c) a data em que a Convenção entrará em vigor, conforme dispõe o artigo 46;

d) as declarações a que se referem os artigos 22, 23, 25 e 45;

e) os assentimentos mencionados no artigo 39;

f) as denúncias a que se refere o artigo 47.

E por isso, com plena consciência, os abaixo assinados devidamente autorizados, assinaram a presente Convenção.

Feita em Haia, no dia vinte e nove de maio de mil novecentos e noventa e três, em francês e inglês, os dois textos fazendo igualmente fé, em um só exemplar, o qual será depositado nos arquivos do Governo do Reino dos Países Baixos e do qual uma cópia será enviada, por via diplomática, a cada um dos Estados membros da Conferência de Haia de Direito Internacional Privado quando da décima-sétima Sessão, assim como a cada um dos Estados que participaram desta Sessão.

ESTADOS SIGNATÁRIOS: Argentina, Austrália, Áustria, Bélgica, China, Canadá, Chipre, Tchecoslováquia, Dinamarca, Egito, Finlândia, França, Alemanha, Grécia, Hungria, Irlanda, Israel, Itália, Japão, Luxemburgo, México, Países Baixos, Noruega, Polônia, Portugal, Espanha, Suriname, Suécia, Suíça, Reino Unido da Grã-Bretanha e Irlanda do Norte, Estados Unidos da América, Uruguai, Venezuela e Iugoslávia. O Brasil participou como membro *ad hoc*. Buenos Aires, 2001.

ANEXO C

"DECRETO 3.087, DE 21.06.1999."

Promulga a Convenção Relativa à Proteção das Crianças e à Cooperação em Matéria de Adoção Internacional, concluída na Haia, em 29.05.1993.

(D.O. U. 22.06.1999)

O Presidente da República, no uso da atribuição que lhe confere o art. 84, inc. VIII, da Constituição,

Considerando que Convenção Relativa à Proteção das Crianças e à Cooperação em Matéria de Adoção Internacional foi concluída na Haia, em 29.05.1993;

Considerando que o Congresso Nacional aprovou o Ato multilateral em epígrafe por meio do Decreto Legislativo 1, de 14.01.1999;

Considerando que a Convenção em tela entrou em vigor internacional em 01.05.1995;

Considerando que o Governo brasileiro depositou o Instrumento de Ratificação da referida Convenção em 10.03.1999, passará a mesma a vigorar para o Brasil em 01.06.1999, nos termos do § 2º de seu artigo 46;

decreta:

Art. 1º. A Convenção Relativa à Proteção das Crianças e à Cooperação em Matéria de Adoção Internacional, concluída na Haia, em 29.05.1993, apensa por cópia a este Decreto, deverá ser executada e cumprida tão inteiramente como nela se contém.

Art. 2º. Este Decreto entra em vigor na data de sua publicação.

Brasília, 21.06.1999; 178º da Independência e 111º da República.

Fernando Henrique Cardoso

Luiz Felipe Lampreia

ANEXO D

"DECRETO 3.174, DE 16.09.1999."

Designa as Autoridades Centrais encarregadas de dar cumprimento às obrigações impostas pela Convenção Relativa à Proteção das Crianças e à Cooperação em Matéria de Adoção Internacional, institui o Programa Nacional de Cooperação em Adoção Internacional e cria o Conselho das Autoridades Centrais Administrativas Brasileiras..

(D.O. U. 17.09.1999)

O Presidente da República, no uso das atribuições que lhe confere o art. 84, incs. IV e VI, da Constituição, e em conformidade com o Decreto 3.087, de 21.06.1999,

decreta:

Art. 1º. Fica designada como Autoridade Central Federal, a que se refere o art. 6º da Convenção Relativa à Proteção das Crianças e à Cooperação em Matéria de Adoção Internacional, concluída na Haia, em 29.05.1993, aprovada pelo Decreto Legislativo 1, de 14.01.1999, e promulgada pelo Decreto 3.087, de 21.06.1999, a Secretaria de Estado dos Direitos Humanos do Ministério da Justiça.

Art. 2º. Compete à Autoridade Central Federal:

I - representar os interesses do Estado brasileiro na preservação dos direitos e das garantias individuais das crianças e dos adolescentes dados em adoção internacional, observada a Convenção a que se refere o artigo anterior;

II - receber todas as comunicações oriundas das Autoridades Centrais dos Estados contratantes e transmiti-las, se for o caso, às Autoridades Centrais dos Estados federados brasileiros e do Distrito Federal;

III - cooperar com as Autoridades Centrais dos Estados contratantes e promover ações de cooperação técnica e colaboração entre as Autoridades Centrais dos Estados federados brasileiros e do Distrito Federal, a fim de assegurar a proteção das crianças e alcançar os demais objetivos da Convenção;

IV - tomar as medidas adequadas para:

a) fornecer informações sobre a legislação brasileira em matéria de adoção;

b) fornecer dados estatísticos e formulários padronizados;

c) informar-se mutuamente sobre as medidas operacionais decorrentes da aplicação da Convenção e, na medida do possível, remover os obstáculos que se apresentarem;

V - promover o credenciamento dos organismos que atuem em adoção internacional no Estado brasileiro, verificando se também estão credenciadas pela autoridade Central do Estado contratante de onde são originários, comunicando o credenciamento ao Bureau Permanente da Conferência da Haia de Direito Internacional Privado;

VI - gerenciar banco de dados, para análise e decisão quanto:

a) aos nomes dos pretendentes estrangeiros habilitados;

b) aos nomes dos pretendentes estrangeiros considerados inidôneos pelas Autoridades Centrais dos Estados federados e do Distrito Federal;

c) aos nomes das crianças e dos adolescentes disponíveis para adoção por candidatos estrangeiros;

d) aos casos de adoção internacional deferidos;

e) às estatísticas relativas às informações sobre adotantes e adotados, fornecidas pelas Autoridades Centrais de cada Estado contratante;

VII - fornecer ao Ministério das Relações Exteriores os dados a respeito das crianças e dos adolescentes adotados, contidos no banco de dados mencionado no inciso anterior, para que os envie às Repartições Consulares brasileiras incumbidas de efetuar a matrícula dos brasileiros residentes no exterior, independentemente do fato da recepção automática da sentença do Juiz Nacional e da assunção da nacionalidade do Estado de acolhida;

VIII - tomar, em conjunto com as Autoridades Centrais dos Estados federados e do Distrito Federal, diretamente ou com a colaboração de outras autoridades públicas, todas as medidas apropriadas para prevenir benefícios materiais induzidos por ocasião de uma adoção e para impedir quaisquer práticas contrárias aos objetivos da Convenção mencionada neste Decreto.

Parágrafo único. O credenciamento previsto no inc. V deste artigo deverá ser precedido do cadastramento estabelecido no art. 7º do Decreto 2.381, de 12.11.1997, que regulamenta a Lei Complementar 89, de 18.02.1997.

Art. 3º. É instituído, no âmbito do Departamento da Criança e do Adolescente, o Programa Nacional de Cooperação em Adoção Internacional, cujas atribuições e competências serão definidas em regimento interno.

Art. 4º. Ficam designados como Autoridades Centrais no âmbito dos Estados federados e do Distrito Federal as Comissões Estaduais Judiciárias de Adoção, previstas no art. 52 da Lei 8.069, de 13.07.1990, ou os órgãos análogos com distinta nomenclatura, aos quais compete exercer as atribuições operacionais e procedimentais que não se incluam naquelas de natureza administrativa a cargo da Autoridade Central Federal, respeitadas as determinações das respectivas leis de organização judiciária e normas locais que a instituíram.

Parágrafo único. As competências das Autoridades Centrais dos Estados federados e do Distrito Federal serão exercidas pela Autoridade Central Federal, quando no respectivo ente federado inexistir comissão Estadual Judiciária de Adoção ou órgão com atribuições análogas.

Art. 5º. Fica criado o Conselho das Autoridades Centrais Brasileiras, composto pelos seguintes membros:

I - Autoridade Central Federal, que o presidirá;

II - um representante de cada Autoridade Central dos Estados federados e do Distrito Federal;

III - um representante do Ministério das Relações Exteriores; e

IV - um representante do Departamento de Polícia Federal.

Parágrafo único. O Conselho das Autoridades Centrais Brasileiras reunir-se-á semestralmente para avaliar os trabalhos efetuados no período e traçar políticas e linhas de ação comuns, objetivando o cumprimento adequado, pelo Brasil, das responsabilidades assumidas por força da ratificação da Convenção Relativa à Proteção das Crianças e à Cooperação em Matéria de Adoção Internacional.

Art. 6º. Este Decreto entra em vigor na data de sua publicação.

Brasília, 16.09.1999; 178º da Independência e 111º da República.

Fernando Henrique Cardoso

José Carlos Dias

ANEXO E

"RECOMENDAÇÕES APRESENTADAS PELO CONSELHO DE AUTORIDADES CENTRAIS BRASILEIRAS ÀS CEJAs"

(D.O. U. 23.04.2001)

Conselho das Autoridades Centrais Brasileiras apresenta recomendações às CEJAs

Reunido em Recife/PE, nos dias 02 e 03 de abril, o Conselho - formado pelos Presidentes das Autoridades Centrais Estaduais, pelo Secretário Nacional de Direitos Humanos, Embaixador Gilberto Sabóia, que o preside, mais os representantes da Polícia Federal e do Ministério das Relações Exteriores - este órgão apresentou algumas recomendações que passamos a transcrever na sua íntegra.

PRIMEIRA CLÁUSULA - Os estrangeiros beneficiados com o visto temporário previstos no artigo 13, incisos I e de IV a VII da Lei 6.815/80, assim como os estrangeiros portadores de vistos diplomático, oficial ou de cortesia, candidatos à adoção, submeter-se-ão ao pedido de Habilitação perante a CEJAI e processo judicial de adoção, que seguirá o mesmo procedimento destinado às adoções internacionais. *APROVADA À UNANIMIDADE*

SEGUNDA CLÁUSULA - A CEJA ou CEJAI pode fazer exigências e solicitar complementação sobre o estudo psicossocial do pretendente estrangeiro à adoção, já realizado no país de acolhida. *APROVADA À UNANIMIDADE*

TERCEIRA CLÁUSULA - A admissão de pedidos de adoção formulados por requerentes domiciliados em países que não tenham assinado ou ratificado a Convenção de Haia será aceita quando respeitar o interesse superior da criança, em conformidade com a Constituição Federal e Lei 8.069/90 - Estatuto da Criança e do Adolescente. Neste caso, os adotantes deverão cumprir os procedimentos de habilitação perante a Autoridade Central Estadual, obedecendo a prioridade dada aos adotantes de países ratificantes. *APROVADA À UNANIMIDADE*

QUARTA CLÁUSULA - Aos adotantes originários de países não ratificantes seja recomendada a adoção de medidas que garantam às crianças adotadas no Brasil a mesma proteção legal que aqui recebem. *APROVADA À UNANIMIDADE*

QUINTA CLÁUSULA - Enquanto não se implanta, definitivamente, o sistema INFOADOTE, é preciso criar um procedimento que atenda, primeiramente, a situação da criança, em face de sua iminente adoção. Para tanto, resolve-se que a preferência no chamamento de estrangeiros será daqueles que ratificaram a Convenção de Haia, em detrimento dos demais pretendentes estrangeiros. Assegurar a manutenção dos cadastros existentes nas CEJAS e CEJAIS para estrangeiros interessados na adoção internacional. *APROVADA À UNANIMIDADE*

SEXTA CLÁUSULA - Embora parentes do adotado, os adotantes deverão habilitar-se perante a Autoridade Central Estadual. Seu cadastramento perante o Juízo da Infância e da Juventude, no entanto, não é necessário. Diversamente, as adoções unilaterais deverão cumprir toda a liturgia do procedimento estipulado pela CEJAI, inclusive obrigando-se ao pedido formal de habilitação e de cadastramento dos interessados estrangeiros no Juizado da Infância e da Juventude. *APROVADA À UNANIMIDADE*

SÉTIMA CLÁUSULA - O Brasil reconhece a união estável como entidade familiar e não proíbe aos companheiros que adotem em conjunto, crianças e adolescentes (ECA, art. 42). Nessa condição, devem as CEJAIS e os Juízes do processo verificar se o país de origem dos pretendentes (considerando que é um Estado ratificante da Convenção) protege, igualmente, a união estável, com todas as conseqüências jurídicas de modo a resultar numa adoção plena de direitos para atender o superior interesse da criança. Se positivo, não há impedimento para a realização da adoção internacional aos casais estrangeiros que vivem em união estável. *APROVADA À UNANIMIDADE*

OITAVA CLÁUSULA - Em se tratando de pedido de habilitação, efetuado por pretendentes estrangeiros, não é necessária a intervenção de advogado. Entretanto, se o procedimento for contraditório, aí, sim, será obrigatória sua intervenção. Em relação aos organismos que desejarem trabalhar com a adoção internacional deverão eles estar, previamente, credenciados e autorizados concomitantemente nos países com os quais pretendem desenvolver seu múnus, devendo, para tanto, respeitar, com rigidez, os artigos 10, 11 e 12 da Convenção de Haia. *APROVADA POR MAIORIA ABSOLUTA*

NONA CLÁUSULA - O candidato estrangeiro ou nacional residente no exterior, mesmo habilitado em seu país de origem, deverá submeter-se ao procedimento de habilitação no Brasil perante as CEJAIS, nos termos do artigo 52 do Estatuto da Criança e do Adolescente. *APROVADA À UNANIMIDADE*

DÉCIMA CLÁUSULA - Com a implantação do sistema INFOADOTE não haverá mais a necessidade de os candidatos cadastrarem-se nos juízos naturais após terem se habilitado perante a CEJAI. Deverá a Autoridade Central Estadual cadastrar todos os candidatos habilitados enviando relação nominal e demais documentos necessários aos juízes competentes. *APROVADA À UNANIMIDADE*

DÉCIMA-PRIMEIRA CLÁUSULA - Com a sentença extingue-se a jurisdição do juiz natural. As CEJAS e CEJAIS emitirá o Certificado de Conformidade relativo ao procedimento prévio administrativo previsto pelo artigo 52 do ECA e artigos 17, 18, 19 e 23 da Convenção de Haia, encaminhando o alvará judicial para expedição de passaporte. *APROVADA À UNANIMIDADE*

DÉCIMA-SEGUNDA CLÁUSULA - As CEJAS ou CEJAIS devem ser compostas, obrigatoriamente, por magistrados da ativa. O juiz da Infância e da Juventude vencido na apreciação do pedido de habilitação, deverá ser considerado impedido de presidir o respectivo processo judicial de adoção. *APROVADA À UNANIMIDADE*

DÉCIMA-TERCEIRA CLÁUSULA - Deve-se priorizar a implantação do sistema INFOADOTE, módulo III do Projeto SIPIA, para viabilizar a integração e centralização das informações e dados de todo o território nacional na Autoridade Central Administrativa Federal. Devem, igualmente, ser priorizados os Convênios entre as Autoridades Centrais Estaduais para viabilizar um maior número de alternativas para as crianças em condições de serem adotadas. Deve-se priorizar a uniformização de procedimentos instrutórios dos pedidos de habilitação para adoção internacional formulados através de cópias reprográficas. Os organismos mediadores da adoção internacional exercem sua função de forma supletiva, não tendo intervenção obrigatória nos pedidos de habilitação, mesmo que credenciados por ambos os países, de origem e de acolhida. Os Juízos naturais da adoção internacional poderão solicitar todas as informações necessárias sobre crianças às entidades que desenvolvem a política de abrigo, para fins de cadastro. *APROVADA POR MAIORIA ABSOLUTA*

ANEXO F

"CARTA DE BUENOS AIRES SOBRE COMPROMISO SOCIAL EN EL MERCOSUR, BOLIVIA Y CHILE"

Los Presidentes de la República Argentina, de la República Federativa del Brasil, de la República del Paraguay y de la República Oriental del Uruguay, Estados-Partes del Mercosur y los Presidentes de la República de Bolivia y de la República de Chile,

REAFIRMANDO los principios contenidos en el Protocolo de Ushuaia sobre Compromiso Democrático y en la Declararación Política del Mercosur, Bolivia y Chile como Zona de Paz;

TENIENDO presente los principios y derechos contenidos en la "Declaración Sociolaboral del Mercosur";

CONVENCIDOS de que el desarrollo económico y la plena integración regional sólo pueden lograrse en un marco de justicia y de equidad social;

REAFIRMANDO el compromiso con la consolidación y defensa de los derechos humanos y de las libertades fundamentales y con las declaraciones e instrumentos internacionales y regionales que los resguardan;

CONSIDERANDO que la firme adhesión a los principios de la democracia representativa y al Estado de Derecho y el respeto irrestricto a los derechos civiles y políticos constituyen la base irrenunciable de la integración regional;

CONVENCIDOS de que el crecimiento económico es una condición necesaria pero no suficiente para alcanzar una mejor calidad de vida, erradicar la pobreza y eliminar la discriminación y la exclusión social;

RATIFICANDO su propósito de contribuir unidos a lograr un mayor bienestar e igualdad social a través de un desarrollo económico equilibrado y justo;

CONSIDERANDO que resulta prioritario profundizar la dimensión social del Mercosur y teniendo en cuenta que todos los aspectos del proceso de integración deberán avanzar en forma conjunta;

COINCIDEN EN:

Reconocer la responsabilidad primordial del Estado en la formulación de políticas destinadas a combatir la pobreza y otros flagelos sociales y apoyar las acciones de la sociedad civil dirigidas al mismo objetivo.

Intensificar los esfuerzos de sus Gobiernos para mejorar la calidad de vida en sus respectivos países y en la región, mediante la atención prioritaria a los sectores más desprotegidos de la población en materia de alimentación, salud, empleo, vivienda y educación.

Fomentar la cooperación con las organizaciones comunitarias y solidarias de sus respectivos países y a nivel regional o internacional, que permitan el aprovechamiento racional y equitativo de los recursos públicos y privados en las acciones encaminadas a superar los desequilibrios sociales en la región.

Fortalecer los mecanismos de apoyo a los grupos sociales más afectados, dando prioridad a los campos de la nutrición, con atención especial a la niñez, la juventud, la tercera edad, las mujeres cabeza de familia y madres menores de edad, las comunidades indígenas, las comunidades rurales críticas, los trabajadores migrantes y sus familias, las personas discapacitadas y otros grupos sociales vulnerables.

Asegurar la efectiva vigencia de los principios rectores orientados a la protección integral de la niñez y la adolescencia y estimular la formulación de políticas específicas en su favor, que contemplen su problemática en el contexto familiar y comunitario, dando prioridad por igual a los aspectos preventivos y correctivos.

Impulsar medidas adecuadas destinadas a satisfacer las necesidades especiales de los niños y jóvenes en situaciones de violencia y abuso sexual, trabajo infantil, embarazo precoz, uso de drogas y comisión de delitos.

Intensificar los esfuerzos para mejorar la situación de las personas mayores, especialmente de aquellas en estado de pobreza o desamparo, a través de avances en materia de prestaciones sociales y de políticas de vivienda e integración social y programas de capacitación.

Velar por el estricto cumplimiento de las respectivas normas legales que prohíben la discriminación y resguardan la efectiva igualdad de derechos, trato y oportunidades para todos, sin distinción o exclusión de ningún tipo.

Promover el crecimiento de sus sociedades fundado en la igualdad entre mujeres y varones en la vida social, política, económica y cultural, conforme a una concepción de la ciudadanía que amplíe los derechos de las mujeres y afirme la responsabilidad compartida entre ambos.

Fortalecer la cooperación entre los países de la región en materia migratoria y asegurar a los migrantes el pleno ejercicio de los derechos humanos, y un trato digno, justo y no discriminatorio.

Garantizar el derecho a la educación básica y favorecer el acceso a la educación secundaria, técnica y vocacional, siendo ambos elementos claves en la superación de la pobreza como vehículos de movilidad social y económica.

Desarrollar políticas que promuevan un tipo de sociedad no excluyente, que prepare a las personas para enfrentar los desafíos planteados por la nueva comunidad del conocimiento.

Incentivar las investigaciones y estudios conjuntos sobre vulnerabilidad y exclusión social, descentralización y participación, orientados a mejorar el proceso de toma de decisiones en política social y en la asignación de recursos.

POR TODO ELLO, DECIDEN:

Instruir a las respectivas autoridades nacionales competentes a fortalecer el trabajo conjunto entre los seis países, así como el intercambio de experiencias e informaciones a fin de contribuir a la superación de los problemas sociales más agudos que los afectan y a la definición de los temas o áreas donde sea viable una acción coordinada o complementaria tendiente a su solución.

Acordar que el Foro de Consulta y Concertación Política del Mercosur, Bolivia y Chile efectúe el seguimiento de las orientaciones y líneas de acción contenidas en la presente Carta, promoviendo la institucionalización de una reunión de las autoridades responsables en materia de desarrollo social.

Por el Gobierno de la República Argentina, Fernando de la Rúa

Por el Gobierno de la República Federativa del Brasil, Fernando Henrique Cardoso

Por el Gobierno de la República del Paraguay, Luis Ángel González Macchi

Por el Gobierno de la República Oriental del Uruguay, Jorge Batlle Ibáñez

Por el Gobierno de la Republica de Bolivia, Javier Murillo de la Rocha

Por el Gobierno de la República de Chile, Ricardo Lagos

REFERÊNCIAS

A GAZETA. **Governo tornará rígida adoção internacional**. Disponível em: <file://A:\Terra - Gazeta On Line - Jornal A Gazeta - A GAZETA.htm>. Acesso em: 15 jul. 2001.

ANCEL, Marc. **Utilidade e métodos do direito comparado**. Trad. de Sérgio José Porto. Porto Alegre: Fabris, 1980.

A NOTÍCIA. **Controle de adoções fica mais rígido**: Governo cadastra mais de 50 associações que ajudam a levar crianças para interessados no exterior. Joinville, SC, 06.02.2001. Disponível em: <file://A:\A Notícia – País – Controle de adoções fica mais rígido.htm>. Acesso em: 16 jun. 2001.

AMICI DEI BAMBINI. **Notícias** - órgão informativo de distribuição interna. São Paulo, SP, a. 1, n. 4, nov./2000.

_____. **Notícias** - órgão informativo de distribuição interna. São Paulo, SP, a. 2, n. 9, abr./2001.

_____. **Notícias** - órgão informativo de distribuição interna. São Paulo, SP, a. 2, n. 8, mar./2001.

_____. **Notícias** - órgão informativo de distribuição interna. São Paulo, SP, a. 2, n. 10, mai./2001.

ARGENTINA. Constituição (1994). **Constituición de la Nación Argentina**. 5. ed. Buenos Aires: Universidad, 2001.

ARIÈS, Fhilippe. **História social da criança e da família**. Trad. de Dora Flaksman. Rio de Janeiro: Zahar, 1981.

BAHIA, Saulo José Casali. **Tratados internacionais no Direito Brasileiro**. Rio de Janeiro: Forense, 2000.

BARSA, Nova Enciclopédia. São Paulo: Encyclopaedia Britannica do Brasil Publicações, 2000, 12 v.

BOUZON, Emanuel. **O Código de Hammurabi. Introdução, tradução do texto cuneiforme e comentários**. 8. ed. Petrópolis: Vozes, 2000.

BRASIL. Constituição (1988). **Constituição da República Federativa do Brasil**. Colaboração editorial de Antonio Luiz de Toledo Pinto *et al*. 27. ed. Brasília, DF: Saraiva, 2001.

CASELA, Paulo B; ARAUJO, Nadia de (Coord.). **Integração jurídica interamericana**: as convenções interamericanas de direito internacional privado (CDIPs) e o direito brasileiro. São Paulo: LTr, 1998.

CHAVES, Antônio. **Adoção internacional**. Belo Horizonte: Del Rey, 1994.

_____. **Comentários ao Estatuto da Criança e do Adolescente**. 2. ed. São Paulo: LTr, 1997.

COSTA, Tarcísio José Martins. **Adoção transnacional**: um estudo sociojurídico. Belo Horizonte: Del Rey, 1998.

CURY, Munir et al. **Estatuto da Criança e do Adolescente comentado**: comentários jurídicos e sociais. 2. ed. rev. e atual. São Paulo: Malheiros, 2000.

CURY, Munir; MARÇURA, Jurandir & PAULA, Paulo Afonso Garrido de. **Estatuto da Criança e do Adolescente anotado**. 2. ed. rev. atual. São Paulo: Revista dos Tribunais, 2000.

DALLARI, Dalmo de Abreu. **Direitos humanos e cidadania**. São Paulo: Moderna, 1998.

D'ANTONIO, Daniel Hugo. **Régimen legal de la adopción**. Buenos Aires: Rubinzal – Culzoni, 1997.

DEL'OMO, Florisbal de Souza. **Direito internacional privado**: abordagens fundamentais, legislação, jurisprudência. Rio de Janeiro: Forense, 1999.

DINIZ, Maria Helena. **Curso de direito civil**. 14. ed. rev. São Paulo: Saraiva, 1999. 5 v.

DOLINGER, Jacob; TIBURCIO, Carmem. **Vade-mécum de direito internacional privado**. Rio de Janeiro: Renovar, 1996.

FERRARI, Regina Maria Macedo Nery (Org.). **O Mercosul e as ordens jurídicas de seus Estados-Membros**. Curitiba: Juruá Editora, 1999.

FERREIRA, Eduardo Vaz; BADAN, Didier Opertti; BERGMAN, Eduardo Tellechea. **Adopción internacional**. Montevideo: Fundación de Cultura Universitaria, 1984.

FERREIRA, Maria Carmem; e OLIVEIRA, Júlio Ramos. **Mercosul, enfoque laboral**. 2. ed. Montevidéu: Fundación de Cultura Universitaria, 1994.

GUETHS, Maugue. Sicride recolhe documentos da Limiar para investigação. **Folha de Londrina** – Londrina, PR, 12 set. 1999.

GUIMARÃES, Moacir. O direito da criança e do adolescente. **Revista Jurídica da UEPG**. Disponível em: <http://www.uepg.br/rj/a1v1cf1.htm>. Acesso em: 28 dez. 2001.

JUNIOR, Osmar Freitas. Os órfãos de pátria. **Revista Isto É**. 1598. 17 mai. 2000.

_____. **Adoção internacional**. São Paulo: Malheiros, 1995.

LIBERATI, Wilson Donizeti. Adoção internacional: verdades e mitos. **Revista do Direito da Criança e do Adolescente** n. 1, da Associação Brasileira de Magistrados e Promotores de Justiça da Infância e da Juventude. Disponível em: <http://www.geocities.com/Athens/5908/children/juradoc.htm> . Acesso em: 26 mai. /2001.

MAIA, Jayme de Mariz. **Economia internacional e comércio exterior**. 3. ed. São Paulo: Atlas, 1997.

MARQUES, Hugo. **Adoção**: governo cadastra grupos estrangeiros. O Estado de São Paulo. São Paulo, SP, 05.02.2001. Disponível em: <file://A:\Adoção governo cadastra grupos estrangeiros – Nacional – Estadão combr.htm>. Acesso em: 17 jul. 2001.

MENDEZ, Emílio Garcia; COSTA, Antônio Carlos Gomes da. **Das necessidades aos direitos**. São Paulo: Malheiros, 1994.

MEIRA, Maria Elisa; SCHROEDER, Osni; PINTO, Valeska Peres; BIMBI, Eduardo. **O Mercosul no contexto da integração continental**. Porto Alegre: CONFEA, CIAM: Comitê Executivo – Brasil, CREA/RS, 1997.

MERCOSUL. Conselho Mercado Comum. Administrativo. **Ata da XVIII Reunião do Conselho do Mercado Comum**. Disponível em: <http://www.mre.gov.br/unir/Webunir/BILA/26/3-%20MercosulCMC.html.>. Acesso em: 28 dez. 2001.

MONTEIRO, Sônia Maria. **Aspectos novos da adoção**. Rio de Janeiro: Forense, 1997.

MULLER, Michele. Limiar vai poder retomar a intermediação de adoções. **Folha do Paraná**, Curitiba, PR, 25 fev. 2000.

NAZO, Georgette Nacarato. **Adoção internacional**: valor e importância das convenções internacionais vigentes no Brasil. São Paulo: Oliveira Mendes, 1997.

NASCIMENTO, Gilberto; LEAL, Luciana Nunes. A máfia da adoção. **Revista Isto É**. 1.325. ed. 22 fev.1995.

OEA - Terceiro informe sobre a situação dos direitos humanos OEA/Ser./L/VII.110, doc. 52 de 09.03.2001. Disponível em: <http://www.cidh.oas.org/countryrep/Paraguay01sp/cap.7.htm>. Acesso em: 11 nov. 2001.

OLIVEIRA, Odete Maria de (Coord.). **Relações internacionais & globalização**: grandes desafios. Ijuí: Unijuí, 1997.

ORTIZ, Rosa Maria. Derechos Del niño y de la niña. **Equipo Nizkor**, 07 mar. 1997. Disponível em: <http;//www.derechos.org/nizkor/paraguay/ddhh1996/ninos.html>. Acesso em: 21 jul. 2001.

PABST, Haroldo. **Mercosul**: direito da integração. Rio de Janeiro: Forense, 1998.

PANGRAZIO, Miguel Angel. **Código Civil paraguayo comentado**. Asunción: Intercontinental, 1994.

PARAGUAI. Constituição (1992). **Constituición de la República del Paraguay**. Disponível em: <http://www.georgetown.edu/LatAmerPolitical/Constitutions/Paraguay/para1992.html>. Acesso em: 2 jan. 2001.

PENAS, Kraw. Limiar é descredenciada por comissão judiciária de adoção. **Folha de Londrina** – Londrina, PR, 11 set. 1999.

PEREIRA, Tânia da Silva (Coord). **O melhor Interesse da Criança**: um debate interdisciplinar. Rio de Janeiro: Renovar, 1999.

PINTO, Antônio Luiz de Toledo; WINDT, Márcia Cristina Vaz; CÉSPEDES, Lívia. **Novo Código Civil**: Lei 10.406, de 10.01.2002. São Paulo: Saraiva, 2002.

RIO GRANDE DO SUL. Assembléia Legislativa. Comissão de Cidadania e Direitos Humanos. **Relatório azul** – garantias e violações dos direitos humanos; 1999/2000. Porto Alegre: Assembléia Legislativa, 2000.

RODRIGUES, Sílvio. **Direito civil** parte geral. 31. ed. São Paulo: Saraiva, 2000, 1 v.

SARAIVA, João Batista da Costa. **Adolescente e ato infracional**. Porto Alegre: Livraria do advogado, 2000.

SEITENFUS, Ricardo Antônio Silva. **Manual das organizações internacionais**. Porto Alegre: Livraria do Advogado, 1997.

SILVA FILHO, Artur Marques da. **O regime jurídico da adoção estatutária**. São Paulo: Revista dos Tribunais, 1997.

SILVA, José Luiz Mônaco da. **A família substituta no Estatuto da Criança e do Adolescente**. São Paulo: Saraiva, 1995.

SILVA, De Plácido e. **Vocabulário jurídico**. 2. ed. Rio de Janeiro: Forense, 1990. 1 v.

_____. **Vocabulário jurídico**. 2. ed. Rio de Janeiro: Forense, 1990. 4 v.

SIMONETTI, Cecília; BLECHER, Margaret; MENDEZ, Emílio Garcia. **Do avesso ao direito**. São Paulo: Malheiros, 1994.

SZNICK, Valdir. **Adoção**: direito de família, guarda de menores, tutela, pátrio poder, adoção internacional. 3. ed. rev. e atual. São Paulo: Universitária de Direito, 1999.

UNIVERSIDADE DE SÃO PAULO. **Sistema Interamericano de direitos humanos**. Biblioteca Virtual de Direitos Humanos da Universidade de São Paulo. Disponível em: <http://www.direitoshumanos.usp.br/docum...americanos.html>. Acesso em: 11 nov. 2001.

URUGUAI. Constituição (1997). **Constituición de la República Oriental del Uruguay**. Disponível em: <http://www.georgetown.edu/pdba/Constitutions/Uruguay/uruguay97.html>. Acesso em: 22 out. 2000.

VENOSA, Sílvio de Salvo. **Direito civil**: teoria geral: introdução ao direito romano. 5. ed. São Paulo: Atlas, 1999.

VENTURA, Deisy de Freitas Lima. **A Ordem jurídica do Mercosul**. Porto Alegre: Livraria do Advogado, 1996.

VERONESE, Josiane Rose Petry. **Os direitos da criança e do adolescente**. São Paulo: LTr, 1999.

VERONESE, Josiane Rose Petry; OLIVEIRA, Luciene Cássia Policarpo. Adoção e relações familiares. **Revista da Faculdade de Direito da UFSC**, v. 1. Porto Alegre: Síntese, 1998.

VIEIRA, Liszt. **Cidadania e globalização**. 2. ed. Rio de Janeiro: Record. 1998.

VILLALOBOS, Juan Manuel. Detenido de Paraguay. **Periódico El Mundo**, 25.09.1999. Disponível em: <...\SOCIEDAD Paraguay_Detenido el jefe de la red de tráfico de niños descubierta por...>. Acesso em: 17 jun. 2001.

WALD, Arnoldo. **O novo direito de família**. 13. ed. rev. atual. e ampl. São Paulo: Saraiva, 2000.

WILDE, Zulema D. **La adopción**: nacional e internacional. Buenos Aires: Abeledo-Perrot S.A. 1996.

WOLKMER, Antônio Carlos. **Introdução ao pensamento jurídico crítico**. 2. ed. São Paulo: Acadêmica, 1995.

ÍNDICE ALFABÉTICO

A

- Adoção. Conceito. 25
- Adoção. Menor. Convenção interamericana. Conflitos de leis. 49
- Adoção. Organizações especializadas em adoção. 60
- Adoção. Tratados e convenções internacionais no âmbito da adoção. 33
- Adoção internacional. Aspectos gerais. 19
- Adoção internacional. Convenção relativa à Proteção e à Cooperação em Matéria de Adoção Internacional. Anexo B. 167
- Adoção internacional. Convenção relativa à proteção e à cooperação. 54
- Adoção internacional. Mercosul e a importância da harmonização da legislação sobre adoção internacional. 125
- Adoção internacional. Mercosul e o processo de harmonização da legislação sobre adoção internacional. 136
- Adoção internacional. Perspectivas para uma harmonização dos procedimentos legais. 115
- Adoção internacional. Políticas da infância e da adolescência relativas à adoção internacional e o Mercosul. 115
- Adoção internacional. Procedimentos legais da adoção internacional nos países do Mercosul. 67
- Adolescência. Políticas da infância e da adolescência relativas à adoção internacional e o Mercosul. 115
- Adotado. 29
- Adotante. 27
- Anexo A. Convenção sobre os Direitos da Criança. 149
- Anexo B. Convenção relativa à Proteção e à Cooperação em Matéria de Adoção Internacional. 167
- Anexo C. Decreto 3.087, de 21.06.1999. 178
- Anexo D. Decreto 3.174, de 16.09.1999. 179
- Anexo E. Recomendações apresentadas pelo Conselho de Autoridades Centrais Brasileiras às CEJAs. 182
- Anexo F. Carta de Buenos Aires sobre Compromiso Social en El Mercosur, Bolivia y Chile. 185

- Anexos... 147
- Argentina. Constituição argentina. Procedimentos legais. Adoção internacional. Países do Mercosul. 107
- Argentina. Lei 24.779, de 26.03.1997. Procedimentos legais. Adoção internacional. Países do Mercosul. 108
- Argentina. Procedimentos legais. Adoção internacional. Países do Mercosul. 106
- Aspectos gerais da adoção internacional. Considerações iniciais. 19

B

- Bibliografia. Referências. 189
- Brasil. Lei 8.069/90. Procedimentos legais. Adoção internacional. Países do Mercosul. 72
- Brasil. Norma constitucional. Procedimentos legais. Adoção internacional. Países do Mercosul. 68
- Brasil. Procedimentos legais da adoção internacional nos países do Mercosul. 67

C

- CEJAs. Recomendações apresentadas pelo Conselho de Autoridades Centrais Brasileiras às CEJAs. Anexo E. 182
- Carta de Buenos Aires sobre Compromiso Social en El Mercosur, Bolivia y Chile. Anexo F. 185
- Código de Bustamante e Tratado de Montevidéu. 37
- Competência. Convenção relativa à competência das autoridades e à lei aplicável em matéria de proteção de menores. 41
- Conceito. Adoção. 25
- Conclusão. 143
- Conflito de lei. Convenção interamericana sobre conflitos de leis em matéria de adoções de menores. 49
- Constituição da República Oriental do Uruguai. Procedimentos legais. Adoção internacional. Países do Mercosul. 111
- Convenção de Estrasburgo, de 24.04.1967. 42
- Convenção interamericana. Restituição internacional de menores. 50
- Convenção interamericana sobre conflitos de leis em matéria de adoções de menores. 49
- Convenção interamericana sobre normas gerais de Direito Internacional Privado. 46

- Convenção internacional. Direitos da criança... 51
- Convenção internacional. Tratados e convenções internacionais no âmbito da adoção. 33
- Convenção relativa à Proteção e à Cooperação em Matéria de Adoção Internacional. Anexo B. 167
- Convenção relativa à competência das autoridades e à lei aplicável em matéria de proteção de menores. 41
- Convenção relativa à proteção e à cooperação em matéria de adoção internacional... 54
- Convenção sobre os Direitos da Criança. Anexo A. 149
- Convenção sobre os aspectos civis do rapto internacional de crianças........... 47

D

- Declaração dos Direitos da Criança. 36
- Decreto 3.087, de 21.06.1999. Anexo C. 178
- Decreto 3.174, de 16.09.1999. Anexo D. 179
- Direito internacional privado. Convenção interamericana. Normas gerais...... 46
- Direitos da criança. Convenção internacional.. 51

I

- Infância. Políticas da infância e da adolescência relativas à adoção internacional e o Mercosul... 115
- Introdução. 15

L

- Legislação. Mercosul e a importância da harmonização da legislação sobre adoção internacional. 125
- Legislação. Mercosul e o processo de harmonização da legislação sobre adoção internacional. 136
- Lei 10.674, de 14.11.1945. Uruguai. Procedimentos legais. Adoção internacional. Países do Mercosul... 113
- Lei 24.779, de 26.03.1997. Argentina. Procedimentos legais. Adoção internacional. Países do Mercosul. 108
- Lei 8.069/90. Brasil. Procedimentos legais. Adoção internacional. Países do Mercosul. 72

- Lei de adoção 1.136, de 18.09.1997. Paraguai. Procedimentos legais. Adoção internacional. Países do Mercosul......... 99

M

- Mercosul. Políticas da infância e da adolescência relativas à adoção internacional e o Mercosul. 115
- Mercosul. Procedimentos legais da adoção internacional nos países do Mercosul......... 67
- Mercosul e a importância da harmonização da legislação sobre adoção internacional. 125
- Mercosul e o processo de harmonização da legislação sobre adoção internacional. 136

O

- Organizações especializadas em adoção. 60

P

- Paraguai. Lei de adoção 1.136, de 18.09.1997. Procedimentos legais. Adoção internacional. Países do Mercosul......... 99
- Paraguai. Norma constitucional. Procedimentos legais. Adoção internacional. Países do Mercosul. 96
- Paraguai. Procedimentos legais. Adoção internacional. Países do Mercosul. 95
- Perspectivas para uma harmonização dos procedimentos legais da adoção internacional. 115
- Políticas da infância e da adolescência relativas à adoção internacional e o Mercosul......... 115
- Procedimento legal. Adoção internacional. Perspectivas para uma harmonização dos procedimentos......... 115
- Procedimento legal. Adoção internacional nos países do Mercosul......... 67
- Proteção de menores. Convenção relativa à competência das autoridades e à lei aplicável em matéria de proteção de menores. 41
- Proteção e cooperação em matéria de adoção internacional. Convenção internacional. 54

R

- Rapto internacional. Crianças. Convenção. Aspectos civis......... 47

- Recomendações apresentadas pelo Conselho de Autoridades Centrais Brasileiras às CEJAs. Anexo E. 182
- Referências. Bibliografia. 189
- Restituição internacional de menores. Convenção interamericana. 50

S

- Sumário.. 13

T

- Tratado de Montevidéu e Código de Bustamante. 37
- Tratados e convenções internacionais no âmbito da adoção. 33

U

- Uruguai. Constituição da República Oriental do Uruguai. Procedimentos legais. Adoção internacional. Países do Mercosul. 111
- Uruguai. Lei 10.674, de 14.11.1945. Procedimentos legais. Adoção internacional. Países do Mercosul. 113
- Uruguai. Procedimentos legais. Adoção internacional. Países do Mercosul. 110

JURUÁ EDITORA

Esta obra foi impressa em oficinas próprias. Ela é fruto do trabalho gráfico das seguintes pessoas:

Professor revisor:
Adão Lenartovicz

Impressão:

Carlos de Lara
Carlos Henrique Brasil
Marcelo Schwb

Editoração:
Eliane Peçanha
Elisabeth Padilha
Roanita Dalpiaz

Acabamento:
Anderson A. Marques
Bibiane Rodrigues
Andrea L. Martins
Luzia Gomes Pereira
Maria José Rocha
Nádia Sabatovski

Índices:
Emílio Sabatovski
Iara Fontoura
Tânia Saiki

"Quem recebe um benefício, não deve esquecê-lo; quem o faz, não deve lembrá-lo."

Charron